南昌大学法学文库

刑法目的解释研究

石聚航 著

法律出版社
LAW PRESS·CHINA
北京

图书在版编目(CIP)数据

刑法目的解释研究 / 石聚航著. -- 北京 : 法律出版社, 2022
(南昌大学法学文库)
ISBN 978-7-5197-6456-2

Ⅰ. ①刑… Ⅱ. ①石… Ⅲ. ①刑法-法律解释-中国 Ⅳ. ①D924.05

中国版本图书馆 CIP 数据核字(2022)第 030160 号

刑法目的解释研究
XINGFA MUDI JIESHI YANJIU

石聚航 著

策划编辑 沈小英
责任编辑 陈 妮 任 娜
装帧设计 李 瞻

出版发行 法律出版社
编辑统筹 法治与经济出版分社
责任校对 王晓萍 王语童
责任印制 吕亚莉
经　　销 新华书店

开本 710 毫米×1000 毫米 1/16
印张 17 **字数** 287 千
版本 2022 年 4 月第 1 版
印次 2022 年 4 月第 1 次印刷
印刷 北京虎彩文化传播有限公司

地址:北京市丰台区莲花池西里 7 号(100073)
网址:www. lawpress. com. cn
投稿邮箱:info@ lawpress. com. cn
举报盗版邮箱:jbwq@ lawpress. com. cn

销售电话:010-83938349
客服电话:010-83938350
咨询电话:010-63939796

书号:ISBN 978-7-5197-6456-2 **定价**:88.00 元
凡购买本社图书,如有印装错误,我社负责退换。电话:010-83938349

总　序

改革开放以来，随着我国法学教育和法学研究的迅速发展，我国法学理论研究一路高歌猛进，各种法学著述汗牛充栋、琳琅满目。出版各种系列丛书，已成为各大法律院校展示科研成果和研究实力的一种方式。“南昌大学法学文库”的出版也有这种目的。

南昌大学法学教育肇始于中华人民共和国成立前的国立中正大学法律系。抗日战争爆发时，国民政府深感经纬万端，亟待忠贞弘毅之士，推行博厚笃实之教育理念，于1940年在江西泰和杏岭建立国立中正大学，享誉海内外的植物学家和教育家胡先骕先生为首任校长。该校创立之初，即设文法学院、工学院、农学院，1947年文法学院分为文学院和法学院，1948年增设法律系。彼时，适值蔡枢衡先生回家乡永修探亲，被赣鄱父老、学术达士极力挽留，终留南昌，主持中正大学法律系，任教授，兼任系主任。1949年南昌解放时，国立中正大学停办（我国台湾地区于1989年在嘉义恢复中正大学）。1980年江西大学设立法律系，法学之薪火得以在豫章故郡续燃。江西大学法律系在成立之初便云集了一大批优秀的教师，例如，刘焕文、胡正谒、丁文华、刘仕才、谢庆演、胡继群、卓凡等。许多现今知名的学者和专家也曾于20世纪80年代在江西大学法律系工作过，例如，著名民法学家徐国栋教授、北京大学党委书记邱水平教授、原清华大学副校长谢维和教授。1993年江西大学与江西工业大学合并组建南昌大学，江西大学法律系亦改称为南昌大学法律系。经过老一辈法学家蔡枢衡、刘焕文、胡正谒等先贤筚路蓝缕、披荆斩棘和几代南昌大学法律人的奋斗，尤其是江西大学法律系成立以来的近40年，南昌大学法学院广聚人才、苦练内功，形成了梯队合理、结构优化的科研教学团队，取得了长足进步，学科优势地位日渐凸显。

“南昌大学法学文库”正是在上述背景下应运而生。文库设立初衷在于展示本校法学最新研究成果,弘扬严谨笃学、厚实勤勉的学术传统。入选文库的论著,既包括毕业于本院社会治理与法治系统工程专业的博士论文,也包括新进教师的博士论文及学院其他教师的新近力作。内容涵盖法学领域各个二级学科、法学与其他学科的交叉学科。期待经过若干年的连续出版,文库在保证质量的基础上,形成规模效应,为法学理论研究的持续繁荣锦上添花。

"南昌大学法学文库"由南昌大学法学院的教授组成编委会,甄别论著质量,筛选具有出版价值的优秀论著,法学院具体负责出版事宜。通过严格审查把关,力争出版一系列具有学术见地、学术创新的高水平著作。同时也对后学者施以激励,延续本学科优良的学术传统。

本文库的出版,有赖于法律出版社的积极筹划与倾力帮助。长期以来,法律出版社对南昌大学法学学科给予了大力支持,今日文库出版,亦为双方勠力同心、协同发展合作关系的见证。借此机会,向法律出版社表示由衷的谢忱!

"庙廊之才,非一木之枝",我们希望各位学界同人批评指正,共同扶持青年后学。

杨　峰

2017 年 12 月 31 日于南昌大学前湖校区

2021 年 12 月 31 日修订于南昌大学前湖校区

序

对于部门法学来说,核心内容就是解释法律。没有法律解释,也就没有法律适用。此言不虚。刑法教义学在某种意义上说,也就是刑法的解释学。例如,在日本刑法学中就无刑法教义学之称,而有刑法解释学之谓。就此而言,刑法教义学与刑法解释学具有相通性。因而,对于解释方法的关注似乎是部门法学者的宿命。在目前我国面世的法律解释的著作中,绝大多数作者都是部门法学者,尤其是刑法学者与民法学者。石聚航行将出版的《刑法目的解释研究》一书,为我以上判断提供了一个例证。

《刑法目的解释研究》一书对刑法中的目的解释做了深入而系统的理论考察,可以说是我国刑法学界关于目的解释的前沿性研究成果,这是值得肯定的。我国学者对目的解释已经做了大量的研究,这些研究成果为本书的进一步研究奠定了理论基础。本书在前人研究的基础上,不仅拓展了目的解释的研究范围,更为重要的是深化了目的解释的理论深度,因而具有其重要的学术价值。本书从整个法学理论发展的脉络上把握目的解释,因而能够揭示目的解释的本质。例如,石聚航从法学的实质化思潮的背景对目的解释进行了分析,而实质化的核心是利益。石聚航指出:"将利益分析运用到目的解释中,可以在解释的过程中根据具体案件的不同情况,既可能在构成要件判断中作出实质解释,也可能在违法性或有责性阶段作出判断。需要注意的是,规范的目的仅仅具有指引性的作用,并不意味着只要发生了利益损害,解释者就一定将行为解释为犯罪。"在此,石聚航在利益—目的—实质这三者之间建立了某种内在联系,对于我们理解目的解释具有重要的参考价值。

刑法解释主要就是以解释方法为中心展开的。在法律解释方法中,目的解释也许是争议最大的一种解释方法。德国著名法学家萨维尼曾经提出法律解释的四种要素，其实就是法律解释的四种方法：语言要素、逻辑要素、历史要素和体系要素。与之对应的是语义解释方法、论理解释方法、沿革解释方法和体系解释方法。[1] 在此，萨维尼是以法律文本为中心阐述其法律解释方法的，具有一定的客观主义的色彩，因而并没有将目的解释纳入法律解释方法。目的解释方法的产生是以目的主义法学的兴起为背景的，德国著名法学家耶林认为目的是全部法律的创造者。每条法律规则的产生都源于一种目的，即一种实际的动机。因此，对于法律的理解也应当探寻其目的。在此基础上，目的解释的方法开始成为法律解释的一种重要方法。然而，“目的”一词本身就是含糊的，目的往往与价值和实质等概念具有内容的相同性或者相近性。因此，目的解释并不是首选的法律解释方法，而是替补的或者说是候选的法律解释方法。

这里涉及法律解释方法的位阶性问题，这个问题十分复杂，以至于法律解释方法之间是否具有位阶性都存在争议，更不用说各种解释方法之间的位阶如何确定或者根据何种原则加以确定。撇开这些争议不说，可以达成共识的是：语义解释方法和目的解释方法可以说是法律解释方法的两个极端。就此而言，语义解释方法优先于目的解释方法，对此应当不会存在疑问。也就是说，如果能够采用语义解释方法阐明法律文本含义的就不应当采用目的解释方法；只有在根据语义解释方法难以得出妥当结论的情况下，才会采用目的解释方法作为补充。法律是以文本为载体的，因而法律解释是以处理法律文本的语言为手段的，在这个意义上的法律解释就是一种法律语言学。然而，语言并不能解决一切问题。当采用语义解释方法得出的结论存在分歧的时候，就应当超越法律文本，进入更深层次的目的解释。由此可见，目的解释是一种实质的解释方法。

语义解释止步于法律文本，而目的解释则深入法律文本的背后。语义解释将法律的含义，也可以称为法义，严格限制在法律文本的限度之内，因而法义可以等同于语义。所以，语义解释是一种法律语言学的处理。我国古代的律学，就明显具有法律语言学的性质。只是在某些情况下，例如举轻

---

[1] 萨维尼提出法律解释的三个要素，这就是逻辑要素、语法要素、历史要素。但与之同时，萨维尼又论述了法学的体系性研究，萨维尼指出：形式，或者说体系的形式要素的概念，它是认识立法内容——法律规范的逻辑媒介。参见［德］萨维尼、［德］格林：《萨维尼法学方法论讲义与格林笔记》，杨代雄译，法律出版社2008年版，第8、22～23页。

以明重或者举重以明轻的法律适用原则中,才包含了逻辑推理方法的运用。不可否认,语义解释可以解决对大多数法律文本的阐明问题。然而,法律文本的含义并非完全确定,而是存在一定的歧义,由此会产生对法律文本在理解上的争议,从而影响法律的适用。例如,《刑法修正案(十一)》第35条增设了侵害英雄烈士名誉、荣誉罪。在此,如何理解英雄烈士就成为一个争议问题。对此,我国刑法学界存在两种对立的意见:第一种意见认为,英雄烈士是指英雄和烈士。英雄是指仍然在世的功勋人士,而烈士则是指已经去世的功勋人士。第二种意见认为,英雄烈士是指已经去世的功勋人士,而并不包括仍然在世的功勋人士。以上两种意见都是以法律文本为依据得出的解释结论,但对法律规定的理解并不相同。显然,第一种意见对英雄烈士界定的范围远大于第二种意见,因而法律解释结论关涉罪与非罪的界限。从法律文本的语言表述而言,第一种意见似乎有理。如果仅仅是指一种人,就没有必要表述为英雄烈士,直接表述为烈士岂非更加言简意赅。但这种意见存在一个问题,如果英雄和烈士是两种人,按照汉语的习惯用法,在英雄和烈士这两个用语之间应当使用顿号。可以说,将英雄烈士理解为英雄和烈士两种人,并不符合汉语使用习惯。但将英雄烈士界定为一种人,又难以理解为什么立法者要用两个词语表达一个事物。由此可见,仅仅采用语义解释难以准确理解这里的英雄烈士。在这种情况下,就应当将解释的思路打开,从英雄烈士这个词扩展到整个法律本文,甚至前置法文本,由此就涉及体系解释的运用。

萨维尼将体系定义为规则的联结和整合,指出:“依据其内在关联阐述法律关系本身的自然亲缘性。对此,最为重要的是深入探究法律规范相互之间的确切关系,把它们理解为相互制约、相互限定的规则。”[1]因此,体系解释是将解释对象置于整个法律体系中进行理解,这是一种通过法律解释法律的方法。在我国现实生活中,英雄和烈士是对不同人员的描述,但两者并不是互相排斥的关系。按照通常理解,烈士都是英雄,英雄则未必是烈士。所以,就“英雄”和“烈士”这两个词的含义而言,“英雄”的外延大于“烈士”。而且,“英雄”和“烈士”也往往简化为一个复合词,这就是“英烈”,“英烈”是“英雄烈士”的简称。“英雄”“烈士”经过压缩以后形成的“英烈”一

---

〔1〕 [德]萨维尼、[德]格林:《萨维尼法学方法论讲义与格林笔记》,杨代雄译,法律出版社2008年版,第24页。

词,只能是指"烈士"一种人,即已经去世的功勋人士。问题是:立法者在本罪的罪状中并没有采用"英烈"一词,而是采用了"英雄烈士"一词。那么,"英雄烈士"是否等同于"英烈"呢?这个问题就要参照其他法律进行考察。本罪的前置法是2018年全国人大常委会颁布的《英雄烈士保护法》。该法第26条规定:"以侮辱、诽谤或者其他方式侵害英雄烈士的姓名、肖像、名誉、荣誉,损害社会公共利益的,依法承担民事责任;构成违反治安管理行为的,由公安机关依法给予治安管理处罚;构成犯罪的,依法追究刑事责任。"《刑法修正案(十一)》第35条就是该条文的后续刑事罚则。显然,《刑法修正案(十一)》关于英雄烈士的称谓,就来自《英雄烈士保护法》。然而,阅遍整部《英雄烈士保护法》,并没有关于"英雄烈士"的定义。再往前追溯,2011年国务院颁布的《烈士褒扬条例》采用了"烈士"一词,而不是"英雄烈士"。并且,该条例第8条规定了烈士评定的5种情形。公民牺牲符合这5种情形的,评定为烈士。此外,第8条第2款还规定:"现役军人牺牲,预备役人员、民兵、民工以及其他人员因参战、参加军事演习和军事训练、执行军事勤务牺牲应当评定烈士的,依照《军人抚恤优待条例》的有关规定评定。"由此可见,根据相关法律法规的规定,我国的烈士可以分为公民烈士和军人烈士这两种情形,分别按照不同的途径进行评定。根据上述对前置法的梳理,还难以确定刑法中的英雄烈士究竟是指英雄和烈士还是指英烈。在这种情况下,我们再从立法过程进行考察,可以发现,在《刑法修正案(十一)》的立法过程中,侵害英雄烈士名誉、荣誉罪在刑法分则中的体系位置曾经发生变动。正如我国学者指出:"在《刑法修正案(十一)》一稿中,本罪置于《刑法》第246条之后作为《刑法》第246条之一,即本罪定性为侵犯公民人身权利罪,并与侮辱、诽谤罪类似。但是一审稿征求意见过程中,这种定性遭到了专家学者们的质疑。英雄烈士一般是已故之人,对这一群体名誉、荣誉的侵害显然不同于自然人,而且对于英雄烈士名誉、荣誉的侵犯也与普通人有所区别,因此一审稿中该罪被移到了《刑法》第299条之后,作为第299条之一。侵害英雄烈士的名誉、荣誉罪最终定性为扰乱社会公共秩序的行为,与侮辱国旗、国徽、国歌罪相邻,这种定性是合适的,符合本罪侵害的法益。"[1]由此可见,我国《刑法》分则第4章侵犯公民人身权利罪保护的公民

---

[1] 赵秉志主编:《〈刑法修正案(十一)〉理解与适用》,中国人民大学出版社2021年版,第264~265页。

是指在世的自然人,并不包括去世的人。对于在世的英雄的名誉、荣誉完全可以按照公民的人身权利进行保护。而去世的人的名誉、荣誉以及其他权利,我国刑法并没有专门的保护条款。在这种情况下,如果对英雄烈士的名誉、荣誉刑法没有明文规定,就缺乏刑法的保护手段。正是在这种情况下,《刑法修正案(十一)》通过增设侵害英雄烈士名誉、荣誉罪填补了这一法律空白。由此可见,将英雄烈士界定为英烈,即去世的功勋人士,属于法律文本的应有之义。通过英雄烈士的解释,我们采用了语义解释和体系解释这两种方法,其出发点和归宿都在于确定法律文本的本来含义。因此,体系解释并没有脱离法律文本,其结论仍然被法律本文所涵摄。

目的解释则与语义解释和体系解释全然不同,它不是在法律文本中寻求法律含义,而是突破了法律文本的限制。例如,目的主义法学总是在探寻立法根据。如同耶林所指出:“作为法学家必须提出关于其根据问题。我总是忍不住要思考制度的立法根据的问题。对于我来说,追问所有法律理论的目的简直已经成了我的固定习惯。”〔1〕如果把法律解释方法限于语义解释,那么,法律是实然的。而如果采用目的解释,探寻立法根据,则法律就可能是应然的。耶林的论述意在强调立法根据对于法律解释的基础性作用。在这一点上,耶林明显不同于萨维尼重视法律文本的语义解释方法的立场,由此形成有趣的对立。例如,萨维尼对所谓实质解释进行了批评,指出:“实质解释的第一步是从法律中的语词与规则上升到立法理由。在大多数情况下,立法理由并非表现为规则,而是必须由解释者以模拟的方式去探求、补充。显然,这种操作充满了任意性,与真正意义上的解释毫不相干。因为法官在这个过程中附加给立法的东西不能借由立法客观化,而且,操作过程的不确定性使得这种弊端更为显而易见。”〔2〕萨维尼认为,目的解释,也就是实质解释是诉诸法律文本之外的因素,如立法理由,需要去探寻,因而它赋予解释者一定的任意性和不确定性。萨维尼以扩张解释和限缩解释为例进行了论述,指出:“人们借此从形式上对法律本身进行补充与修正,那就是‘立法理由(ratio legis,法律目的)解释’。人们把法律规则视为结论,而把立

---

〔1〕 [德]鲁道夫·冯·耶林:《法学的概念天国》,柯伟才、于庆生译,中国法制出版社 2009 年版,第 56、58 页。

〔2〕 [德]萨维尼、[德]格林:《萨维尼法学方法论讲义与格林笔记》,杨代雄译,法律出版社 2008 年版,第 114、115 页。

法理由视为【三段论】的大前提(Obersaz),并且依据后者扩张或者限缩前者的外延。"[1]因此,萨维尼是极端重视法律文本解释的,认为法官不能从外部把某些东西添加到法律规则之中。值得注意的是,萨维尼所说的扩张解释和限缩解释,如果我没有理解错,则是指目的解释中的目的性扩张和目的性限缩,而不是指语义范围内的扩张解释和限缩解释。现在,我们已经能够将这两种解释方法明确地加以区分,而萨维尼并没有进行区分,因而会给人以误解。从萨维尼论述的前言与后语的特定语境中,例如,他说扩张解释和限缩解释是对法律文本的外延的扩张与限缩,这明显属于目的解释而不是语义解释。萨维尼认为,扩张解释和限缩解释绝非真正意义上的解释,可以把它称为实质解释,因为纯粹的形式解释将会得出完全不同的结论。[2] 在此,萨维尼明确地论及形式解释与实质解释,而它是站在形式解释的立场上进行言说的。然而,过于拘泥于法律文本的语义解释,难以满足司法对规则的需求,也是不合时宜的。尤其是扩张解释和限缩解释均在法律语义范围之内进行扩张与限缩,没有超出法律语义,因而其仍然属于语义解释的方法。[3] 而目的解释则已经超出法律文本的范围,具有对法律规则加以形塑的性质。

本书论及形式解释和实质解释的争议,石聚航对形式解释论与实质解释论之争做了以下评论:"形式解释和实质解释是当前我国刑法学界重要的学术立场之争,但二者对于刑法目的解释的理解存在有一定的误解。形式解释论通常排斥刑法目的解释,但是在具体个罪的解释中,也会考虑到解释的结论是否符合规范的目的指向。实质解释论尽管主张目的解释,但是在目的解释中也存在背离规范目的的做法。不能笼统地以是否承认目的解释或接受目的解释来作为判断形式解释和实质解释的标准。"实质解释论当然是容纳并赞同目的解释的,至于某些情况下,其解释结论脱逸于规范目的,这是具体判断问题。那么,形式解释论是否排斥目的解释呢?至少我主张的形式解释论是并不排斥目的解释的,只是强调目的解释不能与罪刑法定原则相背离。目的解释分为目的性限缩与目的性扩张,我认为目的性限缩

---

[1] [德]萨维尼、[德]格林:《萨维尼法学方法论讲义与格林笔记》,杨代雄译,法律出版社2008年版,第25页。

[2] 同上书,第114页。

[3] 当然,也有学者认为扩张解释与限缩解释是法律续造的方法或者类推的方法。参见姜福东:《扩张解释与限缩解释的反思》,载《浙江社会科学》2010年第7期。

并不违反罪刑法定原则,因为它限缩了犯罪范围,是有利于被告人的。而目的性扩张则违反罪刑法定原则,因为它的扩张范围超出了法律文本,实际上具有法律续造或者类推的性质。这在刑法解释中是不被容许的,这也是刑法解释与民法解释的不同之处。例如,萨维尼指出:"刑法若对某个问题未作明文规定,该如何处理?在民法中,对于任何一个纠纷,都需要作出有利于某一方当事人的裁断。而刑法实行如下原则:如果法律宣布某种行为是应受惩罚的,那么该行为就是犯罪。从法官的视角看,或者说从实践的角度看,可罚性(Strafbarkeit)是偶然的。如果法律对于某个行为是否具有可罚性未作明文规定,那么,毫无疑问,该行为不属于犯罪,根本就不需要借助于类推予以确定。"[1]上述译文中,可罚性是偶然的一语不太容易理解。其实,这是指可罚性是需要刑法特别规定的,而刑法没有特别规定的行为就是不可罚的。因此,与其译为可罚性是偶然的,不如译为可罚性是特定的,应有刑法的明文规定。

我主张的形式解释论并不是排斥实质解释,包括目的解释,而只是强调在形式解释和实质解释之间,应当具有位阶性。即先作形式解释,后作实质解释。在这个意义上说,我的观点与其称为形式解释论不如称为形式解释与实质解释的二阶论,以免引起误解。形式解释论是以形式理性为基础的,其功能首先在于将不符合《刑法》分则构成要件规定的行为排斥在犯罪范围之外,真正实现法无明文规定不为罪的目标。因而,形式解释论的主要价值就在于保障罪刑法定原则的司法化。但是,并不能认为只要符合刑法构成要件规定的行为就一概构成犯罪。在构成要件该当的基础上,还应当进行法益侵害性的实质判断。在我国目前的刑法适用中,同时存在两种情形:第一种情形是形式解释没有能够阻挡不符合《刑法》分则构成要件规定的行为入罪,这是形式解释的缺失而实质解释的泛滥。第二种情形是只要符合构成要件的行为均认定为犯罪,这是形式解释的泛滥而实质解释的缺失。以上两种情形,前者违反罪刑法定原则,后者违反法益侵害原则,都是和法治国的理念背道而驰的。按照我的设想,在刑法适用过程中,首先,应当进行形式判断,将那些形式上就不具备构成要件的行为排除在犯罪范围之外。此时,形式判断优先于实质判断。其次,应当对符合构成要件的行为进行实

---

[1] [德]萨维尼、[德]格林:《萨维尼法学方法论讲义与格林笔记》,杨代雄译,法律出版社2008年版,第118页。

质判断,从而将那些形式上符合构成要件但不具有法益侵害性的行为排除在犯罪范围之外。此时,实质判断优越于形式判断。通过以上形式与实质的双重审查,某一行为具备了可罚性的客观基础。在此基础上,再进行责任判断。因此,从形式判断到实质判断,再到责任判断,这就是运用三阶层的犯罪论体系认定犯罪的基本逻辑进路。

目的解释在某种意义上说,是实质判断的一种方法。在犯罪认定中,目的解释虽然所用不多但对实现刑法的实质合理性具有重要意义。例如,我国《刑法》第 205 条规定的虚开增值税专用发票罪,按照法律文本的规定,只要具备虚开行为即可构成本罪。这一文本规定在立法当时是符合犯罪客观状态的,具有其合理性。因为在立法时,虚开增值税专用发票行为的目的都是通过抵扣增值税专用发票而骗取国家税款。因此,按照《刑法》第 205 条的规定,只要具有虚开行为即一概定罪,并不会发生偏差。然而,此后在我国现实生活中出现了不以骗取国家税款为目的的虚开行为,对于此种行为如果仍然以本罪论述,则会发生法律文本与现实犯罪之间的偏差。在这种情况下,行为说认为,按照法律文本的规定,只要实施了虚开行为即可入罪,从而坚持法律文本的含义。与此同时,为合理限制本罪范围,我国学者提出了本罪以骗取国家税款为目的的目的说,这就是一种限缩性的目的解释。按照这种目的说,本罪范围有所限缩,将那些虽然实施了虚开行为但并没有骗取国家税款目的的行为排除在本罪范围之外。除了目的说,我国学者还提出了危险说等观点。[1] 在我看来,目的说具有法理根据和现实基础,值得坚持。由此可见,目的解释在司法实践中具有重要的使用价值。当然,我国司法实践中拘泥于法律文本的字面规定,在接受目的说问题上还存在一定的阻力,这是需要克服的。

石聚航的《刑法目的解释研究》一书在刑法理论和司法应用这两个维度对目的解释都进行了有益的探索,尤其是在学术层面所作出的贡献,不仅对于理解刑法的目的解释具有重要意义,而且对于法律解释一般原理也贡献良多。因此,本书是在刑法目的解释领域取得的最新学术成果,值得向读者推荐。石聚航的博士学位论文指导老师是蔡道通教授,蔡道通教授对于刑法学术具有其独特见解,发表了具有创新性的学术成果。石聚航在蔡道通

---

〔1〕 参见陈兴良:《虚开增值税专用发票罪:性质与界定》,载《政法论坛》2021 年第 4 期。

教授的指导下，圆满完成博士学位论文并即将出版，这是值得祝贺的。我期待着年轻一代刑法学人在学术道路上越走越远，推动我国刑法学术向前发展。

是为序。

陈兴良*

谨识于云南昆明滨江俊园寓所

2021 年 7 月 17 日

---

* 北京大学博雅讲席教授、博士生导师。

目 录

导 言

一、本书的问题意识

刑法解释对于刑法适用犹如空气，须臾不可分离。刑法解释的重要性，自然不容置疑。但是在面对具体案件时，我们时常会发现不同的人甚至同一个解释者在不同的场合或时期也可能会得出不同的解释结论。解释的方法林林总总，研究解释的方法以及解释的立场、技巧的论著更是汗牛充栋。由此带来的问题是，解释学越发达，似乎解释的方法或解释的结论越难以形成共识。例如，当人们在讨论刑法解释方法的位阶时，曾经似乎获得一段短暂的共识，但此后又出现了认为刑法解释方法根本不存在所谓的位阶问题，解释方法都是在司法中甚至是基于司法便利而采取的。[1] 没有哪一种解释方法是崇高的或卑微的，只有解释者的立场或用途决定其选择何种解释方法。刑法进行适正的解释，需要综合判断法律条文的沿革、比较法上的意义、与其他法条的关系、与作为全体法秩序的目的之间的关系、保护法益等等，以期达到符合各法规定宗旨的结论。[2]

目的解释方法作为一种重要的解释方法，滥觞于德国19世纪的利益法学。利益法学的代表人物耶林在《法的目的》一书指出："解释法律，必须先了解法律究竟欲实现何种目的，以此为出发点加以解释，始能得其肯綮。"[3] 利益法学认为，每一个法律体系都是有缺陷的、有空白的，因而要在现有法律规则的基础上，通过逻辑的推论得出令人满意的结论并不总是可

---

〔1〕 参见周光权：《刑法解释方法位阶性的质疑》，载《法学研究》2014年第5期。

〔2〕 田宫祐「刑法解释の方法と限界」内藤謙[ほか]编『平野龍一先生古稀祝賀論文集上卷』(有斐閣，1990年)40頁参照。

〔3〕 杨仁寿：《法学方法论》(第2版)，中国政法大学出版社2013年版，第101～102页。

能的。这就要求法官善于发现法律规则的客观目的,通过创造性的、合理的解释去平衡互相冲突的利益。[1] 进入20世纪以后,目的解释方法更是逐渐超越传统的文义解释、体系解释和历史解释等方法成为最受青睐的解释方法。德国学者耶赛克和魏根特教授所著的《德国刑法教科书》指出,在众多的解释方法中,目的解释方法是解释方法的桂冠,通过目的解释才可以探究法律文本的本来含义。[2] 卡尔·恩吉施指出,“自目的——利益法学胜利进军以来,目的的方法可能越来越替代‘字面解释’出尽风头”[3]。拉伦茨认为客观目的解释是法律的终极任务,“法律解释的最终目标只能是:探求法律在今日法秩序的标准意义(其今日的规范性意义),而只有同时考虑历史上的立法者的规定意向及其具体的规范想法,而不是完全忽视它,如此才能确定法律在法秩序上的标准意义”[4]。德国哲学家伽达默尔在其关于哲学解释学的论述中指出,任何理解都无法脱离解释者自己的立场,解释者对文本的理解是文本与解释者交互融合的过程。[5] 有学者对目的解释进行了分类,如卡尔·恩吉施认为:“目的解释也是一个多维的方法……由法律规范所遵循的目的,既可能存在于法律规范的内部,也可能存在于外部。”[6]拉德布鲁赫认为,在对法解释时,应当避免自然主义的解释。以行为为例,如果将“侮辱”行为的概念可以解释为“喉头运动、声波运动、倾听所引起的刺激以及大脑的反应等一系列的过程”,这是不可想象的。[7] 之所以不能对侮辱作出上述的解释,是因为这种解释由于关照的是行为的自然意义,因而缺乏规范的导向而与价值判断的规范性的刑法学的宗旨背道而驰。罗克辛教授认为:“合目的解释论(合目的的、功能性的)思想体系对构成要件的贡献首先涉及客观构成要件,该要件通过客观归责理论获得一个

---

〔1〕 参见张文显:《二十世纪西方法哲学思潮研究》,法律出版社2006年版,第110页。

〔2〕 参见[德]汉斯·海因里希·耶赛克、[德]托马斯·魏根特:《德国刑法教科书》,徐久生译,中国法制出版社2001年版,第193页。

〔3〕 [德]卡尔·恩吉施:《法律思维导论》,郑永流译,法律出版社2004年版,第97页。

〔4〕 [德]卡尔·拉伦茨:《法学方法论》,陈爱娥译,商务印书馆2003年版,第199页。

〔5〕 参见[德]伽达默尔:《真理与方法》,洪汉鼎译,上海译文出版社1999年版,第44页。

〔6〕 [德]卡尔·恩吉施:《法律思维导论》,郑永流译,法律出版社2004年版,第92页。

〔7〕 参见 Mezger Edmund, Die subjektiven Unrechtselemente, GS. Stuttgart: Ferdinand Enke 1924, S. 246。转引自许发民:《刑法的社会文化分析》,武汉大学出版社2004年版,第225页。

全新的维度。这样,就并非因果性,而是以实现不允许的危险和规范保护的目的来确定其内容。”[1]

日本新派代表性人物牧野英一从法律的进化角度出发,论证了目的解释的合理性。“法律乃应从其目的而适用之者,则预法律之领域,自要依其制定之趣旨而受限制,即法律只能于期预想之事项、预想之条件下而有效力,即其效力应止于此范围内也。从而社会一有变动,同时即发生所为法律缺陷之问题,此际遂要主张法律解释之解放焉。此解放之法律解释,名曰社会的解释,系从新社会的理想运用法律之意,系以新社会的理想代替法律制定上、事实上之趣旨而推度法律之适用者,而所谓法律之缺陷同时亦藉此新社会的理想以填补之也。”[2]木村龟二认为,时代的变化可能带来刑法立法语言文字意思的变化,进一步地说,刑法的解释和运用也还是必须经常符合各种时代的要求,等等。[3]

在英美法系中,也不乏对目的解释的研究。在英美法中,目的解释法最早表现形式和来源是产生于16世纪英国的除弊规则(Mischief Rule),又译为弥补规则、弊端规则、疑问追究法或消除混乱规则。所谓除弊规则,是指法官解释成文法时要充分考虑成文法所欲弥补的法律制度上的漏洞和混乱,并努力去弥补议会在制定该成文法时所欲弥补的普通法上的缺陷。[4]斯蒂芬·布雷耶认为:“客观目的解释方法将有助于法律更好地服务于那些他们当下所要影响的人们。法律联系着生活,如果未能理解法律与生活之间的联系,则将阻隔那些法律试图推动的人类活动。”[5]波斯纳大法官从法律的论证角度认为法律的解释应当保持客观性。[6] 他将法律的客观性分

---

[1] 王安昇:《德日刑法中的思考方法浅析》,载《华中科技大学学报(社会科学版)》2004年第5期。

[2] [日]牧野英一:《法律上之进化与进步》,朱广文译,中国政法大学出版社2003年版,第60~61页。

[3] 参见[日]木村龟二主编:《刑法学词典》,顾肖荣等译校,上海翻译出版公司1991年版,第75页。

[4] 参见蒋惠岭:《目的解释法的理论及适用》(上),载《法律适用(国家法官学院学报)》2002年第5期。

[5] [美]斯蒂芬·布雷耶:《积极自由——美国宪法的民主解释论》,田雷译,中国政法大学出版社2011年版,第83页。

[6] See Jerome Hall, *General Principles of Criminal Law*, 2nd edition, Indianapolis Bobbes-Merrill, 1960, p. 18.

为三种情况：一是本体论上的客观性，这种客观性与外在的世界之间保持一致性；二是可复现性的科学意义上的客观性；三是合理性的交谈意义上的客观性。法律解释的客观性应当是交谈意义的客观性。[1]

近年来，目的解释受到我国学者的关注，并出版了一批具有相当学术含量的论著，从现有文献来看，理论界对目的解释的研究大体集中在如下几个方面：

1. 目的解释的意义

目的解释的意义直接关系到目的解释的合理性与正当性根基。刑法解释不是探寻刑法立法者的意思。这就意味着在对构成要件解释的过程中，以规范目的为载体的价值判断发挥的空间将日渐增大。师从日本刑法新派代表性人物牧野英一的蔡枢衡教授认为，发现了立法者的意思，至多只算明白了立法时的情形，决不就是把握住了解释时的本质——从而决不能获得合理妥当的适用。解释法律最后的目的在求法律之合理而妥当的适用。所以，把立法者的具体的意思当作解释的目的是不能完成解释的使命的。刑法解释的目的在求法律条文与客观的实在间之呼应或同一。解释的目的在使法律和社会之间的矛盾或不一致缩减至于无可再缩，无可再减的程度。[2] 还有学者指出，目的解释对法律解释具有指向性的意义。无论目的如何复杂，法律人始终不能放弃目的。目的对法律解释有着重要的影响，是法律人获得实践智慧的指路明灯。[3] 据此，目的成为刑法解释重要的价值导向。

2. 客观目的解释

客观目的解释论认为，刑法立法一旦完成，法律文本与立法者的目的就完全脱离，刑法是国家为了维护特定的客观目的而制定的，刑法的每个条文都源于一个具体客观目的。刑法的整体客观目的变异性很小，在任何时候，都可以将刑法目的归纳为保护法益。但是，具体目的会经常变化，对具体目的的评价比对整体目的评价更困难。即使人们能够有根据地肯定法益保护的正当性，但由于法益并不是像人们的生命一样预先给定的，而是可以通过

---

〔1〕 参见［美］波斯纳：《法理学问题》，苏力译，中国政法大学出版社 1994 年版，第 42 页。

〔2〕 参见蔡枢衡：《刑法学》，中国民主法制出版社 2011 年版，第 16 页。

〔3〕 参见陈金钊：《法律解释学——权利（权力）的张扬与方法的制约》，中国人民大学出版社 2011 年版，第 78 页。

立法者创设的，所以，在有些情况下，对具体法益的认识与确定，亦即具体法益是否值得刑法保护，会产生困惑。[1] “刑法解释的目标应当是存在于刑法规范中的客观意思，而不是立法者制定刑法规范时的主观意思或立法原意。”[2]有学者从刑法立法与社会发展的关系角度，认为一部刑法典内容无论多么完备，都注定没有永不衰竭的生命力，唯有以刑法解释学为模式建立起来的刑法学体系，才能适应时代的需要。基于形式合理性与实质合理性的角度，应当承认客观解释的意义。[3] 有学者从规范解释空白罪状的角度出发，认为注重目的解释和体系解释可以实现刑法的规范保护任务。[4] 日本学者町野朔认为：“在进行刑法解释时，必须考虑刑法是为了实现何种目的，必须进行适合其目的的合理解释。”[5]目的成为刑法解释时的价值导向。美国学者佩策尼克从教义学的角度论述了教义学在运用的过程中也需要不断地运用实质性的因素对法律规范进行客观性解释。开放的法教义学不仅对法条、先例等的字面含义进行描述，有时还伴随许多道德和其他的实质理由。[6]

3. 主观目的解释

与客观目的解释相对应，主观目的解释在我国刑法学界的研究也蔚为壮观。主观解释论通常认为客观目的解释的意义具有局限性。有学者认为：“实际上，立法意图对于刑法解释是非常重要的，因为立法意图只是在很少的情况下才过时，司法活动的绝大部分情况是立法意图完全足以担当目的解释基准的‘目的’，这时对立法意图的探寻就是非常必要的……因此对刑法来说值得格外重视。”[7]有学者在批判刑法实质解释时，指出目的解释中的目的本身是极不可靠的。[8] 有学者从目的解释与法治原则的关系入

---

〔1〕 参见张明楷：《刑法分则的解释原理（上）》（第2版），中国人民大学出版社2011年版，第85页。

〔2〕 张明楷：《刑法学（上）》（第5版），法律出版社2016年版，第29页。

〔3〕 参见刘艳红：《走向实质解释的刑法学——刑法方法论的发端、发展与发达》，载梁根林主编：《刑法方法论》，北京大学出版社2006年版。

〔4〕 参见肖中华：《空白刑法规范的特性及其解释》，载《法学家》2010年第3期。

〔5〕 町野朔『刑法総論講義案Ⅰ』（信山社，1995年）68～69頁。

〔6〕 See AleksanderPeczenik, *Can Philosophy Help Legal Doctrine*? Ratio Jurist, Vol. 1, p. 106 (2004).

〔7〕 陈兴良主编：《刑法方法论研究》，清华大学出版社2006年版，第130页。

〔8〕 参见邓子滨：《中国实质刑法观之批判》，法律出版社2009年版，第85页。

手,认为:“如果对客观目的确定不当,反而会破坏法治原则。从客观目的解释在整个法律方法论体系中的地位来看,客观目的解释只是法律解释的辅助性方法,只有在经过充分论证的情况下,客观目的才能取代法律的文义。”[1]有学者指出了客观目的解释的双面性,“客观目的解释已经被证明是一把双刃剑,它固然能赋予解释以相当的灵活性,并由此确保刑法体系的开放性,同时它也因赋予法官解释的自由而严重威胁与侵蚀法适用的统一性与客观性”[2]。有学者明确指出坚持立法原意的重要性,“每一在给定文本中需要充分确定的东西,只有参照作者与他最初的公众共有的语言才能确定;在一段给定的文本中每一词的意义,只有参照它与周围的词的共存才能确定”[3]。我国台湾地区吴庚教授认为:“目的论解释是对法律实证主义的反动。”[4]林山田教授认为,在原则上,刑法解释应当采取主观解释,但是,如果有足够的理由证明这种解释与现在社会发展的阶段明显冲突时,则可以采用客观解释。[5] 此外,还有学者立足于我国法治建设的具体实际,认为客观解释不宜过度被重视。如陈兴良教授指出,对处于法治建设初级阶段的我国而言,应当坚持以形式解释(立法原意)为主,实质解释(客观规范目的解释)为辅的原则。[6] 我国法官素质还有待进一步提高,刑法实施仅10余年,这要求我国在刑法解释上应采取主观解释论。[7] 我国台湾地区韩忠谟先生也表达了对客观目的解释的忧虑,在民法中,客观解释说对于促进民法的发展有重要的作用和意义,但是如果将其也适用于刑法,则未必是完全可行的。[8]

4. 目的解释的位阶性

张明楷教授认为:“体系解释、历史解释(沿革解释)、比较解释等理由不具有决定性,客观目的解释具有决定性。但是由于刑法实行罪刑法定原则,故文理解释也具有决定性。不过,客观目的解释的决定性与文理解释的决

[1] 陈金钊主编:《法律方法教程》,华中科技大学出版社2014年版,第48页。
[2] 劳东燕:《刑法中目的解释的方法论反思》,载《政法论坛》2014年第3期。
[3] 梁慧星:《民法解释学》,中国政法大学出版社2003年版,第53页。
[4] 吴庚:《政法理论与法学方法》,中国人民大学出版社2007年版,第327页。
[5] 参见林山田:《刑法通论》(上),北京大学出版社2012年版,第63页。
[6] 参见陈兴良:《形式解释论的再宣示》,载《中国法学》2010年第4期。
[7] 参见徐光华:《刑法文化解释研究》,中国政法大学出版社2012年版,第66页。
[8] 参见韩忠谟:《刑法原理》,中国政法大学出版社2002年版,第48页。

定性具有不同的含义。文理解释的决定性在于:所有的刑法解释,都要从法条的文理开始,而且不能超出刑法用语可能具有的含义;凡是超出刑法用语可能具有的含义的解释,都是违反罪刑法定原则的解释,即使符合刑法条文的客观目的,也不能被采纳。客观目的解释的决定性在于:在对一个法条可以做出两种以上的解释结论时,只能采纳符合法条客观目的的解释结论。"[1]苏彩霞教授认为:"刑法解释应遵循文义解释→体系解释→历史解释→目的解释→合宪性解释的运用顺序。"[2]否定目的解释具有决定性的观点认为,在实务上,的确应该根据规范保护目的、具体情境来权衡各种解释理由,形成具体的协调规则,以限制法官恣意解释。但是,这并不意味着目的解释始终绝对性地具有优越性。[3]

5. 目的解释的具体运用

在目的解释的具体运用中,有学者讨论了目的解释应用的前提,一般来说,在定罪与量刑之间出现矛盾时,有两种情形需要借助刑法目的解释:一是刑法的文义有多种时,需要借助刑法目的加以衡量;二是出现按文义解释的结果无法明确其含义的,需要引进刑法目的进行补充或纠正。在前一种情况下,刑法目的实际上是法官进行解释的指南;而在后一种情况中,刑法目的实际上充当的是刑法的法源。[4] 有学者将刑法目的解释的方法分为立法资料考量的刑法目的解释方法、法益考量的刑法目的解释方法、社会因素综合考量的刑法目的解释方法等,并且认为,从对法官素质的要求来看,这三种方法对法官的要求逐步提高,主张以法益为基点来寻求目的解释的合理结论。[5] 目的解释只是在文义解释和体系解释仍不能确定其含义时,才可运用。目的解释适用的条件是:关于法律最终目的的证据没有歧义;这种目的是清楚的;法律语言与选定的解释比任何其他解释都更为一致。[6] 有学者指出,受罪刑法定原则的制约,刑法中的立法意图是指立法者制定法

---

[1] 张明楷:《刑法学(上)》(第5版),法律出版社2016年版,第35页。

[2] 苏彩霞:《刑法解释方法的位阶与运用》,载《中国法学》2008年第5期。

[3] 参见周光权:《刑法解释方法位阶性的质疑》,载《法学研究》2014年第5期。

[4] 参见姜涛:《量刑公正与刑法目的解释》,载《法学家》2012年第4期。

[5] 参见伍玉联、晏楚兴:《论法益考量在刑法目的解释中的运用——围绕最高人民法院公报案例的叙说》,载陈金钊、谢晖主编:《法律方法》(第11卷),山东人民出版社2011年版。

[6] 参见李国如:《罪刑法定原则视野中的刑法解释》,中国方正出版社2001年版,第53页。

律时事实上的意思。在解释刑法时,解释者不能仅仅对刑法用语进行词义上的探究,而需要去查阅立法过程中的相关立法资料。通过对立法资料的查找与研究,解释者就可以具体地了解到立法在制定具体刑法规范时,究竟考虑了哪些因素,以及立法当时的具体背景,从而能够真正把握立法者的精神。[1] 目的是解释者作出的一个法律构建,如同于权利、义务的概念一样,它包含了主观因素——主观目的或者作者意图,也包含了客观因素——客观目的,或说理性作者的意图及法律体系基本价值的意图。[2]

6. 目的解释的制约方法

近些年来,在我国刑法学界有学者开始有意识地反思目的解释,并提出了一些限制目的解释的方案。有学者指出,通过合宪性解释、司法程序以及增强判决书的说理性等方法对目的解释进行约束。[3] 有学者主张,通过后果考察理论来限制目的解释的随意性。[4] 有学者主张二元的限制模式,认为应当通过刑法教义学与合宪性解释形成对目的解释的双重制约。[5] 有学者指出,体系作为一个依照原则归整出的知识整体,目的解释在解释的过程中应当受到体系解释方法的严格约束。[6] 在进行目的解释时,需要在解释的过程中和解释结论上考虑诸如法秩序的统一性等基本原理。

在刑法解释学日渐精细化的发展历程中,刑法规范与社会生活之间的冲突日渐紧张。刑法规范是否能够涵摄案件事实,案件事实能否契合刑法的文本含义,都需要结合刑法规范目的来进行解释,刑法适用本质上就是运用法学思维进行刑法解释的过程,目的解释在刑法中的运用尤其是对疑难案件的认定具有重要的意义。目的解释尽管可以挖掘刑法规范的可能意义,并通过拓展刑法文本的含义缓解刑法规范与变动社会之间的紧张关系。但如果将目的解释推而广之,或将之视为决定性的解释方法,则会存在泛化刑法解释甚至走向任意解释的危险。因此,如何探寻并建构体系化的、合理的目的解释方法,一方面有助于发挥目的解释释放刑法文本可能含义功能

---

〔1〕 参见张志铭:《法律解释操作分析》,中国政法大学出版社 1998 年版,第 57 页。

〔2〕 See Abaron Barak, *Purposive Interpretation in Law*, Princeton University Press, 2005, p. 88.

〔3〕 参见赵运锋:《刑法目的解释的作用、边界及规制》,载《北方法学》2011 年第 5 期。

〔4〕 参见姜涛:《后果考察与刑法目的解释》,载《政法论坛》2014 年第 4 期。

〔5〕 参见劳东燕:《刑法中目的解释的方法论反思》,载《政法论坛》2014 年第 3 期。

〔6〕 Kant Metaphysische Anfanggründe der Naturwissenschaft (1786), Vorrede (Akademieausabe Bd. 4, S. 467).

的同时,又对目的解释形成必要的限制,这是目的解释研究中应当重点思虑的问题。

作为一种解释方法,目的解释自有其内在的逻辑和运用的方法。但刑法学界在探讨目的解释时,通常格式化地认为刑法的目的是保护法益,某一行为造成了危害,然后设法将其解释为个罪构成要件中的要素。但这种逻辑,可能会使目的解释的具体应用方法及其所隐含的操作流程被粗线条化。如何寻找某一刑法规范的目的?不同刑法规范的目的之间具有怎样的关联?刑法规范的目的与作为整体规范体系的刑法目的之间存在怎样的内在联系?凡此问题均需认真斟酌。肯定目的解释或否定目的解释论的观点似乎都在急切地表达自身的立场,但遗憾的是,并没有对目的解释基础理论展开细致地考察。

刑法解释不可能是毫无目的的解释。值得注意的是,在刑法解释中的确存在很多没有目的的解释。就解释者而言,其解释过程中明显地缺乏解释的问题意识。如在解释故意杀人罪时,人们有时会说,这里的人仅指的是自然人,而不包括法人、团体或组织。表面上看,这种解释似乎在于明确"人"的范围,但是,这里的人是作为"杀"的对象来解释的,即便未经法律思维训练的人们也不会将导致企业破产或组织解散的行为理解为"杀"或者"杀害"。所以,这种解释由于没有紧紧扣住故意杀人罪的行为特征,而对人所作出的解释,并没有多大的意义。原因是,这种解释并没有规范的目的指引。一是没有消除人们的真正的疑虑,二是如上所述,也没有紧密地结合构成要件中行为的特征,自然是无的放矢的解释。因此,刑法解释应当是有导向性的,所谓的导向性并非一定要将某一行为通过对刑法规范的扩张解释或限缩解释,将其解释为犯罪或无罪,而是要正视解释的案件事实,然后运用解释的方法对自己的解释结论进行论证。

刑法解释也不是宏大理念的宣誓。任何学科中的解释从来都是一项论证性的工作,当然,并不否认解释者的价值判断对解释的影响。但是就解释方法而言,人们不可过于盲信于某一种解释方法的万能性或者解释方法的终极性。解释方法是解释者的一项策略或技术,就如同人们观看一个建筑物,不同的观看者选择的角度不同而已,然后从自己的角度对所看到的建筑物进行描述或说明。刑法解释也是如此,只不过与上述例子不同之处在于,解释者通常会将解释的理念或带有经验性的理解带入解释中去,从而可能会根据自己的经验判断,初步作出结论,然后再去寻找解释的方法或论证过程,因此,也只有在这个意义上才可以说解释是带有主观的价值判断。但是,刑法解释不是宏大叙事的价值宣扬,尽管所有从事解释的人们都不否认,在刑法解释时需要贯彻正义、罪刑法定原则、罪刑均衡原则、罪刑平等原则,但是,单靠这些原则并不能保证解释的妥当性或者解释的合理性。我们显然不能在解释某一行为是否构成犯罪时,不考虑《刑法》分则相关个罪的构成要件,不经过仔细的解释学上的论证,而径直地认为,根据罪刑法定原则,该行为是无罪的或有罪的。这种解释,既不合理,也不聪慧。真正需要我们思考的是,案件事实与构成要件要素之间的关系是怎样的?采取不同的解释方法会对行为的定性产生怎样的不同?究竟采取怎样的方法才是合理的?以及每一种方法的应用边界是否限定了此种解释方法在本案中的应用,或者对本案的认定是否超出了解释方法的“场域”等。刑法解释应当有一个明确的目的导向,没有导向的刑法解释容易变为随意解释或者无意义的解释。规范目的是刑法解释的航标,缺乏航标指引的刑法解释难以展现出解释的理念和逻辑,进而要么蜕化为机械性的理解,要么蜕化为脱离规范的泛化解释。

以规范目的为导向,刑法解释具有如下几个基本面向:刑法解释不是字面解释,也不完全是文义解释。刑法解释的基本对象是刑法文本,机械地对文本的理解,并不能有效地实现案件事实与刑法规范的有效对接。其实,在刑法规范中,真正可以通过字面解释来明确刑法规范含义的情形极为少见。

在刑法解释的过程中需要妥善处理刑法的规范目的与通常含义之间的区别。刑法规范的含义与通常含义之间的关系,在逻辑上存在三种情况:(1)刑法规范与日常含义完全相同。例如,强奸罪的对象是女性,对女性的理解与日常生活中的含义完全相同。任何解释方法都不可能将男性解释为女性。(2)刑法规范以日常含义为中心并适度地扩展或限缩。例如,《刑法》第240条规定拐卖妇女、儿童罪,此处拐卖的含义不仅包括行为人将妇女、儿童非法控制后再卖给他人的行为,还包括在拐卖过程中的中转等行为。因此,刑法规范中拐卖的含义比日常的拐卖含义要丰富得多。此外,还存在刑法规范中的含义比日常生活含义范围窄的情况,例如,甲将孕妇乙杀死,并导致胎儿死亡。普通公众可能认为,甲身负两条人命。但是,在刑法规范中胎儿是不作为人来处理的。需要注意的是,刑法规范的扩展与限缩也仅仅是相对而言的,其解释结论范围的大小有赖于案件事实,只能就具体的案件来谈论刑法规范用语的范围大小,仅仅就静态的刑法规范而言,无法得出刑法规范的含义是对日常生活用语的扩张还是限缩。(3)刑法规范用语与日常生活用语的含义完全不同。日常生活用语的含义多是基于生活对案件事实的评价。例如,国家工作人员利用职务便利盗窃单位财产的行为,就案件事实而言,其就是盗窃,但是在刑法中,此处的盗窃被认定为贪污,而不再是日常生活中的盗窃,自然不能按照盗窃罪论处。由此可见,规范目的指向对于同一行为的定性会产生实质的影响。与此类似的是,如果行为人盗窃了他人的商业秘密,则由于《刑法》第 219 条将盗窃行为法定化为侵犯商业秘密的行为,也不应认定为盗窃,而只能以侵犯商业秘密罪论处。

规范的目的指向,能够将刑法规范与日常生活用语区隔化,并使得刑法规范的自身含义得以明确。换言之,缺乏目的的指向,人们对刑法的理解可能就不再需要解释学上的技巧或方法,而径直根据经验得出结论。但值得注意的是,这并不是说刑法解释与日常生活用语的区隔化就表明刑法规范完全不顾及国民的法感情,而是说,在解释时应当与生活世界中的概念得以适度区别。

在当下刑法解释中,影响或型构刑法解释的因素不断增多,这些因素对刑法规范的不断渗透在解释学上也深刻地影响着人们的解释方法。例如,刑事政策作为重要的参量对刑法规范解释的影响已经开始引起人们的广泛关注。人们力求在现有刑法规范的体系内寻求合理接纳刑事政策的方法,由此引发刑法解释论上的深刻变革。传统的刑法解释通常排斥刑事政策与刑法规范的关系,人们所说的李斯特鸿沟极力主张刑法规范是刑事政策不可逾越的樊篱。但是,在今天,以需罚性为考虑的因素在规范的刑法解释中开始受到关注。在罗克辛的刑法解释中,他努力将刑法总论的体系建立在刑事政策的指导思路上:“构成要件所遵循的是法的明确性原则。在违法性这一犯罪阶层,则依靠各种特定的秩序原则,利用正当化事由来解决社会冲突,这些秩序原则有自我保护(Selbstschutz)、权利证明(Rechtsbewahrung)和利益衡量(Interessenabwagung)等等。紧接着,就是答责性这个范畴了,该范畴所考虑的是可罚性。按照我的方案,在具体案件中,可罚性需要接受双重的限制:其一是,个人的罪责大小,其二是,为了预防所需的刑罚幅度。”[1]罗克辛答责性理论的提出实际上是为刑事政策进

---

〔1〕 [德]克劳斯·罗克辛:《刑事政策与刑法体系》(第 2 版),蔡桂生译,中国人民大学出版社 2011 年版,“序言”第 1 页。

入刑法规范提供一个切口,政策性的考量在处罚中成为重要的因素。实际上,在我国司法解释中,类似的情况也存在。例如,2000 年 2 月 16 日最高人民法院发布的《关于审理强奸案件有关问题的解释》明确规定,对于已满 14 周岁不满 16 周岁的人,与幼女发生性关系构成犯罪的,情节轻微、尚未造成严重后果的,不认为是犯罪。此外,在审理未成年人抢劫罪的司法解释中也有类似的规定。[1]

实际上,从罗克辛建构的刑法体系看,目的性的考量不仅存在答责性理论中,在违法性的判断中,也同样存在目的性因素。例如,利益衡量因素,本身就是明确刑法处罚范围的一种方案。明确刑法处罚范围是刑法解释的重要任务,也是刑法目的的彰显。处罚范围过宽,容易走向泛刑主义,处罚范围过窄,又容易导致刑法与社会发展的不相适应。刑法解释的意义在于寻求规范内的合理处罚,以达到保护法益的宗旨。利益衡量因素本身就为明确哪些利益是值得刑法保护的,以及保护的程度和范围提供了分析工具。尤其是在诸如正当防卫、紧急避险中,利益衡量表明了国家法秩序或法规范的一种评价立场。不仅如此,即便在构成要件要素判断中,也无法摆脱规范目的的指引,例如,对于淫秽物品的认定,显然不能将描写性行为的文学作品也一概地认定为淫秽物品。

由此,规范目的应当是刑法解释力求追逐的对象。之所以将规范内的目的作为刑法解释的指导形象,大体有如下理由:(1)刑法解释不能脱离文本规范的制约,任何解释都是围绕着文本对刑法规范用语的可能意义探究的活动。(2)规范内的目的可以更加明确刑法解释的立场,担纲刑法二元机能的实现。注重与强调目的解释不是说刑法解释就是想方设法为处罚寻求依据,亦如后文所说的,在控方逻辑和辩方逻辑中,目的同样可以担纲辩护的理由。(3)规范内目的以及处罚范围的界定是一个不断论证的过程,而不

---

[1] 2006 年 1 月 11 日最高人民法院发布的《关于审理未成年人刑事案件具体应用法律若干问题的解释》第 9 条规定:“已满十六周岁不满十八周岁的人实施盗窃行为未超过三次,盗窃数额虽已达到‘数额较大’标准,但案发后能如实供述全部盗窃事实并积极退赃,且具有下列情形之一的,可以认定为‘情节显著轻微危害不大’,不认为是犯罪:(一)系又聋又哑的人或者盲人;(二)在共同盗窃中起次要或者辅助作用,或者被胁迫;(三)具有其他轻微情节的。已满十六周岁不满十八周岁的人盗窃未遂或者中止的,可不认为是犯罪。已满十六周岁不满十八周岁的人盗窃自己家庭或者近亲属财物,或者盗窃其他亲属财物但其他亲属要求不予追究的,可不按犯罪处理。”

是刑事诉讼中任何一方的独霸性话语。刑法规范内在的逻辑以及构成要件要素的固定化成为抗辩刑罚权肆意扩张的有力论据。(4)尽管人们一直认为,在众多解释方法中,目的解释是解释方法之桂冠,[1]将解释方法的桂冠加冕于目的解释,不免容易产生误解,即目的解释具有终极的决定性。但其实,目的解释不过是人们在解释刑法中的一种价值导引,它提醒人们在解释刑法时,需要立足于规范内的探求,在案件事实与刑法规范之间寻求合理处罚边界的依据。(5)目的解释不是万能的解释方法,甚至可能是危险的解释方法。一方面,如果将所有的规范外的因素都导入目的中,则目的不免成为一个含糊不定的托词。"实质、目的这些充满魅力的字眼,都不能脱离它们的语境,否则,理论上的某些强点,恰恰容易成为软肋。"[2]规范的内在逻辑以及刑法典的自有规定,构成了目的解释的解释语境,脱离了这种语境的限制,目的解释则完全可能成为随意解释。另一方面,目的解释需要接受来自诸如合宪性解释、体系解释等在诸多解释方法的检验,在与其他解释方法的不断磨合与交织中,寻求论证意义上的可接受性的解释结论。

二、本书的主要内容

1. 刑法目的解释历史演进的学术梳理。近代解释学在发展的过程中经历了不同的发展历程,从本体论转向方法论,以及方法论向本体论的部分回归。目的解释在此进程中也颇为曲折,法学解释论层面的目的解释与利益法学的发展具有内在的联系。如何看待目的解释或梳理目的解释的基本立场是关于目的解释的前提性问题。本书将通过学术梳理,探知目的解释在刑法学中的发展历程。

2. 刑法目的解释的学理主张。刑法目的解释并非一种对裸的危害事实的评价。立足于规范论的立场,目的解释应不同于社会学解释。它应当是内在于刑法体系之中的解释方法。法益概念的批判功能决定了目的解释区别于笼统的社会学解释。刑法目的解释的宗旨在于确立具体规范的内容,以法益为中心的考量是刑法目的解释的主要方法。坚守法益在刑法中古典意义的功能,既为刑法体系的内在旨趣,也构成刑法目的解释的基本主张。

---

[1] 参见[德]汉斯·海因里希·耶赛克、[德]托马斯·魏根特:《德国刑法教科书》,徐久生译,中国法制出版社2001年版,第193页。

[2] 邓子滨:《中国实质刑法观批判》,法律出版社2009年版,第47页。

3. 司法刑法学视域下的刑法目的解释。司法逻辑视野下的刑法解释着力解决案件事实与刑法规范供给不对应问题。目的解释因呈现出开放性的结构，通过对案件事实与刑法规范进行交互性分析，以使二者之间能够建立起相互对应的关系。作为中立性方法的目的解释并非控方逻辑的独断性话语。在司法逻辑中，目的解释能够通过担纲辩方逻辑的重任，推进刑法二元机能的实现。

4. 刑法目的解释与罪刑法定原则的实现路径。罪刑法定原则成为当下法治主流话语，根源在于其分享了现代政治的限权逻辑和人们对社会转型的诊断。其能够在控制权力滥用的手段上寻求到可以令人安慰的依据。在解释论上，罪刑法定原则应摆脱强势的话语优势，被置换为构成要件要素内关于刑法解释方法和技术的讨论。刑法解释宜以规范目的为指引，语境化地理解构成要件，根据刑法规范的客观含义和规范属性，以法益为指导，对构成要件要素与案件事实之间的关联进行反复推敲，以及对或然性的大前提进行不断地充实。对待实定法，应当区分刑法文本与刑法生活，通过目的解释促使刑法共性规则的个别化。在携带凶器盗窃的认定中，以规范目的为边界限制实质解释，可以避免处罚妥当性的危机。

5. 刑法规范的适用困境与目的解释补足。刑法规范用语自身存在文义内容的多重性，决定了文义解释尽管在典型案件中可以保证解释结论的有效性，但是在解释结论出现多元性的情况下，文义解释的局限性将显现出来。规范用语含义自身的空缺性，也注定了仅凭文义解释难以实现刑法规范与案件事实之间的对接。为此，需要通过目的解释来弥补文义解释的缺陷。

6. 刑法目的解释的学理反思。目的解释过度运用，极易产生与罪刑法定原则的冲突。目的解释分为体系内的目的解释和体系外的目的解释。一般而言，体系内的目的解释不会对刑法规范系统形成严重的损伤，而体系外的目的解释，在本质上容易滑向社会学解释，这在根本上会冲击罪刑法定原则，并由此引发目的解释的法治风险。目的解释如若运用不当，则可能蜕变为解释者个人的创造性的甚至肆意性的解释，会对刑法的安定性构成严重威胁。对此，必须予以高度的警惕。

7. 目的解释的限度及其限制的方法。目的解释由于思路上与传统的解释学思维模式具有一定的差异，突出表现为强调后果导向思维的运用。因此，从解释结论上看，目的解释也极易超越刑法用语的可能射程。需要建构多方位地限制目的解释的方法，以求降低目的解释适用的知识风险。

第一章

刑法目的解释的学术脉络与发展轨迹

刑法目的解释与哲学思潮的发展具有内在的关联，因此，需要从历史的角度对刑法目的解释的学术脉络与发展轨迹予以考察。在西方哲学发展史上，素来有实在论与唯名论之争，实在论认为，人们提出的概念与客观事物之间存在一种对应关系，即人们的观念是完全对应于头脑之外的客观事物；唯名论则认为，事物只是个别的、单一的个体物，概念是用于描述一般客观事物的语言符号，人类的精神世界与客观世界是脱离的，概念不是现实事物的忠实复制品。[1] 历史地看，刑法解释的发展与西方哲学中的实在论和唯名论有学理上的关联。实在论思想在法律解释学中的理论化成果就是以建构概念大厦为中心的概念法学。与唯名论相关的目的解释则代表了实质化思想在法律解释学中的影响。

第一节　概念法学的兴起与评述

从实在论的思维模式看，实在论属于启蒙运动思潮的产物，实在论以及建立在其基础上的概念法学，具有明显的启蒙色彩。启蒙思想最大限度地发挥人的理性，并试图以人的理性为基础来认识世界，例如，“人是万物尺度”就集中代表了启蒙思想的志趣。理性成为区别前启蒙时期和启蒙时期的重要标志。在这种思潮的影响下，人类的自我主体性日渐膨胀，人的认识也空前高涨。人类能够以自己的观念为中心，建构关于认

〔1〕 参见[俄]奥·符·特拉赫坦贝尔：《西欧中世纪哲学史纲》，于汤山译，中国对外翻译出版社1985年版，第19～37页。

识世界的体系。而建构这种体系的基本工具则是概念,概念集中反映了人类的智识,并一跃成为理性的代名词,法学领域中的概念法学就是例证。

一、概念法学的基本主张

从时间上看,概念法学产生并兴盛于17世纪末至18世纪中期,而此时正是启蒙运动高涨的时期。一般认为,所谓概念法学,是指概念是法学理论建构的中心,法学的宗旨在于概念的体系性建构,而不问概念本身是否有意义以及概念是否具有实践意义的系统化理论。归纳起来,概念法学的基本主张如下:(1)抽象概念和抽象原则之至高无上性是法学研究中应当秉承的坚定不移的信念。[1] 抽象概念和抽象原则最大限度地体现了人类的理性能力。任何具体的事物唯有上升到抽象的原则和概念才具有意义,概念和原则是无法动摇的,是人类关于世界理论性体系的最高信念,任何关于对抽象概念和原则的质疑都是反理性的,并无法被法学理论所包容。(2)概念不能容许与现实世界接触,所有的问题都可以用概念来予以解答。[2] 概念自身就是最大理性的存在,是独立的实在体,概念的世界是真实的世界。(3)概念构成法学思考的逻辑并成为其自身合理性不言自明的证明。"理性思维造就了法律理论家独特的优越性,这种优越性的基础是,他们在思考法律问题时不受实践中的现实条件之约束。他们完全不需要考虑应用和证明的问题——他们所思考的就是存在的。"[3](4)法学研究的宗旨在于探求神圣的概念以及概念之间的逻辑,并通过概念逻辑,人类可以达至理性。"法律研究者唯一的目的就是揭开法律领域中不可思议的神秘,并揭示法律之逻辑有机体的纤细的血管。令人惊奇的是,仅仅借助逻辑思维就完成了这样的任务——最精美的辩证法作品,人类洞察力的真正奇迹,十九世纪智慧的丰碑,就像经院哲学家一样,仍然会受到久远后世的赞美,并将促使人们去模仿。"[4](5)注释法律是概念法学的基本方法。正如概念法学所主张,

---

〔1〕 参见[德]鲁道夫·冯·耶林:《法学的概念天国》,柯伟才、于庆生译,中国法制出版社2009年版,第12页。

〔2〕 同上书,第5页。

〔3〕 同上书,第39页。

〔4〕 同上书,第63页。

“为了感谢上帝，我们并不缺少试图复原罗马规则的人。因此，该学院（研究罗马法的人。——笔者注）被分成两个班：文本复原本班和规则复原班”[1]。《查士丁尼法典》的发现，直接促进了罗马法的兴起，对罗马法的注解和还原在短时间内成为法学的重要工作。

二、对概念法学的评述

历史地看，在启蒙思想的影响下，概念法学的兴起和发展具有重要的意义。(1)人的主体性地位得到首肯。与前启蒙时代相比，对人的解放以及充分发挥人的潜力并尊重人的价值，是启蒙运动留给人类社会发展的巨大财富。人类关于世界万物的认识，都可以在思维上形成体系性的概念，并据此成为关于认识世界的理论谱系，这无疑为近代法学的体系性建构尤其是立法产生深远的影响。众所周知，法律规范是由法律原则、法律规则和法律概念三要素构成的。[2] 进一步地讲，甚至某些原则和规则也是通过概念的链接而形成的。例如，罪刑法定原则的核心构成要素是犯罪与刑罚，在无法理解犯罪和刑罚时，自然更无法理解何为罪刑法定。与罪刑法定原则在刑法中的地位一样，私法中的诚实信用原则，本身就涉及对诚实和信用的认定。[3] 因此，尽管概念法学对于概念有过于强化乃至夸大之嫌，但概念在现代法学理论中的基础性地位却不容忽视。(2)概念为人们研究、适用法律提供了凝聚共识的平台。法律的研究和适用之宗旨在于建构一个统一的规则体系，并使人们在规则的运用中感受到正义，这显然需要有一个统一、可以被人们理解，尽管也会存在争议的平台，概念的功能正好迎合了这一点。有了概念，人们才可能对案件的要素予以提炼，并在类型化的基础上形成规则。否则，规则难以形成，正义也难以实现。(3)概念具有明显的区分功能，通过概念的建立，人们理想中的世界和事物可以在思维框架下予以区别化的对待。例如，同样是致人死亡，但仅仅考虑后果，则无法对行为定性，当通过对人的认识因素和意志因素分析之后，形成故意和过失时，致人死亡这一裸的事实才可能在规范世界中予以确立。人类关于正义的认识，多数情况

---

〔1〕［德］鲁道夫·冯·耶林：《法学的概念天国》，柯伟才、于庆生译，中国法制出版社2009年版，第25页。

〔2〕参见姚建宗主编：《法理学》，科学出版社2010年版，第31页。

〔3〕参见徐国栋：《诚实信用原则研究》，中国人民大学出版社2002年版，第35页。

下是在比较的基础上感知的,对于没有可比性的事物之间,一般不会产生强烈的正义与否的感受。例如,即便是穷人,也不会真正地将自己与富人家的宠物进行比较。因为,这种比较没有任何意义。但是穷人与穷人之间的比较,以及在比较中产生的正义与否却可能是极其强烈的。乞丐 A 与乞丐 B 同时在天桥上乞讨,当 A 乞讨可以比 B 乞讨获得的利益更大时,B 就会感受到强烈的不满。但是,乞丐 A 和乞丐 B 却从来不会将自己与路人比较。当然,他们也会按照路人的标准来判断路人甲和路人乙哪个更慷慨,哪个更吝啬。也就是说,概念的产生为同类的比较之间提供了分析的工具。没有概念,我们很难在规范的层面上建立起不同情况不同处理的规则,法律也难以自成一体。同样开车撞死他人的行为,显然不能依据结果来对行为进行统一定性,这既不符合行为的本质属性,也会搅乱人们关于正义认识的基本标准。(4)更为重要的是概念的政治意义。概念尤其是明确的概念的设定,是人类理性的体现或人类自我发现的标志。概念为庞大的利维坦和脆弱的个体之间建构了强大的区隔化障碍。由概念形成的成文化法律以及内涵较为明晰的具体法律规范,在本质上都关涉国家权力与公民行动自由。在"刑不可知,则威不可测"的没有明确概念的时代里,国家的刑权力更为容易肆意地发动而不受制约。但是,在概念的形成以及法律成文化之后,权力的边界逐渐清晰,概念构成了权力受阻最基本的因素。权力无论如何再也不能明目张胆地逾越概念而随意启动。即便有所扩张,也需要在解释上对概念予以改造。例如,通过设定模糊性的概念或兜底性的条款,并对这些概念和条款在实践中予以扩张性地解释,以扩大处罚的范围,但却不能绕过概念的障碍而径直对行为进行评价。

以刑法为例,司法可以通过对非法经营罪中"其他严重扰乱市场秩序的非法经营行为"进行扩张甚至类推解释达到功利目的,但是却不可能绕过"其他非法经营行为"而径直认定行为是否构成非法经营罪。尽管此处"其他严重扰乱市场秩序的非法经营行为"由于自身的模糊性并未现实地起到有效制约刑权力的扩张,但是,退一步而言,有这项规定毕竟还在提示司法,在适用本条款时,需要斟酌本条款的含义,而不是漫无目的地扩张。或者说,此处规定尽管为司法扩权提供了制度性的支撑,但是这种规范化的表述,本身也意味着对司法权的控制。正是由于对"其他严重扰乱市场秩序的非法经营行为"这一构成要件要素的明确性界定,刑法学界近年来才出现了诸多反思与批判非法经营罪回归口袋罪的痕迹的观点。〔1〕在政治分权的意义上，概念法学具有分享古典自由主义传统的基本特质，是古典自由主义传统在法学中的言说。

但随着社会的发展，封闭的概念体系所固有的弊病日渐彰显出来。这可以从耶林的前后学术观点中得以印证。耶林的思想一般被分为两个阶段：第一个阶段是"建构方法时期"，第二个阶段是"目的方法时期"。从第一阶段到第二阶段的转变，通常被称为是从概念法学到利益法学的转变。〔2〕早期的耶林对概念法学的建构充满了期许，并矢志不渝地为建构逻辑自洽的概念体系而努力。但在一次个案的处理中，耶林感受到概念法学的这种虚无性并由此为概念法学的建构而深感不安。"在我的生命中，没有哪个案件像这个案件那样，让我陷入如此的恐慌，说陷入困窘还不足以形容我的心情。如果理论的迷途通常会招致惩罚的话，那么当时这种惩罚以极大的程度施加到了我身上。当我要适用涉及利益当事人的观点时，我内心的全部法感及我身上的全部法律脉搏都起来反对我。而另一方面，我好几个星期都找不到能让我的法律良知平静下来的办法。"〔3〕毕竟，建构不是目的，法律规范不是机械的自我逻辑构成与演绎，只有在实践理性中才能够获得真实的、现实的感知。在后建构时期，人们越来越感受到这种基于建构形成的统一规则对于社会纠纷处理的局限性。

这种缺陷源于概念法学的建构主义情结或建构主义的面向。传统法律解释，包括刑法解释都是以古罗马时代的法律规范的直接演绎为主要方法的，人们对于大前提是无可置疑地理解，然后似乎能够通过诸如三段论等方法，直接将刑法规范运用到实践中，并且深信不疑解释的结论。在这种思维的导向下，刑法解释力图建构体系化的概念，并且通过概念组成庞大的刑法框架。建构方法论以及在此基础上所形成的建构主义刑法学，能够最大限度地满足国民的预测可能性。即人们可以不用花费太大的成本，就可以断定甚至预测处理明天可能发生的事情。保证"前后一致"是建构主义的基本立场，根据建构主义的基本立场，人们不能以今日之我否定昨日之我。在建

---

〔1〕参见欧阳本祺：《对非法经营罪兜底性规定的实证研究》，载《法学》2012 年第 7 期。

〔2〕参见[德]鲁道夫·冯·耶林：《法学的概念天国》，柯伟才、于庆生译，中国法制出版社 2009 年版，"前言"第 25 页。

〔3〕同上书，"译者前言"第 14～15 页。

构主义初期,建构主义反映的是变革性倾向,建构就意味着修正甚至革命传统,但是一旦建构起来之后,建构主义却又是一个十足的保守主义者,这是建构主义的两重悖论。但是,建构主义也不能贯穿始终,建构主义因为牵涉刑法规范的具体变革,因此,建构主义如若成为人们的常态性观念甚至立法的主旨,则法律就一定会朝令夕改。建构主义本身所追求的立法的稳定性,以及人们的预测可能性保障可能就消失殆尽。建构主义的指向是树立“权威的规则”。权威规则的基本要义是,凡是通过立法程序建构出来的法学概念,都应该被人们毫无保留地贯彻。人们不能动辄对法律修改,但建构主义的实践却通常是因刑法用语的不完整性,而被迫频繁地在刑法中增设或修改罪名。权威规则的另外一层含义是,经过建构的规则,应当被人们整齐划一地适用,只有这样,在规则层面上才可以保障刑法适用的统一性。

既然如此,为维护法律的稳定性和权威性,就不能随意对建构起来的规则质疑,但如此却经常会导致疑难案件的无法处理。建构主义的结论不能保持解释的终局性,甚至可能挑战存在于人们潜意识中的自然法感,一种解释结论或者依据规则处理的后果是否能够为人们所接受,显然是刑法解释不能忽略的问题。朴素的道德情感尽管不能成为解决纠纷的核心知识材料,但却通常是检视解释结论合理与否的标尺。基于此,目的论方法的“抬头”,是对建构方法的一种修正与纠偏。当规则建构与运用中出现问题时,我们就需要转换一个角度重新思考规则的理解和适用,寻求符合当下的处理方法。

第二节　法学的实质化思潮与目的解释

在唯名论的影响下,人们逐渐开始对实在论和概念法学予以反思。在唯名论中,概念法学所倾心的建构情结逐渐受到质疑,从来没有一种概念可以与现实事物是一一对应的关系。但需要注意的是,唯名论也非彻底取消概念或降低概念在法学中的意义,而是提醒人们在关注与理解概念时,概念并非统一的有尺度的范畴。认识是有限度的认识,而非放之四海的真理。所有的理解都是地方性的知识。在唯名论中,概念并非一个特征范畴,而是原型范畴。特征范畴的基本逻辑是事物能否被概念所涵括,它所采取的逻辑判断是非此即彼的二元思维。原型范畴的基本逻辑则是事物与概念本身是相互型构的关系，概念是人类基于已有经验而形成的有限认识，既是有限认识，那就意味着在现实世界中仍然存在大量的尚未被人类所认知的事物。这些未被认知的事物，会冲击并改造着人类之前已有的概念。换言之，在特征范畴中，概念是封闭性的，而在原型范畴中，概念是开放性的，流动性的。例如，如果认为财产是一种人可以支配的现实的物，那么，其范围也仅仅局限于有体物和无体物。但是，倘若认为财产是人们支配的一种利益感受，财产的范围将会呈现开放性的结果，诸如虚拟财产以及财产性利益都可能被界定为财产。

一、法学中实质化思潮的涌现

基于原型范畴的分析，法学的价值判断越来越受到人们的广泛关注，概念背后所隐喻的利益及其价值关涉成为法学研究中的新命题。实质化思潮开始涌现，并对传统法学形成了强烈的冲击。如前所述，传统法学理论是基于形式的，并致力于形成统一性的关于规则的体系性理论，这种以形式为中心的体系建构具有政治学意义上的古典自由主义传统。早期的法学理论与权力分立原则的政治学说密切相关。例如，在刑法解释中侧重于主观解释的理论，基于权力分立的原理，进而主张刑法解释之依据应当在于立法者的主观意思，故应重视草拟法案当时的立法理由、审议法案之相关讨论记录、草案研究拟定案之形成资料等。此说显然偏重法律的安定性，故特别强调立法者的意志，简要地说，解释以“立法者当时系如何想”为着眼点。[1] 这种理念下的刑法司法，仅仅是立法的“复印纸”，刑法立法及其产品构成了无可动摇的规则。司法仅仅是立法的传声筒，立法是司法的家长并要求司法不折不扣地贯彻立法。司法一旦逾越雷池半步，就被视为是不正当的举动。在这种语境中，司法具有明显的“立法依赖”路径。一旦出现疑难问题，拿捏不定，司法就主动求助于立法。因此，立法对司法的管控极其严格，并且需

---

〔1〕 参见黄仲夫：《刑法精义》，台北，元照出版有限公司2006年版，第332页。

要注意的是,司法也乐于被立法管控。[1] 立法与司法的这种关系通常在转型社会中规则初步确立的时代极为明显。

刑法立法频发修改的动因是确保刑法与社会的适应性。然而,刑法与社会不适应的情况可以通过多个方面予以改观。从法治化程度比较高的国家来看,法律文本通常是稳定的,文本与实践之间的矛盾关系,更多通过解释论的发展予以改善。现行意大利刑法的基本体系和规定,仍沿用了纳粹时期的立法。其文本没有明显的变化,但是,内涵却不可能仍然是纳粹式的理解,而今天的意大利刑法理论更多地赋予其自由主义偏向的解释。日本的刑法最早颁布于20世纪初,尽管历经了后来的刑法改正,但改正幅度仅限于个别的条款。条文本身的矛盾,如果能够在解释论上通过刑法司法予以化解,显然不需要耗费如此高成本的立法资源。即便的确存在立法漏洞、立法瑕疵或立法时没有预料到的事项,也没有必要如此大幅度、高频率地修改。从立法角度来看,立法修改是为确保规则的统一适用,其逻辑前提是现实司法实践中规则适用的不统一妨碍立法推行法治化的努力,此为刑法立法提防司法的心理写照。

如果对照司法实践与立法修改更容易印证笔者上述的论断,例如,在《刑法修正案(七)》未颁布之前,对于组织、领导传销的行为,司法实践多是按照非法经营罪论处的。尽管此后刑法立法并没有明确表态司法实践的做法不妥,但是《刑法修正案(七)》增设组织、领导传销活动罪,本身即表明之前司法实践是存在问题的。理论上,组织、领导传销活动与非法经营之间不具有同质性,也就是说,非法经营罪的罪质与组织、领导传销活动的行为不具有等价性,自然无法将之评价为非法经营罪。近年来立法解释的频繁出台,也说明了立法对司法的一些忧虑。例如,2014年全国人大常委会在立法解释权沉寂长达多年之后,突然颁布了四个刑法立法解释,从内容上看,明显是为了限定司法解释的适用。

形式的完备性并不能有效地满足案件的处理,立法的普遍性仅仅表明了国家治理的一厢情愿,在面临疑难案件时,并不能提供等齐划一的方案。

---

[1] 现行司法体制否定法官个体解释的做法,尽管束缚了法官的智识和能动,但另一方面也是对法官的保护。实践中当出现疑难案件时,裁判者通常会采取层层上报的做法,也在一定程度上降低了法官的职业风险。尤其是在当下案件倒查和终身负责的情况下,更是如此。

例如,立法并没有对不同条款中的"致人死亡"作出不同的解释,但是,显然也不能认为刑法中"致人死亡"的含义都是一样的。在刑法用语中,只有极其个别的刑法用语不需要实质判断,例如,3 年、7 年、10 年等并不需要解释者价值的判断。但是在诸如猥亵、淫秽等规范性构成要件要素中,不可能不进行实质化的判断。另外,即便是在叙述性构成要件要素中,也可能需要价值判断。例如,交通肇事中的逃逸,是否包括肇事者肇事后留在原地但不救助的行为等。刑法规范只是为刑法适用提供了大致的方向,并不可能是极其明确而细致的规则。否则刑法规范的类型化功能将会隐退。例如,刑法规定了紧急避险的限度,即造成损失的利益不得大于等于要保护的利益,但是,这种规则的建构并不意味着财产利益一定要小于轻微的人身利益。因此,刑法解释需要在体系化的规则基础上,以个案为中心进行具体的解释。

概念法学的规则建构所体现的理想主义只是在历史沿革意义上的法律形象,在面临诸多复杂的案件事实面前,不加入实质判断的规范适用几乎是不可能的。刑法立法一旦完成,作为文本的刑法规范就获得了客观的意义。但社会现实的变动与刑法文本静态性之间的矛盾从来没有消失,甚至是越演越烈。"社会科学的态度是把法律经验看作可变的和场合性的。当人们在一维的意义上刻划法律的特性或者认为法律具有不变的属性时,就违反了这一原则。"[1]法律概念以及法律规则不是封闭性的知识体系,人们建构规则与概念的经验理性在变化发展中的社会中也会有所变化。尽管人们一直声称法律,尤其作为公法,是保守性的知识,但是保守并不意味着对社会生活的变迁熟视无睹,也不能否认社会变迁对法律解释的影响。在适应社会变迁过程中,刑法解释不能回避解释的实质化问题。

二、实质化思潮与刑法目的解释

实质化思潮的兴起,往往会使解释者在疑难案件中赋予刑法规范新的含义,但是,实质化思潮也存在问题。(1)过度看重危害后果,容易导致"结果导向规范"的解释。人们普遍批评或担心实质化思潮的理由在于,刑法解释的实质化会蜕化为突破规范制约的结果中心主义。只要发生了危害结果,就想尽办法将其解释为构成要件中的要素。一般来说,结果概念分为 3

---

〔1〕[美]诺内特、赛尔兹尼克:《转变中的法律与社会:迈向回应型法》,张志铭译,中国政法大学出版社 2004 年版,第 10 页。

个种类:对行为客体产生有形的事实作用的结果(形式的结果);对社会中的外界产生影响意义上外界变动的结果;法益侵害或者其危险的结果(实质的结果)。[1] 由此,就可能会出现为了实现均衡的处罚,而对构成要件要素进行实质性的变更。(2)实质化思潮会在一定程度上挑战规范的普遍含义。例如,当把真的军警抢劫解释为冒充军警抢劫时,就可能挑战着普通公民对于冒充的理解。规范的核心含义会在实质解释的过程中被淡化。(3)实质化的标准由于过于模糊,极其容易蜕变为解释者个人的解释。形式解释论者在批评与实质解释有关的目的解释时就认为,法律根本目的可能就是解释者的目的。

在概念法学中,"法学的目的,被认为是准确地确定概念,并将这些概念整合为一个统一的理论体系,即一个概念金字塔"[2]。因此,解释者在法律适用的过程中,其目的就是认知法律的含义及其意义。问题在于,认知意义上的法律解释仅仅是理解,认知意义上的刑法解释在本质上是注释,既无法从体系上总体把握刑法,更罔顾挖掘与拓展刑法用语在具体案件适用中的可能含义,从而掣肘了刑法发展的内在动力。正如黑克(赫克)所言,"旧(概念法学。——笔者注)理论所持的一种很确定的观点,我们可称之为认知教义(Erkenntn isdogma)。它将法官限制于一种理解性的活动。法官必须认识法律规范并将案件事实逻辑地涵摄于规范。他必须根据认知逻辑的规则来适用法律,但不应进行评价,更不能自己创造规范。这种活动的典型称谓是'运用概念计算'。计算是一种纯粹的认知,不含任何情感因素。因此,法官被看成是一台将事实投入其中就能给出判决的机器,所据虽然不是机械学的规则,却也是同样客观的逻辑规则。至于判决在生活中是否正确,法官无须考虑,因此也无须负责"[3]。刑法规范背后的目的及其利益考量在认知层面上基于方法论选择的偏差而被遮蔽了。在日本,"战后初期,刑法学界检讨战前恣意运用刑事法体系所生之弊端,而强调应重视刑法解释之形式性。然而,倘若仅贯彻实行'形式解释论',并不一定能真正实现宪法之理念,故于刑法解释论上,除采形式的(客观)犯罪理论之外,亦加入实质之

---

〔1〕 松生建「危险犯における危険概念」刑法杂志 33 卷 2 号(1992 年)248 頁参照。
〔2〕 [德]菲利普·黑克:《利益法学》,傅广宇译,载《比较法研究》2006 年第 6 期。
〔3〕 同上。

判断,此一时期所采之刑法解释论应系形式与实质并重之二元解释论"[1]。刑法用语的含义只有在案件裁判中才可能得以明确,无法为案件裁判提供信息的刑法规范徒成具文。刑法规范的供给不足,在很大程度上正是基于上述认知教义的思维而造成的。因此,需要从认识教义的思维转向在动态的表达过程中重新理解刑法解释。

表达意义上的刑法解释注重刑法用语的流变性与弹变性,在案件事实与刑法规范交互认定的过程中,以明确刑法用语的边缘含义,增强刑法用语的弹力。与此同时,表达意义上的刑法解释由于照应裁判者的能动性,可以有效地处理刑法规范稳定性与社会变化之间的冲突。刑法规范用语的稳定性与必要的变化性,似乎是刑法解释中面临的持久性论题,这种争论背后实际上蕴含着司法裁判者在严格规则主义与司法能动之间的权衡与协调问题。[2] 显然,表达意义上的刑法解释肯定裁判者的能动性,因此,作为表达意义上的刑法解释,关照规范背后的利益诉求,这种利益诉求在解释方法上与目的解释具有内在的关联。

利益的保护及其衡量在刑法层面上被凝练为刑法的规范目的中的重要参量。刑法规范的用语表述及其解释都需要以目的作为解释的指南,目的是刑法解释的导向与航标。一般认为,"目的解释,是指根据刑法规范的目的,阐明刑法条文含义的解释方法;质言之,是根据保护法益及其内容解释刑法。任何解释都或多或少包含了目的论解释;当不同的解释方法得出多种结论或者不能得出妥当结论时,就必须以目的论解释为最高准则(当然应受罪刑法定原则的制约)"[3]。林书楷认为:"所谓目的解释,主要系基于法律规范之目的而为之法律解释,其主要是确认'规范的当代目的',目的论解释可以说是刑法解释中最重要的一种解释方法。由于刑法系以保护法益为其主要目的的,因此所谓'目的解释'其实就是一种以法益为导向的解释方法。"[4]

尽管学界也不乏对目的解释的质疑之声。如有学者认为,目的解释具

---

〔1〕 余振华:《日本刑法理论之省思》,载何秉松主编:《新时代曙光下刑法理论体系的反思与重构——全球性的思考》,中国人民公安大学出版社 2008 年版。

〔2〕 参见[美]罗斯科·庞德:《法律史解释》,邓正来译,中国法制出版社 2002 年版,第 2 页。

〔3〕 张明楷:《刑法的基本立场》,中国法制出版社 2002 年版,第 128 ~ 129 页。

〔4〕 林书楷:《刑法总则》,台北,五南图书出版股份有限公司 2010 年版,第 39 页。

有背离严格解释规则的形式,并且在适用中容易滑向类推解释。[1] 但问题是,古典意义上的严格解释在近代也发生了一些松动。例如,古典的罪刑法定原则严格禁止习惯或习惯法作为法源,其主要理由是习惯法与成文法的基本要旨相互矛盾,容易导致刑法用语的不明确性。但时至今日,“在采成文法国家对于行为之处罚,虽唯成文之刑法是赖,然而对于处罚前提之构成要件要素与违法性之认定,实不能不顾虑习惯或习惯法所承认之事实,惟是,习惯虽不得成为刑法直接渊源,但仍可成为刑法内容之一部分”[2]。刑法用语的实质判断实乃刑法解释无法避免之情形,因此,在实质化的语境中,尽管人们否定将习惯或习惯法直接作为法源,但另一方面又无法否定习惯法对于解释刑法用语的补充作用。习惯法的运用照应了刑法的目的解释,却未必会导致刑法适用的过度扩张。例如,少数民族地区基于“抢婚”的风俗习惯在“抢婚”过程中出现的致人轻伤情形,尽管符合《刑法》第 234 条故意伤害罪的构成要件,但是却并不因此而认定其构成故意伤害罪。同样,行为人在夜晚杳无人烟的“无人区”醉酒驾驶机动车的行为,也不能认定为危险驾驶罪。在“抢婚案”中,目的解释的解释可采取两个路径:(1)在违法性认识方面做出判断,即从习惯法的角度排除刑法一般规范的适用。刑法规定故意伤害罪的目的在于保护公民的人身权利不受非法伤害,“抢婚”的行为如若也认定为犯罪,势必造成对民族地区风俗的否定,由此可能引发更大的不正义。因此,在违法性判断阶段明确刑法的规范目的,在“抢婚案”中可以收缩刑法处罚的范围。(2)退一步而言,即便在违法性判断中,无法排除其行为不构成违法。在责任的判断中,也可以否定行为构成犯罪。易言之,“抢婚”者只是基于民族风俗的认可而实施的行为,据此可否定行为人的侵害意图或过失的心理状态。

对于在“无人区”内醉酒驾驶的解释路径则是发生在构成要件要素判断中,根据《刑法》第 133 条之一的规定,醉酒驾驶机动车的构成危险驾驶罪。即醉酒型危险驾驶是抽象危险犯,那么是否意味着在抽象危险犯的认定中不存在实质判断?在这种情况下,如果严格解释,反而可能会导致处罚的不当。刑法规定醉酒构成危险驾驶罪的目的在于避免公众人身和财产遭受此

---

[1] 参见劳东燕:《刑法中目的解释的方法论反思》,载《政法论坛》2014 年第 3 期。

[2] 蔡墩铭:《刑法总则争议问题研究》,台北,五南图书出版股份有限公司 1988 年版,第 9 页。

种行为危害之隐患。目的的判断也存在客观性，即便在抽象危险犯中，也应当具体判断行为现实的危险可能性。即抽象危险犯"客观上也必须有侵犯法益的抽象危险出现"[1]。否则可能导致以牺牲个案的正义性来换取严格解释的表面公平，这同样不符合正义的理念。

可见，将利益分析运用到目的解释中，可以在解释的过程中根据具体案件的不同情况，既可以在构成要件判断中作出实质解释，也可以在违法性或有责性阶段作出判断。需要注意的是，规范的目的仅仅具有指引性的作用，并不意味着只要发生了利益损害，解释者就一定将行为解释为犯罪。学者们认为的目的解释有可能滑向任意解释或类推解释的危险，并非全部都是目的解释自身的问题，也可能是解释者的立场、方法等原因导致。实际上，目的从来都或多或少地存在于任何一种解释方法中。因为，"人类行为服从'目的律'的支配，创制法律是一种有目的的行为"[2]。考夫曼甚至认为，在最近的时代，特别是在法律资讯的领域中，一种新的逻辑发展出来，此种逻辑称之为"模糊逻辑"，一种具有模糊、不清楚、不明确轮廓的逻辑，人们借此来把握不确定法律概念。它并非仅仅提供一个正确的解决途径，相反地，是存在许多正确的，亦即"适当的"，可以交互选择采用的解决途径。[3] 人类追求案件处理的妥当性，为目的解释提供了原动力。

换言之，只有肯定裁判者拥有适度的自由裁量权时，才可以承认目的解释在案件裁决中的功能。"规则的内涵是在官方知识（刑法规范）与经验知识（法官个人的经验判断）不断融合的过程中逐渐确定下来的。从西方国家的实践看，对法官个人经验知识的尊重和认可既可以实现个案的公正，也有助于保持规则内涵的开放性，并进而保持法律的相对稳定。"[4] 哈耶克认为，人们最初在理解"自由裁量权"时候，指的是司法者在解释法律的时候，能够从未被法律明确规定或尚无司法判例时，寻求阐明规则的权力。[5] 不

---

[1] 张明楷：《刑法的私塾》，北京大学出版社2014年版，第42页。

[2] 张志铭：《法律解释操作分析》，中国政法大学出版社1998年版，第96页。

[3] 参见[德]阿图尔·考夫曼：《法律哲学》（第2版），刘幸义等译，法律出版社2011年版，第45~46页。

[4] 刘仁文：《刑事一体化下的经济分析》，中国人民公安大学出版社2007年版，第190~191页。

[5] 参见[英]弗里德利希·冯·哈耶克：《自由秩序原理》，邓正来译，三联书店1997年版，第269页。

难发现,目的解释所谓之目的并非裁判者随意的解释,而是融通一般刑法规范与个案特殊性之间不适应的解释方法。重视目的解释思维在刑法解释中的作用,强调的是目的解释仍然要受到刑法体系以及蕴含在刑法规则中的基本精神。目的解释不曾宣示过要突破刑法的体系限制与刑法精神的制约,继而需要进一步讨论的问题便是寻找目的解释之论证思路和检验目的解释结论之方法。

如前所述,利益法学立场下的刑法解释适用,刑法规范的理解不是单向的解释者对文本的解释,而应置身于案件事实之中,去挖掘文本可能存在的意义,需要关照案件事实对刑法规范的反制影响。以国民预测性为评判的依据,可以保障刑法目的的适用不会背离公众的法感情,但是这并不意味着目的解释就等同于迎合民众的舆论。能够保障目的解释在教义学统领下的可行路径应当是通过对利益进行类型化的判断。

(一)案件事实在解释论上对刑法规范的反制影响

人们在解释刑法时,须对案件事实与刑法规范进行交互性的分析,既要将具体的案件事实进行类型化的归纳,又要将抽象的法律规范解释成具体的构成要件。[1] 任何解释,包括目的解释都要面临上述的问题,即如何寻找到案件事实与刑法规范的用语之间的相互映射。案件适用的基本程序如下:先确定刑法规范A的含义,然后在此刑法规范的指引下去适用案件,当案件事实能被刑法规范涵摄时,则适用A,如果不能被A所涵摄,亦即刑法规范适用出现障碍时,则面临着两条路径:(1)再选择其他刑法规范或者(2)再以案件事实逆向推导重新解释刑法规范,上述思路可分别称为三段论和三段论的倒置。

三段论的司法逻辑最大限度地满足了解释者恪守对刑法规范的忠诚,其内在的政治哲学是权力分立。但三段论同样存在问题,其适用的前提是人们对于刑法规范的理解首先是确定的,毫无争议的。只有在这种情形下才可能确定某一刑法规范究竟是否能够涵摄案件事实。但实际的问题却是,在刑法用语较为抽象时,大前提的确定较为困难,因此才会出现前文所说的刑法规范供给不足的问题。实际上,案件事实并非完全是孤立地、静态

---

[1] 参见张明楷:《罪刑法定与刑法解释》,北京大学出版社2009年版,第93页。

地作为小前提存在的,它同时也会对大前提形成解释上的影响。日本学者加藤一郎认为:"自由法学不可能也不可以抛弃三段论法,只是运用中有其不同的地方。三段论把法规下面的事实包容在内,然后由上向下进行演绎的逻辑推理。而自由法学,从下面的事实出发向上归纳为法,是在事实上面赋予法来得出结论。"[1]

实现案件事实与类型化刑法规范之间的契合性,是刑法解释的任务和宗旨。刑法解释旨在"将那些宁静地安躺在刑法典中的刑法条文解释得恰当地与变动不居的现实案件相衔接"。[2] 所谓疑难案件,实质上就是案件事实与刑法规范之间出现不衔接的情况。以伤害助势为例,所谓伤害助势行为是指行为人并不实施伤害的实行行为,只是在现场造势的行为。伤害助势行为是否能够认定为伤害罪的共犯行为,就需要在利益衡量的视野下运用目的解释的方法,从案件事实逆向归纳刑法规范类型的可能蕴意。《刑法》第234条故意伤害罪的规范目的是保护任何人免受他人的不法侵害,因此,需要分析助势行为在本质上是否对他人健康构成一定的伤害。但问题是,助势行为并不直接作用于被害人,因此衡量法益侵害的标准自然不能考虑助势行为对被害人的直接作用力,而应考虑助势行为对实行者产生的原因力是否具有现实性。换言之,如果承认助势者对实行者具有现实的加工行为,则应当认定其行为构成共犯,反之则不能认定为共犯。行为人单纯地叫嚷"打得好""真刺激"等话语不应当认定为对实行行为具有原因的促使力量。但是,如果叫嚷他人快把对方"打残废""别耽误时间,快上"的,应当成立故意伤害罪的帮助犯。[3] 更进一步,如果助势者尽管没有叫嚷上述内容,但是对实行者声称"尽管打,警察来了我给放哨"等行为,则亦应认定为故意伤害罪的帮助犯。由此可见,对伤害的界定不可能仅仅从《刑法》第234条的故意伤害罪的法条出发,基于逻辑的认知而判断何种行为是否具有伤害性。换言之,在上述认定伤害的思路中,案件的具体事实本身已经被纳入解释者的视野之中。正如考夫曼所说:"理解经常是主观与客观并存,理解是从'理解地平线'出发,该理解不是消极地从认知中形成,而是需创设,其在'包摄'时,不是仅将事件置于法律之下,完全不顾事件过程,而是在所谓

---

[1] 段匡:《日本的民法解释学》,复旦大学出版社2005年版,第258页。

[2] 高仕银:《形式与实质:刑法解释论的进路考察及选择》,载《当代法学》2011年第6期。

[3] 参见周光权:《刑法各论》(第2版),中国人民大学出版社2011年版,第21页。

‘法律适用’上扮演积极形成之角色。”[1]

需要注意的是，在案件事实对刑法规范理解时，对于内涵较为确定的刑法用语则不能作出扩张性的解释，否则可能有违反罪刑法定原则之嫌。例如，在对于交通肇事逃逸中“逃逸”的界定，有学者认为，由于行为人先前的肇事行为使他人生命处于危险状态，产生了作为义务，不履行作为义务的行为，当然能够成为法定刑升格的根据。所以，应当以不救助被害人（不作为）为核心理解和认定逃逸。发生交通肇事后，行为人虽然仍在原地，但不救助受伤者的，应当认定为逃逸。[2] 笔者认为，上述观点强调从“不救助被害人”为角度来解释逃逸的规范目的之方向是可取的。例如，行为人尽管逃离现场，但是通知朋友或亲属，或者拨打救助电话救助被害人的，则不能认定为逃逸。但是，如果将肇事后仍然留在原地但不救助的行为也认定为逃逸，则其实并不符合规范的保护目的。例如，行为人自认为被害人的伤势比较严重已经来不及救助了，而没有采取救助措施（实际上如果行为人及时救助，被害人就会免于死亡），等待公安机关的到来而自首的行为，势必也将认定为交通肇事逃逸，从而适用7年以上有期徒刑，但这无法令人接受。实际上，逃逸之所以作为加重处罚的事由，所评价的是“基于逃跑而不救助被害人”的情形，上述观点的问题在于对规范目的解释由于只是抓住了规范目的的一个要素，而出现扩大解释的情形，从而得出案件事实在反制影响刑法规范过程中的不当结论。

（二）国民预测可能性与刑法目的解释之适用

任何一种解释都需要考虑解释结论是否突破国民的预测可能性。“刑法之解释不可拘泥于各个用语之原本意义。解释适用之际，该用语与其他规定之关系或与法律制定时之各种情况等皆应列入考量。因此，乃容许扩充用语原来意义之扩张解释的存在。唯扩张解释亦应就其适用过程中设定界限，例如将用语文义之可能范围作为界限，以不超过一般国民预测。换言之，不论类推方式或者采行扩张解释之方式，只要属于有害国民预测可能性

---

[1] [德]阿图尔·考夫曼：《法律哲学》（第2版），刘幸义等译，法律出版社2011年版，第51页。

[2] 参见张明楷：《刑法学（下）》（第5版），法律出版社2016年版，第722页。

的刑罚法规的适用,最后,终将被认定为有违罪刑法定原则。"[1]在日本,预测可能性无论对刑法立法还是刑法解释都形成了有力的约束。田宫祐教授认为:"通过要求赋予预测可能性来保证法的安定性与法的平等性原来只是对立法活动的规制原理,进而扩展到也必须确保解释权者之解释的预测可能性,因此类推解释的禁止、严格解释的要求等作为罪刑法定主义的派生原理得以确立。"[2]目的解释同样不例外,国民预测反映了居于社会主导的价值规范,刑法无外乎就是这种规范体系中的组成部分。因此,目的解释也需要考虑解释结论是否符合国民的预测可能性。当然,对于国民预测可能性的判断标准,历来存在争议。无论是采取"文义射程说"还是新近出现的"国民突兀感说"[3]都在试图为国民预测可能性寻找一个可以计量的标准,但问题是射程范围之把握,突兀之标准仍然是弹性的标准。似乎探讨国民预测可能性的标准是一项无休止的学术工作,但却不能因此而否定国民预测可能性的重要性。

强调国民预测可能性,并不是刑法解释必须要符合所谓的民意,而是说解释的结论需要考虑当下的社会文化和人们对于某项解释结论的可接受性程度。日本学者西田典之教授认为:是否属于在一般国民认识到该用语之时,能够客观地预测到的范围之内的解释这一标准(客观性预测可能性)更为合理。[4] 易言之,国民预测性尽管在内容上可能是具有弹性的范畴,甚至是模糊的,但仍然是具有客观性的。之所以国民预测可能性具有客观性,源于构成国民预测可能性内容与基础的特定社会价值观念具有相当的稳定性。例如,当将拐卖成年男子也认解释为拐卖妇女时,必然会冲击人们的判断力和理解力。但是当财产性利益也解释为受贿罪的行为对象时,尽管在语义上突破了刑法用语上的"财物"的范围,但人们仍然可以接受这种解释。因为(1)财产性利益的价值同样是可以换算的,甚至价值可能高于财物,如股权等收益方式同样可以带来利益。(2)财产性利益和财物一样,也具有可

---

〔1〕 黄朝义:《罪刑法定原则与刑法之解释》,载林山田等:《刑法七十七年之回顾与展望纪念论文集(一)》,台北,元照出版有限公司2001年版。

〔2〕 田宫祐「刑法解释の方法と限界」内藤謙[ほか]編『平野龍一先生古稀祝賀論文集上巻』(有斐閣,1990年)33頁。

〔3〕 付立庆:《刑罚积极主义立场下的刑法适用解释》,载《中国法学》2013年第4期。

〔4〕 参见[日]西田典之:《日本刑法总论》,刘明祥、王昭武译,中国人民大学出版社2007年版,第40页。

计量性,并不会为司法的认定带来诸多的困难。故这种解释不能认定为超出国民的预测可能性。

但需要注意的是,不能简单地将舆论直接等同于国民预测,并进而将舆论认为危害严重的行为就当然地解释为犯罪。例如,学界关于性贿赂的问题历来存在否定与肯定的观点。大体看来,否定的观点是,性贿赂无论如何也不能理解为财物,性贿赂的本质是将人作为商品,不能为受贿罪的财物所涵摄。但是如果认为受贿罪侵犯的法益是公共职务的廉洁性,则无疑会得出肯定的结论。肯定说中有学者认为,在国家工作人员包养“情人”,其花费由请托人负担时,“因为包养‘情人’需要大量的资金,而请托人为该国家工作人员提供资金后,往往会让该国家工作人员利用职务上的便利为其谋取利益,从而获得更多更大的利益。因此,这种情况亦应以受贿罪定罪处罚,事实上这种情况往往社会危害性更大”〔1〕。的确,在普通公众严重,对于收受性贿赂的官员危害程度的认知会比一般的财物性受贿危害程度要大。但问题是,在目的解释中,利益需要经过刑法规范的过滤才可能转化为指导刑法解释的准则。确定某一种利益是否为刑法所保护,需要在规范的类型中加以考虑。不能笼统地认为危害发生就应当被解释为犯罪,这种观点和逻辑不是实质解释的观点,而是规范外的社会学解释。日本有学者认为,“关于刑法目的论的解释要注重社会效果的考察以及社会机能的分析,当然社会效果作为最终的实证数据具有必要性,缺少的话则只能是一种假说的判断”。〔2〕但实际上应当区分的是,目的解释本身与检验目的解释的结论是否合理应当是两个不同的问题,在目的解释的体系中,社会效果不应当作为解释的参量融入构成要件中,否则解释就可能不受构成要件的规范制约。但是在衡量解释结论的可取性时,不仅目的解释,其他解释结论都需要在不同程度上接受是否脱离当下社会的基本需求。因此,上述两个问题必须在刑法解释中予以适度区隔。

时下人们认为,实质解释可能导致内在的危险多是采取上述的思维,其实是对实质解释的误解。正如日本学者木村龟二教授指出:“实质违法性系对立于形式违法性,并非将其修正与变更,而应是具有补充及确认其内容之

---

〔1〕 张成法:《受贿罪若干疑难问题研究》,中国人民公安大学出版社2010年版,第167页。

〔2〕 阿部纯二「刑法の解释」中山研一编『现代刑法讲座·第一卷』(成文堂,1977年)111~112頁。

任务。"[1]换言之,实质解释本身也是在刑法类型化和体系化视野下作出的解释。有学者所说的"在实质论者这里,文义、历史、体系充其量只是法律解释时需要考虑的因素,它们都受目的的统领,是在目的的统领之下发挥各自的功能"[2]。实际上是对目的解释及实质解释有失公允的评价。法理学界有学者认为,在法律解释的过程中,很难说哪一种方法具有绝对的优势。[3]刑法学界也有观点认为各种解释方法之间并没有位阶的顺序排列,"在实务上,的确应该根据规范保护目的、具体情境来权衡各种解释理由,形成具体的协调规则,以限制法官恣意解释。但是,这并不意味着目的解释始终绝对地具有优位性"[4]。

即便主张目的解释决定论者,也并非认为文义等因素应当被统领于目的解释之中,张明楷教授区分了文理解释和目的解释两个解释理由的决定性,在罪刑法定原则的立场下,文理解释具有决定性的意义,这是严格解释的必要要求,这就意味着在对刑法解释时,应当从刑法用语的文义出发。目的解释的决定性,意指在不同的解释方法有多种解释结论时,应当采取符合刑法规范目的的解释。[5] 可见,目的解释仍然是在规范类型化下的解释。既然刑法中受贿罪的对象是财物,则将人作为商品的"性贿赂"完全超出财物自身的含义。如此以一般的裸的危害的大小作为解释的依据,则显然已经超出目的解释之初衷了。"将非财产利益纳入刑法,势必修改这种认定犯罪的标准,这样使受贿罪和财物大小的关联性丧失,能否得到公众的认同,是一个问题。"[6]刑法解释之目的是在个案中适用刑法规范,如果解释的结论反而无法导致规范的适用,解释方法的有效性则不免大打折扣。唯有在类型化指导下的目的解释才可能确定刑法保护的具体法益,并进而为构成要件的实质化判断提供可操作性的标准。

---

〔1〕［日］川端博:《刑法总论二十五讲》,余振华译,台北,元照出版有限公司1999年版,第124页。

〔2〕劳东燕:《刑法中目的解释的方法论反思》,载《政法论坛》2014年第3期。

〔3〕参见张志铭:《法律解释操作分析》,中国政法大学出版社1998年版,第107页。

〔4〕周光权:《刑法解释方法位阶性的质疑》,载《法学研究》2014年第5期。

〔5〕参见张明楷:《刑法学(上)》(第5版),法律出版社2016年版,第35页。

〔6〕周光权:《刑法各论》(第2版),中国人民大学出版社2011年版,第418页。

(三)目的解释与利益类型化的判断

日本学者加藤一郎指出:"利益衡量在不同场合会有不同结论,存在平衡被破坏的可能,同时,也造成思考过程的浪费。为了避免这种情况,有必要把实质利益衡量的类似情况汇集成为一种类型的构成。这样,不是依据法规形式来加以分类,而是尝试依据实质性利益衡量来加以分类,这是创建新的法解释学所不可缺少的。"[1]利益类型化的具体优势在于:(1)可以明确何种利益为刑法所保护,以为刑法评价设置相应的边界。类型化的利益表明并非所有利益都是被刑法所保护的,与人的价值有关联的重要利益才可以成为刑法保护之对象。(2)类型化的利益可以为刑法解释提供个别化指导,进言之,为构成要件的判断提供标尺,个罪之间的区分得以明示。(3)更为重要的是,类型化的利益能够在规范的范围内为刑法的评价设定制约并在个案的规范应用中充足刑法用语的实体与内涵,既避免了刑法评价的思维错乱,又厘定了刑法解释的应然指向。例如,行为人在公众场合向众多妇女裸露生殖器官的行为,是否能认定为猥亵?就需要结合刑法处罚猥亵行为的内在规范目的。《刑法》第237条规定的强制猥亵、侮辱罪之宗旨在于保障他人免受被强制的性侵害权利。行为人上述行为虽然有伤现场妇女之性羞耻心和性道德,但因此种行为并未采取强制之措施,也未具体化地侵害个体的性权利。因此,在强制猥亵、侮辱罪是侵犯私法益的框架下,不能将上述行为解释为本罪。

问题在于,既是利益类型化,则类型化一定面临不彻底、不具体之情状。犯罪侵害利益有时表现得较为复杂。例如,刑法理论上有复杂客体的范畴。所谓"复杂客体,是指一种犯罪行为同时侵害的客体包括两个以上的具体社会关系"[2]。复杂客体为解释犯罪之实质也提供了标准,如在抢劫罪中,行为人只要造成了被害人轻伤以上的后果或者劫取了财物,就应认定为犯罪既遂。这种分析逻辑,有利于剖解抢劫罪的内在行为构造。但是,笔者认为,复杂客体的提法应当慎重,并应当有节制地运用该范畴。理由为:复杂客体容易导致对犯罪的理解过于宽泛,甚至导致危害认定标准的模糊。以绑架罪为例,通说认为,绑架罪的客体是复杂客体,包括他人的人身自由权

---

[1] 段匡:《日本的民法解释学》,复旦大学出版社2005年版,第263页。

[2] 高铭暄、马克昌主编:《刑法学》,北京大学出版社、高等教育出版社2011年版,第56页。

利、健康、生命权利及私财产所有权。既是复杂客体，则其解释逻辑应当与前述的抢劫罪逻辑一样，但是，在绑架既遂和未遂的认定时，通说又认为，应当以绑架行为是否达到实际控制人质，并将其置于实际支配之下为标准。〔1〕 由此可见，同样是复杂客体，但是在抢劫罪和绑架罪的解释中，复杂客体对犯罪形态的认定却是两种不同的逻辑，难免自相矛盾。

在复杂客体或者侵害多重法益的情况下，因构成要件的法定化而决定了法益的类型性。因此，突破法益类型性的制约而作出的解释也值得商榷。例如，在关于生产销售伪劣产品罪和诈骗罪的关系时，有学者认为："由于生产、销售伪劣产品罪的保护法益为诚实交易秩序，并不以造成他人财产损失为要件，故对于造成他人财产损失的行为，必须再次判断其是否符合更重的财产犯罪的构成要件。即使认为造成了他人财产损失的行为符合生产、销售伪劣产品罪的构成要件，也不妨碍认定该行为符合财产犯罪的构成要件。"〔2〕单纯从利益受损角度出发，生产、销售伪劣产品罪，的确既对消费者的财产造成了侵害，也扰乱了正常的市场经济秩序。但能否就此如上述观点一样，认为生产、销售伪劣产品罪和诈骗罪之间就一定存在竞合问题呢？对此，显然不能从纯粹的损失事实入手，还需要具体考虑个罪的类型化规定。笔者认为，上述观点存在疑问。理由为，如果承认二者之间是存在法条竞合关系，按照上述观点则应当适用重法优于轻法。但问题是，生产、销售伪劣产品罪的数额标准是5万元，而诈骗罪的数额较大标准是3000元至1万元以上。如果生产、销售的数额达到5万元，则按照《刑法》第140条的规定，其最高法定刑为2年有期徒刑；而按照《刑法》第266条诈骗罪的规定，应当适用数额巨大的量刑幅度，应判处3年以上10年以下有期徒刑。如此，生产、销售伪劣产品罪在基本的犯罪构成中就被诈骗罪替代了。如果将这种逻辑推向极致，则凡是含有欺骗或虚假成分的行为，都可能在与诈骗罪比较的过程中因诈骗罪处刑较重而选择重法。这样的分析逻辑不禁令人质疑，刑法干脆直接规定诈骗罪就可以了，为何还要规定生产、销售伪劣产品罪？构成要件是刑法立法类型化的产物，刑法立法以及刑法适用追求的是刑法用语的明确性，这种立法旨趣就限定了刑法解释必须接受类型化的制

---

〔1〕 参见高铭暄、马克昌主编：《刑法学》，北京大学出版社、高等教育出版社2011年版，第477页。

〔2〕 张明楷：《罪刑法定与刑法解释》，北京大学出版社2009年版，第150页。

约。“刑法之适用对于人民之权益影响甚大,故只能为正确允当之适用,绝不可有误用之情事发生。”〔1〕维持刑法解释的适当之依据,就是须在解释者心中时刻谨记类型化思维是刑法解释不能突破的边界。如果说刑法解释需要树立在案件事实与刑法规范之间来回往返的解释理念,那么在解释方法上是利益分析与构成要件类型化交互认定的产物,这是解释刑法时须臾不能忘却的基本准则,更是对刑法明确性折射的法治要义的坚守。

尽管人们一直强调刑法解释必须恪守刑法文本的含义,但是实践意义上的刑法解释从来不是解释者对刑法文本的静态理解。解释只有在案件事实与刑法文本不对称时才具有现实的意义,解释的魅力才得以彰显。因此,任何刑法解释都不可能是没有利益争端的真空解释。强调在利益法学的立场下重视刑法目的解释,不是对其他解释方法的否定或贬低,而是在还原刑法解释的现实图景。在方法论上,目的解释的确与实质化思潮之间具有内在的联系,但是,这并不能认为目的解释就是没有边界的任意解释,在解释论上,完全可以通过利益判断的类型化为刑法目的解释的具体适用确定边界。

---

〔1〕 蔡墩铭:《刑法总则争议问题研究》,台北,五南图书出版股份有限公司1988年版,自序第1页。

第二章 刑法目的解释的基本主张

在刑法目的解释中,目的有多重表现形式,诸如整体目的和具体目的、主观目的和客观目的等。对刑法目的解释的界定应当基于上述目的的不同形式予以辩证分析。目的解释的基本要旨在于确定刑法规范的内容。基于社会性或政策性的分析属于规范外的分析,不能理解为刑法目的解释。学界对刑法目的解释的争论,多是源于不同学者立场上的差异导致的,目的解释与学派之争并无必然的关系。

第一节 刑法目的解释的实体论证

严格意义上说,目的是主体所意欲达到的目的。刑法是由文字形成的法典,实际上并没有所谓的目的。刑法目的可以说是一种拟人化的表达。作为文字形式的刑法规范本身并没有什么目的可言,在讨论刑法目的时,实际上指的是人们试图通过刑法所意欲达到的目的。[1] 在法学理论和部门法中,也都已经约定俗成讨论诸如法的目的、目的解释了,并且肯定了目的解释的重要性。如我国台湾地区学者林山田教授认为:“由于每一条刑法条款均有其立法目的与其所要加以保护的法益,故就刑法条款的规范目的,以及其所要保护的法益,应可探求法律条文的正确意义;况且,就法条的目的观与价值观,亦较易领悟与阐明法条的真义,而易达到刑法解释的目的。因此,目的解释法在刑法的解释上极具重要性。”[2] 刑法是由语言及其内在逻

[1] 参见周少华:《刑法的目的及其观念分析》,载《华东政法大学学报》2008 年第 2 期。

[2] 林山田:《刑法通论》(上),北京大学出版社 2012 年版,第 86 页。

辑构成的法律文本,既然如此,就涉及如何对刑法用语的解释问题,因此,解释者解释刑法的目的在于发现刑法规范自身应当具有怎样的含义。具体而言,刑法目的解释的实体性内容主要有关于目的的界定、目的的识别方法等。

一、刑法目的解释之界定

何谓目的解释,历来存在争讼。学者们从不同的视角对法(刑法)的目的进行了多样化的研究。其中集中讨论的主要问题有如下几个方面:

1. 整体目的与具体目的

我国台湾地区学者杨仁寿教授在区分目的解释与法意解释的基础上,指出:“目的解释与法意解释,同在阐明规范意旨,只不过一从整体之法律目的解释,一从个别规定之法意探求;一从法律目的着眼,一从历史沿革出发,如此而已。”[1]在杨教授看来,目的解释中的目的指的就是法律的整体目的。联系到刑法目的解释,自然应当是指刑法的整体目的,具体表现为我国《刑法》第1条“为了惩罚犯罪,保护人民”及《刑法》第2条关于刑法任务的规定。

但是,如若仅仅以整体目的为指导,则个罪的具体构成要件之解释,实际上并无明确的操作标准。换言之,整体目的实际上在构成要件解释上的功能是有限的。有学者提出了刑法目的的层次性:“保护法益是刑法的整体目的,由《刑法》第2条明文规定,属于第一层次的刑法目的。《刑法》分则各章的目的,则是第二层次的刑法目的,可以从分则的章名与相关规定得以明确。例如,《刑法》分则第二章的目的在于保护公共安全,第四章的目的在于保护公民的人身权利与民主权利。《刑法》分则各章之下的第三层次的刑法目的,可以从节名与相关规定得以明确。如《刑法》分则第三章第四节的目的在于保护金融秩序;《刑法》分则第六章第六节的目的在于保护环境资源。《刑法》分则各本条的目的是第四层次的刑法目的,可以从各本条的具体规定得以明确。”[2]类似的观点也认为:刑法的目的大致有以下三个层次:(1)整体目的。这是刑法目的的第一个层次。刑法的整体目的是惩罚犯罪,保护人民。(2)章节目的,是由刑法章节的名称和有关规定来体现的。

---

〔1〕 杨仁寿:《法学方法论》(第2版),中国政法大学出版社2013年版,第173页。

〔2〕 张明楷:《刑法目的论纲》,载《环球法律评论》2008年第1期。

(3)条文目的,是由刑法条文的具体规定体现出来的。在刑法目的的层次性中,低层次的目的受高层次目的的制约,高层次的目的依赖低层次的目的的体现和实现。[1]

那么,目的解释之目的,究竟是整体目的、具体目的,抑或二者兼有之?司法实践中多是既包括整体目的,也包括具体目的的。"运用目的解释方法时,必须考虑从整体目的和具体规范的目的两个层次上探寻法律真意,并对出现的具体规范的目的与整体立法目的不吻合情况进行必要的论证。一般而言,具体规范的目的应当与立法的整体目的保持一致,但是对一些特殊规范要用特殊的眼光加以解释。在这个意义上,法官的法律解释,往往是一项从体系到个别,从整体到部分、从历史到现实、从法律学科到相关学科、从单一解释到全面论证的过程。"[2]

笔者认为,整体目的和具体目的的分类意义在于:(1)整体目的的确立,对于具体刑法的规范适用目的时,具有方法上的意义。例如,如果认为刑法的目的是保护法益,那么,基于法益为基础的分析,必然也是目的解释适用的最基本的方法,运用法益对刑法规范进行解释也是人们需要坚持的重要原则。[3] 但如果认为"刑法的目的就是保持规范的有效性,即'使弱规范(schwache Nomen)'稳定化"[4]。则在解释个罪的构成要件时可能更多地关注于隐藏于规范后面的社会意义。如关于"见危不救"是否入罪的问题,在法益侵害和规范违反说的分析下可能就会有不同的结论。[5] (2)整体目的的确立,对于解释者的解释立场也会有一定的影响。除了前述在不法的实质判断上究竟是采取法益侵害还是规范违反之外,认为刑法目的是法益侵害的论者,在解释时通常会采取"事后评判"的逻辑思维,而在规范违反说看来,则会采取"事中评价"的思维,这是由于二者对于刑法规范的属性理解不同所导致的。

尽管就单纯个罪的解释静态地看,似乎与整体性目的之间没有多大的关系,但是解释者在解释个罪时,对整体目的的认定通常也会影响到个罪的

---

[1] 参见逄进温:《刑法机能研究》,法律出版社2014年版,第79~81页。

[2] 鲁千晓、何媛:《司法方法论》,法律出版社2009年版,第428页。

[3] 参见张苏:《刑法目的的视阈下的刑法解释》,载《东方法学》2010年第6期。

[4] 周光权:《刑法学的向度》,中国政法大学出版社2004年版,第123页。

[5] 参见冯军:《刑法问题的规范理解》,北京大学出版社2009年版,第23页。

解释结论。一般来说整体目的是作为维持法稳定性的重要精神动力,在社会平和时期通常不会发生变化,[1]但是当社会发生质的变化,例如,革命时,法的整体目的可能就会有所变化。相对于整体目的而言,具体的规范目的变化要大得多,导致具体的规范目的变化的原因主要有:(1)刑法立法。当刑法立法对某一个条文的体系安排作出变动时,则有可能会导致具体罪名的规范目的发生变化。例如,1979年《刑法》中规定的聚众劫狱罪、组织越狱罪的行为是放在第一章反革命罪(大体相当于1997年《刑法》的危害国家安全罪),但是1997年《刑法》将此种犯罪行为规定在第六章妨害社会管理秩序罪中的妨害司法罪一节中,罪名的体系发生了根本的变化,即便1997年《刑法》取消了反革命罪,并将此类犯罪修改为危害国家安全罪,但也不能因此而以危害国家安全来解释聚众劫狱罪、组织越狱罪,否则与刑法的体系之间存在重大的矛盾,也对个罪的评价有失公允。例如,按照《刑法》第66条特别累犯的规定,危害国家安全罪的犯罪分子,不论刑期以及前后罪名之间的期限,再犯上述罪名的,以累犯论处。因此,按照1979年《刑法》的规定,前后犯聚众劫狱罪、组织越狱罪的,则应以特别累犯论处。但是,任何一个研习刑法的人恐怕都无法赞同这种结论。同样地,《刑法修正案(九)》由于废除了嫖宿幼女罪,相应罪名的法益也不再是社会管理秩序了,而是对幼女性权利的保护。(2)刑法条文本身没有变化,但社会生活变化了。此时,如果固守原先刑法条文的文义或按照原先的文义解释的话,可能得出的结论并不合理。例如,从刑法条文看,《刑法》第385条规定受贿罪的对象是财物,但在财产的表现形式日益多样化的今天,收受干股的行为也认定为受贿罪。[2] 在日本,“旧刑法规定‘窃取他人的所有’时成立盗窃罪,但是,电力是不是该种所有物就成为问题。如果将所有物仅理解为有体物的话,电力就不是所有物。如果说无论如何都必须处罚窃电行为的话,就只有采用类推的方法了。但是,大审法院虽然处罚了窃电行为,但没有采用类推的方法,而是将所有物扩张解释为‘可以管理之物’,认为电力也是可以管理的

---

[1] 参见张明楷:《刑法目的论纲》,载《环球法律评论》2008年第1期。

[2] 参见2007年7月8日最高人民法院、最高人民检察院发布的《关于办理受贿刑事案件适用法律若干问题的意见》第2条。

物"[1]。在上例中，之所以司法实践会采取扩张解释的方法，将刑法用语的文义予以拓展，根源就在于如果仍然恪守财物的传统概念，则显然不利于对法益进行及时的保护。

尽管在通常情况下，解释者在解释个罪构成要件时，不会首先考虑刑法的整体目的，然后再推断出刑法规范的具体目的。但实际上，整体目的的思维仍然在潜移默化中渗透到了具体个罪的解释之中。因此，不能否认整体目的对具体目的的功能。但是值得注意的是，特别要提防仅仅以整体目的为依据而忽视具体目的的辨别与考察，直接以是否具有危害为标准来定罪。如后文所述认为非议政府的行为构成诽谤罪，就是不考虑规范具体目的而直接以整体目的为依据的定罪思路。但是，这种思路在法治国家中是不被允许的。

2. 法益保护抑或规范有效

实质的违法论在关于犯罪本质的论述上，产生了法益侵害与规范违反说之争。基于对犯罪本质认识的不同，对刑法目的的认知也有所区别。主张法益侵害的学者如前田雅英教授认为："刑法是为了更好地保护多数国民的利益而统治社会全体的手段，故国民的利益受到侵害是违法性的原点。"[2]在法益侵害说看来，无论是整体的刑法目的还是规范的具体目的，都无外乎是对法益的保护，易言之，犯罪是对法益的侵害，刑法通过对犯罪的惩罚来实现对法益的保护，法益自始至终贯穿于构成要件的解释中，主张法益侵害说的学者也经常强调"法益对于构成要件具有解释论的机能"[3]。规范违反说认为，在不法的要素中，除了法益之外，行为的具体样态也具有重要的作用。因此，需要考虑行为的方式、手段以及实施具体行为的动机等诸多因素，才能判断行为是否与公众的基准观脱离，只有这样才能认定行为是否违法。[4] 德国刑法学家威尔策尔就认为，刑法的目的不在于法益保护，指出刑法的任务并非法益保护，因为对法益保护而言，刑法来得太迟了；刑法的任务在于保证基于对法律信念坚持的行为价值的现实有效

---

[1] [日]平野龙一：《刑法解释中的判例与学说》，黎宏译，载《国家检察官学院学报》2015年第1期。

[2] 前田雅英『刑法各論講義』(東京大学出版会，2007年)53頁。

[3] 张明楷：《刑法的基本立场》，中国法制出版社2002年版，第129页。

[4] 参见周光权：《刑法学的向度》，中国政法大学出版社2004年版，第220页。

性。[1] 对于这种有效性，雅科布斯解释道："如果规范被运用的话，也就是说，如果规范提供给一个适合的行动解释的话，规范就是有效的。这种行动解释的内容，可能是它与一种原先所描述的行动相适应（例如，杀人的禁令被遵守），也可能是它对偏离性的行为作出次位的行动解释即制裁的行动。如果所有的活动能够被理解为规范的遵守或者否则就产生一个制裁，那么，就存在现实的社会，也就是规范的有效性"[2]。法益侵害说与规范违反说在刑法学中产生了旷日持久的争论。

法益侵害说有其自身的缺陷，突出体现在诸如法益概念的精神化等对传统法益概念的挑战等问题。此外，"很多规范的设置无法直接与具体的法益保护联系起来，例如重婚罪的法益，虽然也能够用一夫一妻制的婚姻关系这种纯粹属于规范效力维护的表达作为法益，但它完全已经丧失了法益概念原本具有的特征。犹如，聚众淫乱罪的法益是公共对性的感情，这种表达实质上也只是规范维护的另一种说法而已"。[3] 面对法益概念面临的新问题，法益侵害说的观点认为："虽然精神的法益概念在战后仍然存在，但更多的学者强调物质的法益概念；尤其是在日本，对法益持不同的观点，都反对法益概念的精神化，而强调法益必须具有可能成为犯罪的侵害对象的现实的、事实的基础，或者必须是在因果上可能变更的对象。"[4]"伦理规范与刑法规范在原理上有相同之处，但伦理规范与刑法规范本身并没有价值，而是为了保护一定的价值才存在的。"[5]实际上在二者争论的过程中，也出现了综合说。如大谷实教授认为："犯罪的本质应当理解为违反社会伦理规范的法益侵害行为，违法性、责任而且连刑罚也要立足于这个社会伦理规范的。"[6]囿于论题所限，本书并不对与之相关的问题进行讨论。而仅就联系刑法目的解释进行分析。刑法目的究竟是保护法益还是规范有效？

解释论上需要面临的基本问题是，刑法解释是对刑法文本的解释。因此，无论认为刑法的目的是保护法益还是规范有效，都是立足于刑法文本的

---

[1] 参见陈金林：《积极一般预防理论研究》，武汉大学出版社 2013 年版，第 127 页。

[2] [德]京特·雅科布斯著：《规范·人格体·社会》，冯军译，法律出版社 2001 年版，第 44 页。

[3] 陈金林：《积极一般预防理论研究》，武汉大学出版社 2013 年版，第 129 页。

[4] 张明楷：《法益初论》，中国政法大学出版社 2000 年版，第 155 页。

[5] 张明楷：《行为无价值与结果无价值》，北京大学出版社 2012 年版，第 28 页。

[6] 马克昌：《比较刑法原理》，武汉大学出版社 2002 年版，第 92 ~ 93 页。

讨论。在刑法整体目的界定为“惩罚犯罪,保护人民”的基本条件下,应当认定刑法的目的是保护法益。规范的有效性来源于对规范的解释,易言之,只有在明确规范自身的含义时,才可能认定行为究竟是否违反规范。将目的解释之目的界定为保护规范的有效性,在逻辑上存在问题。亦即,刑法目的解释在于确定刑法规范的具体所指,但界定规范的内容又依凭于规范的有效性,难以自圆其说。法益概念的精神化的确对传统的物本法益观构成了一定的挑战,但是,在刑法客观主义立场下,精神化的法益或多元化的法益观,并不必然会带来刑法规范理解上的困难,甚至导致刑法规范适用上的模糊。日本学者认为,诸如国家法益和社会法益等抽象的法益,也可以还原为个人法益。[1] 精神化的法益仍然是可以在传统法益的框架下作出应有的界定。

3. 主观目的、客观目的,抑或视域融合

在目的解释中,历来存在主观目的与客观目的的争论。主观目的说有时也被人们称为立法原意说或法律文本说。主观目的解释的方法其历史渊源可追溯到罗马政治学家西塞罗的名言:“在约定中,应当注意的是人们的意思,而不是语言。”[2] 如立法原意说认为,解释法律的目标就在于寻求立法当时的具体意图。[3] 法律文本说认为,通过对法律文本的解读,就可以确定立法的意思。那种认为立法原意是虚无缥缈的观点是不合理的。[4] 在英美法中,立法目的(object of statute)意指制定法律的目标或意图,有时实际上是制定法的原因。[5] 主观目的解释之所以受到学者的坚持,理由为:(1)主观目的解释是奠基于现代政治哲学的分权理论之上的,其基本的逻辑起点是,在立法已经制定了成文刑法之后,司法者不能逾越立法者。有学者分析道,传统解释学关于主观原意的观点为刑法解释对立法意图的探求提供了可能,其揭示原意的目标设定为刑法解释框定了目标。(2)主观解释论满足了人们的安全需求。在当下法官素质有待进一步提高的情况下,赋予法官突破立法意图解释法律,努力行使不断适应变化的社会生活的大

---

〔1〕 参见黎宏:《日本刑法精义》,中国检察出版社2004年版,第28页。

〔2〕 余先予主编:《国际法律大辞典》,湖南出版社1995年版,第175页。

〔3〕 参见李国如:《罪刑法定原则视野中的刑法解释》,中国方正出版社2001年版,第68页。

〔4〕 参见卢勤忠:《刑事法律解释的若干问题思考》,载赵秉志、张军主编:《中国刑法学年会文集(2003年度):刑法解释问题研究》(第1卷),中国人民公安大学出版社2003年版。

〔5〕 参见薛波主编:《元照英美法词典》,北京大学出版社2014年版,第991页。

权,将是一件恐怖的事情。[1] 更有学者旗帜鲜明地指出:“客观解释论并不符合我国的刑事法治建设的需要,我国的刑法司法解释应当奉行主观解释论的立场。”[2] (3)立法者的意思是一种可以借助立法文献加以探求的历史事实。只要每一个人取向于这种历史地被探知的意旨,执法机关的裁判或决定便不会捉摸不定而根本动摇法的安定性。

但是主观目的说也存在一些问题:(1)现代立法基本上是议会立法,在众多的议会人员中,作为整体的立法意图是难以寻找的,所以,立法原意是不可能被验证的。(2)当社会发生变化之后,仍然主张立法原意的说法,势必可能导致刑法无力回应社会的发展。(3)即便立法意图是明确的,在实际案件处理中,不可能仅仅通过探求立法意图来实现。尽管在制定法的适用过程中,国会的意图很重要,而解释的规则也就是发现国会意图的途径。立法所用的词汇虽然重要,但仅靠它们来发现国会的意图是不够的。[3]

面对主观目的说的缺陷,主张客观目的说的观点认为,法律一旦诞生,便可独立于立法者的主观意志,有自身的意志,这是所谓客观解释的目标。[4] 拉伦茨认为,“法律解释的最终目标只能是:探求法律在今日法秩序的标准意义(今日的规范性意义),而只有同时考虑历史上的立法者的规定意向及其具体的规范想法,而不是完全忽视它,如此才能确定法律在法秩序上的标准意义”[5]。美国现实主义法学家卢埃林在《关于现实主义的一些现实主义》中指出,现实主义的一个出发点,就法律规则和概念描述法院或人们实际在做什么而言,现实主义不相信法律规则和概念,以提醒人们密切联系实际和具体情况,以免陷入形式主义即脱离现实生活而犯简单的错误。[6] 张明楷教授认为:“具有法律效力的是用文字表达出来的、具有外部

---

[1] 参见徐光华:《刑法文化解释研究》,中国政法大学出版社2012年版,第66~67页。

[2] 陈志军:《刑法司法解释研究》,中国人民公安大学出版社2006年版,第318页。

[3] 参见[美]爱德华·H.列维:《法律推理引论》,庄重译,中国政法大学出版社2002年版,第28页。

[4] 参见[德]魏德士:《法理学》,丁晓春、吴越译,法律出版社2003年版,第346页。

[5] [德]卡尔·拉伦茨:《法学方法论》,陈爱娥译,商务印书馆2003年版,第199页。

[6] 参见孙新强:《法典的理性:美国〈统一商法典〉法理思想研究》,山东人民出版社2006年版,第91~92页。

形式的刑法,而不是存在于立法者大脑中的内心意思,应当采取客观解释论。"[1]

主张客观解释的理由大体而言有如下几点:(1)如前所述,立法者的意图是不可探寻的,甚至是不存在的。(2)刑法用语中有诸多的模糊性用语,就决定了对刑法解释时只能以符合当时的具体情况来解释。(3)法律从立法完成之时起,就已经与立法者脱离了关系。法律文本的含义在此时就已经被确定了。司法者在解释法律的时候,应从法律体系之内的条文之间、章节之中寻求答案。[2] 司法者的理解、经验都可能对法律文义的确定产生影响,不可能指望立法者在制定法时就已经明确了未来可能发生的事情。[3] (4)依据客观解释论的立场,客观解释也可以提高法的安定性。客观解释通常不主张动辄对法律进行修改,而是应该通过对原先含义已经过时的条文进行重新解读。并且,如果认为法律解释必须是探究立法者的原意,那就意味着人们要去寻找一般人无法接触到的杂乱无章的立法资料,这不现实。[4] (5)我国的立法在传统上倾向于使用概括、原则,从而给适用者较大的自由裁量空间。这也为目的解释法的使用提供了条件。[5] (6)客观说符合法律进化论的观点。日本学者牧野英一教授认为,尽管法律是过去制定的,但是在解释法律时,也不必受制于立法者的意思。社会发展是不断进化的,因此,应当对法律进行符合进化的解释,目的解释自然也是应当被认可的方法。[6] 木村龟二教授认为:"时代的变化可能带来刑法立法语言文字意思的变化,进一步地说,刑法的解释和运用必须经常符合时代的要求。"[7]客观说最大的问题在于导致刑法解释得过于灵活,因为客观的标准仍然是无法把握的。客观目的理论具有导致法律不稳定的缺点,特别是刑

---

〔1〕 张明楷:《刑法学(上)》(第5版),法律出版社2016年版,第29页。

〔2〕 参见黄茂荣:《法学方法与现代民法》,法律出版社2007年版,第298页以下。

〔3〕 参见王政勋:《从图式理论看刑法解释立场　一个实证的考察》,载《中外法学》2009年第3期。

〔4〕 参见黄茂荣:《法学方法与现代民法》,法律出版社2007年版,第298页。

〔5〕 参见蒋惠岭:《目的解释法的理论及适用》(下),载《法律适用(国家法官学院学报)》2002年第8期。

〔6〕 参见[日]中山研一:《刑法的基本思想》,姜伟、毕英达译,国际文化出版公司1988年版,第9页。

〔7〕 [日]木村龟二主编:《刑法学词典》,顾肖荣等译,上海翻译出版公司1991年版,第82页。

法的解释,更足以危及刑法的保障功能。[1] 对客观目的解释进行批评的主要理由为:"它为解释者提供了太多的自由解释的余地,会使解释者把自己关于什么是正当合理的信念带入对规范的解读。"[2]

时至今日,单纯地主张客观目的解释或主观目的解释的人已不多见,即便是非常明确主张刑法解释应当采取客观解释的学者也认为:"反对主观解释论,并不意味着在刑法解释的过程中不需要考察立法背景与立法沿革。但是,对立法背景或立法沿革的考察,绝对不意味着在适用刑法时应当按照立法者当初的本意解释刑法。"[3]在理论上出现了客观解释为主、主观解释为辅或者主观解释为主、客观解释为辅的折中学说。如林山田教授认为,"刑法的解释宜采主观与客观的这种理论,即:原则上采主观理论对于刑法条款的解释仍然应忠实地停留在立法者于立法时的标准原意;但若有足够的理由证实立法当时的价值判断,显因时过境迁,而与现阶段的法律正义、社会情形与时代精神等不相符合者,则应例外地采客观理论"[4]。客观解释为主,主观解释为辅的观点认为,对刑法的解释原则上以客观解释为主,但客观解释的结论与现阶段的社会公平、正义理念、价值观不相符合时,则采用主观解释。[5]

与此同时,在刑法学界出现了试图超越主观目的解释与客观目的解释的努力,主张主体间性的刑法解释观,其基本逻辑是克服主观与客观之间的界限。在法学中,"根据主体间性,在法律语用推理中,推理主体会见的相互沟通、交流、协商、辩论等是推理的核心所在。主体之间的平等和依存是互动的基础,并通过互动得以体现和检验"[6]。有学者更是鲜明地指出:"法律推理要走出推理主体性的困境,用具有主体间性的法律会话模式来取代。"[7]在刑法学中,有学者认为,"刑法解释的目标应是:在文本的意义界限内,立足于读者全部的案例经验,最大化地实现社会主流价值观认可的罪

---

[1] 参见林山田:《刑法通论》(上册),北京大学出版社 2012 年版,第 85 页。
[2] 张志铭:《法律解释操作分析》,中国政法大学出版社 1998 年版,第 125 页。
[3] 张明楷:《刑法学(上)》(第 5 版),法律出版社 2016 年版,第 29 页。
[4] 林山田:《刑法通论(上)》,北京大学出版社 2012 年版,第 85 页。
[5] 参见张明楷:《刑法的基础观念》,中国检察出版社 1995 年版,第 214 页。
[6] 张斌峰:《法律推理新探:语用学与语用逻辑地视角》,中国政法大学出版社 2014 年版,第 285 页。
[7] 彭榆琴:《法律会话推理及其有效性研究》,中国政法大学出版社 2014 年版,第 79 页。

刑等价关系"[1]。还有学者从法律论证的角度出发,进一步指出,刑法适用不再是法官及其"法律共同体"的专门事务,它已经开放为一种多主体之间根据自己的先前理解进行相互之间的商谈、对话的过程,这个过程我们可以称为刑法论证。刑法论证以刑法解释为前提,它和传统的刑法解释具有较为明显的区别。主要表现在下面几个方面:一是它以合理性为诉求目标;二是它在开放的体系中展开;三是它采取对话的方式进行。[2] 从其思想基础上,实际上是接受了哈贝马斯的沟通交往理论,哈贝马斯把相互承认与主体间性作为社会规范的根本性基础,同时把交互主体性的论证方式视为社会规范得以论证的不二法门,并承认其与黑格尔思想中的重社会规范、轻主体意志,重相互承认、轻主客对立,重社会实践理性、轻主体实践理性的思想有一脉相承的关联。[3] 主体间性解释有时也被理解为视域融合。所谓视域融合,即我们在对文本的理解与该文本与我们的境遇的关系彼此整合,以至于文本的原始意义无法同为我们而存在的意义相互区别开来。[4]

这种以视域融合或沟通理性为依据带来的解释理念,其独特性在于:(1)在法律解释中,参与法律关系的主体在地位上有助于形成较为平等的力量。(2)正是在平等的基础上,才可能就法律规范的具体目的进行辩驳,寻求能够为各方所接受的大体的共识性结论。(3)现代法治所强调的以庭审为中心的诉讼改革,契合了上述的理念,为改造传统司法的模式提供了理论支撑。(4)既然是沟通性的、协商性的对话,那么,法律解释就是一个不断循环、反复的互动,其中充满了不同结论之间的博弈。

尽管如此,但这种以视域融合为视角分析刑法解释的方法也可能存在问题:(1)社会发展需要的是支持法治的理论。"合法性、客观性、合理性的命题对法治有极其重要的意义,方法论应该积极去寻找并落实这些命题的实现方法,而不是从颠覆客观性等概念开始瓦解法治理论。"[5] 视域融合可能会对现代法治所确立的一些基本的命题带来冲击,使得原先追求确定性的法律规范开始变得游离。(2)解释的首要规则是对语句赋予其通常使用

---

〔1〕 聂立泽、庄劲:《从"主客观性"到"主体间性"的刑法解释观》,载《法学》2011 年第 9 期。

〔2〕 参见童德华:《从刑法解释到刑法论证》,载《暨南学报(哲学社会科学版)》2012 年第 1 期。

〔3〕 参见胡军良:《哈贝马斯对话伦理学研究》,中国社会科学出版社 2010 年版,第 58 页。

〔4〕 参见鲁路:《批判与理解》,中央编译出版社 2014 年版,第 48 页。

〔5〕 陈金钊主编:《法律方法教程》,华中科技大学出版社 2014 年版,第 17 ~ 18 页。

的含义,对专业术语则必须赋予其在该门学科、专业或行业中所用的含义。[1] 但视域融合中的循环解释也可能会突破法律用语在其体系中的独特含义。(3)商谈理论是否能够被运用到司法程序中,仍然存在争议。商谈理论尽管形式上具有合乎理性的特点,但是在处理结果上与司法旨在纠纷解决的任务有冲突。司法的判决,不可能无限地通过参与者的反复的商谈来确定纠纷中关于双方的责任。[2]

笔者认为,在理解目的解释时,需要注意以下问题:(1)刑法目的解释,究其本质而言,就是一种解释方法或解释的方案,并不能因目的的正确性或目的的合理性就一定能够得出解释结论的正确性或者合理性。我国学者指出:"在解释活动中,当我们面对不止一种可以采用的方法时,我们无法由方法本身了解到,究竟应当选择这种方法还是另一种方法,它无助于解释结论的最终判断和选择,也无法论证解释结论的正确性。"[3] 不宜把目的解释的地位拔得太高,如将其视为决定性的解释方法或者在效力位阶上是最高的解释方法,都可能是对目的解释的过度溺爱甚至误解。(2)整体的刑法目的是保护法益,但并不意味着保护法益就放弃了对人权的保障。保护法益在逻辑上宣示的是,只有造成规范内的利益受损时,才可能动用刑罚权,而非凡是有危害就可以被评价为犯罪。应当坚守法益在近现代刑法中的批判性功能。(3)刑法目的应当区分为立法时的目的和立法目的。有学者指出,法律被制定之后,文本与立法者已经脱离,只能通过对文本背后的规范目的来寻求文本可能具有的含义。[4] 至少从逻辑上看,立法目的不应等同于立法时的目的,立法目的可能与立法时的目的一致,如通过查找与阅读当时的立法资料,可以探寻立法当时的目的来解释刑法并不会得出不当的结论。但是,如果按照立法时的目的来解释刑法有问题时,则运用客观解释,也不能说不是在表达立法目的。刑法文本可能仅仅是对刑法解释的基本设定。正

---

[1] 参见薛波主编:《元照英美法词典》,北京大学出版社 2014 年版,第 722 页。

[2] 参见[德]阿图尔·考夫曼、[德]温弗里德·哈斯默尔主编:《当代法哲学和法律理论导论》,郑永流译,法律出版社 2013 年版,第 187 页。

[3] 林维:《刑法司法解释的真实逻辑》,载赵秉志主编:《当代刑事法学新思潮:高铭暄教授、王作富教授八十五华诞暨联袂执教六十周年恭贺文集(上)》,北京大学出版社 2013 年版。

[4] 参见张苏:《刑法目的视阈下的刑法解释》,载《东方法学》2010 年第 6 期。

如德国学者罗克辛所说:“法规本身只是提供一个解释框架。”[1]法规本身为我们解释刑法设定了一个基本的范围和解释的边界问题,而不是意味着通过法规单向地去寻找立法当时的目的。既然是解释的框架,那就意味着立法目的或文本可以为刑法用语的发展提供一种可能,而非完全否定其在社会发展中可能变化的含义。(4)在区分立法时的目的和立法目的时,我们应当将目的解释中的目的界定为立法目的,即在当下的语境中,刑法规范可能具有的含义,既可能是立法时的目的,也可能是客观解释的目的。如前所述,究竟选择何种目的,并不在于解释方法上孰优孰劣,而在于解释结论是否经得起诸如刑法体系以及宪法体系等法律秩序内基本价值的检验。尤其是在面对不确定的法律概念的时候,很难说哪一种解释方法是绝对正确的。目的解释仅仅是在众多解释中寻求一种探究立法目的的方法而已。在最近的时代,特别是在法律资讯的领域中,一种新的逻辑发展出来,此种逻辑被称为“模糊逻辑”,一种具有模糊、不清楚、不明确轮廓的逻辑,人们借此来把握不确定法律概念……它并非仅仅提供一个正确的解决途径,相反地,是存在许多正确的,亦即“适当的”,可以交互选择采用的解决途径。[2] 考夫曼论断中的交互选择,其实就意味着解释方法之间存在错综复杂的关系,它意味着各种解释方法都是通往刑法解释的路径,其终极的目的是寻求刑法解释的合理性与妥当性。也因此,目的解释的目标是实现法律文本意欲达成的目的,而此目的是建立在文本作者的意图与法律体系之“意图”的基础之上。[3] 主观目的和客观目的应当被理解为不同的并可以辩驳的解释理由与材料,任何厚此薄彼的做法可能都有失全面。

二、刑法目的解释的基本流程

1. 对案件事实进行中性意义上的范畴建构,而不能将具有价值色彩的词语用于描述案件类型。例如,刑法理论中通常说的婚内强奸,从严格意义上来说就违背了上述要求。“强奸”一词在解释者的视域中应当是规范性的

---

〔1〕 [德]克劳斯·罗克辛:《德国刑法中的法律明确性原则》,载梁根林、[德]埃里克·希尔根多夫主编:《中德刑法学者的对话》,北京大学出版社 2013 年版。

〔2〕 参见[德]阿图尔·考夫曼:《法律哲学》,刘幸义等译,法律出版社 2004 年版,第 45 ~ 46 页。

〔3〕 See Abaron Barak, *Purposive Interpretation in Law*, Princeton University Press, 2005, p. 88.

对事实评价之后的定性，因此，如果采取婚内强奸的行为，则在逻辑前提下意味着解释者可能倾向于认定行为可能是构成强奸罪的。为此，就必须继续寻找一个中性的范畴来概括事实。梁根林教授曾经主张用婚内强制性行为来描述上述现象。[1] 笔者深以为然。从范畴建构上看，显然婚内强制性行为要比婚内强奸更具有中立性，它意味着解释者面临的是多个应对案件事实的策略和方法，而不会将解释者的预判拉入倾向于定罪的思维中。此外，中性意义上的范畴建构也有助于区别案件事实与刑法规范之间的关系。换言之，如果用婚内强奸来对案件事实概括的话，实际上就对刑法规范意义上的强奸进行了逻辑上并不妥当的分类，即强奸分为婚外强奸和婚内强奸，以及构成强奸罪的强奸和无罪的强奸。如此理解，不利于适度保证案件事实与刑法规范的区隔化。

2. 在常规案件中，文义解释与目的解释之间并不会有太大的冲突。例如，甲基于教训乙的目的将乙打成重伤，无论按照文义解释还是目的解释，均不会有所冲突。按照文义解释的方法，故意伤害罪中的伤害，是指对他人身体组织完整性的损害，甲的行为被认定为伤害没有问题。按照目的解释的方法，在故意伤害罪中，刑法保护的是他人组织器官的完整性，没有达到对上述权利侵害程度的行为，就不能认定为伤害行为。在乙的身体健康受到甲的侵害的情况下，将甲的行为认定为故意伤害罪符合《刑法》第 234 条的规范目的。可见，文义解释是从语词逻辑上分析伤害的含义，再与案件事实相比较，观察其是否与刑法规范相互对接的问题。而目的解释，更倾向于先从个罪在刑法体系中的位置以及构成要件中的要素来推断刑法保护的法益是什么？据此，反过来再认定行为究竟是否为伤害行为，案件事实能否被刑法规范涵摄。所以，二者的解释结论可能相同，解释的思路却有所区别，但都属于规范内的解释。中立地看，二者都是解决问题的不同方案而已。

在常规案件中，文义解释与目的解释比较而言，解释的成本相对较小，因此，文义解释自然是刑法解释中首选的方法。类似的情况如数学中的证明题一样，如果能够用两步就可以得出结论，自然没有必要再通过烦琐的论证来得出与前者同样结论的方法。从务实的角度来看，刑法解释的最终任

---

〔1〕 参见梁根林教授 2015 年 10 月 22 日在南京师范大学法学院所作的“但书、罪量与扒窃入罪”学术演讲。

务是针对案件提供尽量直观的解释方案，在适用法律的过程中达到定分止争的效果，当采取通常较为简便的解释方法能够为案件提供依据时，显然更有利于节省司法成本。[1] 因此，笔者认为，在能够通过文义解释得到合理的结论时，当然首选文义解释。

3. 当根据文义解释得出的解释结论存在争议时或解释的结论明显与其他解释方法之间有冲突时，才可以进一步考虑具体规范的目的，变通刑法规范的通常含义。例如，《刑法》第 277 条规定了妨害公务罪，实践中以自杀相威胁是否可以构成妨害公务罪？[2]从文义解释来看，一般认为，所谓威胁，是指以侵犯人身、毁坏财产、破坏名誉等相胁迫，即将要加以恶害相通告，对国家机关工作人员或者红十字会人员实行精神强制，意图使其心理上产生一种恐惧感，从而达到阻碍其依法执行职务、履行职责的目的。[3] 但以自杀相威胁的，根据上述文义解释中的"威胁"难以认定。在上述解释中，可能与自杀相威胁有关的是"破坏名誉"，但通常而言，破坏名誉是诸如将他人可能引起其社会评价降低的个人隐私公布于众。所以，以自杀相威胁恐怕也难以与上述以"破坏名誉"相威胁一致。在这种情况下，可能就要寻求规范的目的，亦即刑法规定妨害公务罪到底保护的是什么法益？结合妨害公务罪在刑法体系中的位置，可以明确妨害公务罪所侵犯的法益是国家正常管理秩序。[4] 因此，只有实质上导致有关机关无法正常行使公务的行为才可能被认定为妨害行为。联系到以自杀相威胁，判断其是否可能构成妨害公务罪，关键就在于其是否实质上阻碍有关国家机关公务的正常行使。一般认为，自杀行为并不会对公务的行使构成妨碍。理由为：自杀行为是行为人的自我行为，其并不等同于直接针对行使公务的国家工作人员的暴力、威胁

---

〔1〕 笔者经常听到实务界的人士如此调侃，法学理论是将简单问题复杂化，而司法实践就是要把复杂问题简单化。当然，这也仅就司法操作而言的，不代表否定理论研究对于推动学科发展的重要性。

〔2〕 有的地方规范性文件中，规定了以自杀、自伤、自残相威胁，构成犯罪的依法追究刑事责任。参见 2006 年 9 月 15 日北京市第十二届人民代表大会常务委员会第三十次会议修订《北京市信访条例》第 58 条；2006 年 9 月 22 日贵州省第十届人民代表大会常务委员会第二十三次会议通过的《贵州省信访条例》第 55 条。

〔3〕 参见赵秉志主编：《新刑法教程》，中国人民大学出版社 1997 年版，第 667 页；赵秉志：《刑法分则要论》，中国法制出版社 2010 年版，第 495 页。

〔4〕 参见赵秉志主编：《新刑法教程》，中国人民大学出版社 1997 年版，第 479 页。

行为。例如,海关缉私人员在查获毒品时,行为人因恐被发现,而当场明示缉私人员“以死相逼”,并不在实质上构成妨害海关人员继续查获毒品。此种情况下,即便行为人自杀未果,仍然不能认定其构成妨害公务罪。此外,如果是国家有关机关基于对自杀者的救助而停止下来行使公务的,也不能认定行为人构成妨害公务罪。[1] 换言之,只有导致有关机关非自愿停止下来执行公务的行为才能被认定为妨害公务。但是,需要注意的是,如果行为人以自杀的方式意图引起他人冲击行使公务的人员,并现实地阻碍了公务的执行,则应当认定为妨碍公务罪。[2]

4. 识别规范目的的方法

在法律有明确的目的时候,可在解释时予以掌握。但是,在法律没有明确的目的时,如何识别法律的目的?根据我国台湾地区学者杨仁寿教授的观点,可采取逆推法。“盖法律个别规定或多数规定所欲实现之‘基本价值判断’,较为具体,易于觅致,以之加以分析、整合,不难理出多数个别规定所欲实现目的,斯即规范目的。”[3] 如前所述,在刑法中由于整体目的是确定的,所以并不存在上述所说采取逆推法来寻找刑法的目的,况且整体目的也多是抽象的。真正需要识别的是,个罪中刑法规范的具体目的。

法理学界有学者具体分析了目的解释目的的寻找方法。“实践中确定立法目的,可先用历史解释寻求出当时的利益状况、立法者的意图、立法目的、评价等,然后根据法律解释追求的价值目标适当确立法律的立法目的。”[4] 寻找法律文本目的的方法是多种多样的,联系到刑法目的解释,笔者认为,以下路径可资借鉴。

(1)查明文本中是否有明确的目的。此种方法适用于在法律明确规定了目的的情况下,一般都是整体的或抽象的目的。在《刑法》分则中并没有如总则一样在具体条文中规定:“为了……”类似的规定。所以,这种方法其

---

[1] 2011 年 5 月 6 日《最高人民法院关于坚决防止土地征收、房屋拆迁强制执行引发恶性事件的紧急通知》第 4 条规定:“凡在执行过程中遇到当事人以自杀相威胁等极端行为、可能造成人身伤害等恶性事件的,一般应当停止执行或首先要确保当事人及相关人员的人身安全,并建议政府和有关部门做好协调、维稳工作,确保执行活动安全稳妥依法进行。”

[2] 参见王新环、朱克非、张京晶:《妨害公务案件实证分析》,载《国家检察官学院学报》2011 年第 3 期。

[3] 杨仁寿:《法学方法论》(第 2 版),中国政法大学出版社 2013 年版,第 172 页。

[4] 张燕玲、白帮武:《简论目的解释及其应用》,载《东岳论丛》2005 年第 3 期。

实对于界定分则条文目的的功能极为有限。

（2）从立法的相关资料中寻找，典型的方法如通过对比新旧刑法，可以发现对具体条文的罪状和法定刑的修改，尤其是涉及构成要件要素的修改时，就特别需要注意刑法的目的可能会发生变化。例如，旧《刑法》第141条规定了拐卖人口罪，而1997年《刑法》将之修改为拐卖妇女、儿童罪。这就意味着在理解《刑法》第240条时，只能认为第240条规定的法益是妇女、儿童的人身不可买卖的利益。但这并不意味着成年男子的人身权利不受刑法保护，只是就具体的规范即《刑法》第240条而言，与本条的规范目的不符，因此，本条不做评价。例如，《刑法修正案（九）》将强制猥亵、侮辱妇女罪改为强制猥亵、侮辱罪，就意味着《刑法》第237条的规范目的发生了具体的变化，由原先的保护妇女性方面的尊严拓展到不分性别的一般人的性尊严。

（3）从刑法的具体条款中寻找目的。通过分析某个条文，可以发现规范的具体目的。一般是根据罪状的具体要素来判断。例如，《刑法》第284条之一规定了组织考试作弊罪，[1]但却不能仅仅从罪名上认定本罪侵犯的法益是考试的正常制度，而需要结合本条的具体罪状来分析，只能认定本条规范目的在于维护特定的（法律规定的国家考试）的秩序，因此，如果是非法律规定的或非国家考试的，而是一般性的考试，则不能认定为组织考试作弊罪。因此，国家规定的但非法律规定的考试，也不属于本罪的对象。[2]《刑法》第226条规定了强迫交易罪，但是在刑法理论和实践中历来存在强迫交易罪与抢劫罪之间界分的争论，原因之一就在于对规范目的保护的内容在具体情况下有时是不清晰的。结合《刑法》第226条的具体规定看，强迫交易的均是商品、服务、参与或退出投标、拍卖、股份、债券等其他资产和经营活动，因此，本条的目的在于维护上述交易过程中的公平性。但是，如果在从事商品交易的过程中，交易费用相差悬殊时，则恐怕就不能再认定为强迫

---

〔1〕《刑法》第284条之一规定："在法律规定的国家考试中，组织作弊的，处三年以下有期徒刑或者拘役，并处或者单处罚金；情节严重的，处三年以上七年以下有期徒刑，并处罚金。"

〔2〕《刑法修正案（九）（草案）》中规定为"在国家规定的考试中"，立法通过时，将其修改为"法律规定的国家考试"。

交易罪，而可能涉嫌抢劫罪。对此，司法解释作出了明确的规定。[1] 之所以如此，是因为在上述情况下，已经不再是对公平交易的市场秩序的侵害，而变成了对交易方个人财产的强行占有。

(4)通过相关罪名对比发现具体条文的目的。刑法中涉及诽谤声誉、名誉或信誉的罪名有两处规定，一处是《刑法》第221条损害商业信誉、商品声誉罪，另一处是《刑法》第246条诽谤罪。二者在行为方式上几乎相同，都为捏造并散布虚假事实，但通过比较可以发现刑法对其保护的目的是不同的。前者保护的是商业信誉、商品名誉，后者是自然人的名誉。因此，诽谤法人的行为可能构成损害商业信誉。[2]

(5)从罪名在刑法体系中的位置来寻找。《刑法》第246条规定了侮辱罪，由于侮辱罪属于分则第四章侵犯公民人身权利犯罪，因此，侮辱只有对特定的人实质上构成了名誉上的损失时，才可能以本罪论处。例如，在我国农村地区，经常有财物被盗后，失主跑到公社用大喇叭一顿乱骂的情形，这种情况由于并未指涉具体的人，也不能以侮辱罪论处。同样地，尽管行为人没有指名道姓，但是根据其描述，公众可以判断实为具体的自然人时，情节严重的，可以认定为侮辱罪。

值得注意的是，识别目的的方法可能单独适用，也可能同时适用，不同方法适用时的结论可能是一致的，也可能是不一致的。也正是在此意义上，与其他解释方法一样，目的解释并非最终有效的，毋宁将之理解为众多解释方案中的一种，其结论合理与否仍然需要接受来自案件事实、刑法体系甚至非规范的公众法感等因素的检验。

---

[1] 2005年6月8日《最高人民法院关于审理抢劫、抢夺刑事案件适用法律若干问题的意见》第9条第2款规定："从事正常商品买卖、交易或者劳动服务的人，以暴力、胁迫手段迫使他人交出与合理价钱、费用相差不大钱物，情节严重的，以强迫交易罪定罪处罚；以非法占有为目的，以买卖、交易、服务为幌子采用暴力、胁迫手段迫使他人交出与合理价钱、费用相差悬殊的钱物的，以抢劫罪定罪处刑。在具体认定时，既要考虑超出合理价钱、费用的绝对数额，还要考虑超出合理价钱、费用的比例，加以综合判断。"

[2] 当然，通过罪名在刑法体系中的位置也可以发现二者的不同，前者是在破坏社会主义市场经济秩序罪的"侵犯知识产权"一节中，后者是在侵犯公民人身权利民主权利犯罪中。这就说明在具体分析刑法规范的目的时，有时各种方法的运用可能都得到相同的结论，不能因为使用一种方法而忽视其他方法的作用。

第二节　刑法目的解释的基本立场

通常情况下,刑法规范的内容依靠文义解释可以确定,这主要是因为在刑法规范表述与日常生活用语之间不会出现太大差异的情况。例如,不管哪一种解释方法,都不会将成年男子解释为妇女,进而将拐卖成年男子的行为解释为拐卖妇女罪。与其他方法一样,目的解释的要旨在于确立刑法规范的内容,并进而论证在刑法视野内如何评价行为。

一、解释法律从来都是具有目的性的行为

否认目的解释的方法,认为刑法文本本身没有什么目的。所有的解释都是解释者将自己的观念加入刑法文本中,是将解释者所理解的目的掺入刑法规范的做法。并且认为,在法律客观目的这个讲究的标签下所要出卖的,其实就是解释者自己放进法律中的目的。[1] 急于否定目的解释的心情可以理解,其基本理由大体如下:(1)现代法治视域中的解释,基本上都是建立在分权理论上,即司法必须恪守职责而不能逾越立法雷池半步。(2)任何法律文本的解释只有坚守对立法所创制规范的忠诚,才能够保证刑法文本的稳定性,进而才能够避免司法肆意出入个罪,戕害公民人权。(3)刑法立法工作一旦完成,文本一旦确定,文本本身并没有什么特定的含义。对文本的理解就是对立法目的或立法意图的追寻。但是,从来没有无缘无故的立法,立法作为公共秩序保障的活动,其一定是针对现实生活中极其突出的问题在法律创制层面上的反映。例如,当社会生活中没有出现信用卡以及信用卡犯罪时,立法断然不会增设诸如信用卡诈骗罪、妨害信用卡管理罪等罪名。因此,刑法立法具有极强的目的导引性。任何法律均有其规范意义和目的,解释法律乃在实践法律的意旨,因此解释法律时必须想到:"为何设此规定,其目的何在?"

诚然,现代法治的建立强调立法和司法的分权,但目的解释论也未必就是要实现司法权的扩张,甚至侵蚀立法的领地。人们不能将司法解释中司

---

〔1〕 参见[德]英格伯格·普珀:《法学思维小学堂》,蔡圣伟译,北京大学出版社2011年版,第69页。

法权的扩张一概理解为目的解释导致的结果。例如,2001 年 4 月 9 日最高人民法院、最高人民检察院发布的《关于办理生产、销售伪劣商品刑事案件具体应用法律若干问题的解释》第 6 条第 4 款规定:“医疗机构或者个人,知道或者应当知道是不符合保障人体健康的国家标准、行业标准的医疗器械、医用卫生材料而购买、使用,对人体健康造成严重危害的,以销售不符合标准的医用器材罪定罪处罚。”上述司法解释将个人购买、使用的行为也认定为犯罪的做法,显然突破了生产、销售不符合标准的医用器材罪的边界,系对刑法立法的扩张。但是,这并不能说上述司法解释因为采取目的解释而造成上述后果,恰恰相反,司法解释正是没有有效地识别刑法具体罪名的规范目的而造成上述后果。如果司法解释意识到刑法规制生产、销售不符合标准的医用器材行为在于防止上述具有产品缺陷的行为流入市场,进而扰乱市场秩序,并对潜在的购买者的人身、财产构成威胁,那么,个人购买和使用的行为,一则没有扰乱市场秩序,二则也没有对流通中的购买该商品的消费者的利益构成侵害,自然不能认定上述行为构成本罪。实际上,正如主张目的解释的学者所论:“将购买不符合标准的医用器材的行为,认定为销售行为,并不妥当。”[1]

因此,在理解甚至评判目的解释的合理性时,我们首先需要注意,司法解释以及学者所做出的不尽合理的解释结论,与目的解释的运用之间是否具有联系。不能将凡是一概解释为犯罪的不合理解释,都归咎于目的解释。

目的解释也不否认刑法文本的稳定性,相反,倡导目的解释的观点通常也认为目的解释有利于维护刑法的稳定性。维护刑法的稳定性并不意味着对刑法文本的解释就一定采取字面解释或文义解释而排挤其他解释方法。在文义解释不能为刑法规范提供明确的界定时,文义解释的有效性便大打折扣。况且,在很多的情况下文义解释有时得出的结论并不能有效解决疑难案件。解释法律,必须先从法条的文义出发,即依照条文用语的普遍以及特殊法律使用方式来解释法条的意义(文义解释方法)。但若法条文义不明,而具多种含义时,则应借助法条在整个法律体系的关系(系统解释方法),以及法条产生与沿革的过程探究法条的意义(历史解释方法)。并且,

---

〔1〕 张明楷:《刑法学(下)》(第 5 版),法律出版社 2016 年版,第 745 页。

探究法条规范之客观目的，在法条解释中扮演重要功能（目的解释方法）。[1] 例如，是否能够将超标的电动车解释为机动车，并进而将醉酒驾驶超标电动车的行为认定为危险驾驶罪？如果按照文义解释的基本原理，电动车和机动车是两个排斥的关系，机动车和电动车无论从车型上，还是从车辆的结构上看，都有很大的不同。如果将二轮的电动车解释为四轮的机动车，则显然是违背文义解释所恪守的文字的核心含义的。但是，实践中，通常认为上述行为构成危险驾驶罪。[2] 显然，在解释的过程中，司法裁判并不是首先从电动车和机动车的区分入手，来论证超标电动车是机动车的，如此解释，恐怕永远无法达成共识。解释者只有从规范目的保护的角度出发，认为危险驾驶罪所侵害的法益是不特定的多数人的生命、财产安全，并从超标的电动车和机动车的时速、驾驶安全等诸多因素综合考虑，才可以得出上述行为构成危险驾驶罪。

进一步讲，如果过度依赖文义解释，反而可能危及刑法文本的安定性。因为，文义解释推向极致的话，则可能会得出如下结论：凡是不符合文义解释原理的行为，都是立法的疏漏，进而主张刑法立法应当及时修改或增设新的罪名。[3] 这会导致刑法文本会在社会发展中跌宕起伏，进而有损其稳定性。实际上，刑法文本的稳定性，表达的是人们对于法秩序的保守性期盼，因为在规则林立的社会中，人们通常并不是在立法之后，通过精心阅读、理解法律才安排自己的生活。反而是在根据自己的经验知识来理解规则。经验性地理解刑法规范，能够使刑法规范镶嵌于人们的生活之中，并最大限度地符合人们的价值预期。

刑法用语的相对性，也决定了对刑法规范采取目的解释是可行的策略。尽管古典意义上的法学理论一直都强调刑法用语的统一性，但这也仅仅是一种理想。语言从语义哲学向语用哲学的转向，已经表明语境本身就是刑法解释不可以脱离的场域。不同的语境，在根本上反映了同一用语在不同规范中的价值内涵。例如，人们显然不能将暴力干涉婚姻自由罪中的暴力，等同于抢劫罪中的暴力，也无法将财产犯罪中的“数额较大”统一都界定为

---

〔1〕 参见林山田、许泽天：《刑法要论》，台北，元照出版有限公司2006年版，第47页。

〔2〕 参见浙江省杭州市萧山区人民法院刑事判决书，(2012)杭萧刑初字第603号。

〔3〕 具体的反思性观点请参见熊永明：《建言增设新罪现象的反思》，载《法学论坛》2015年第3期。

一个标准。

倡导规范目的解释，并不否认立法的作品——刑法文本的权威性，对刑法文本作出与语义中心含义完全不尽一致的解释，也不是挑战或亵渎刑法立法，而是在维护刑法文本安定性与社会变动性之间平衡的技术考量。例如，对于实践中出现的形式上伪造居民身份证的行为，如何定性？就存在争议。行为人因自己身份证丢失而伪造自己居民身份证的行为，如果从文义解释上看，行为人的行为的确属于伪造居民身份证，甚至从法益保护上看，行为人的行为也的确侵害了居民身份证的管理制度，但是，如此理解，则实际上是对规范目的的误读。刑法规定伪造、编造身份证罪的规范目的在于保障他人的居民信息不被滥用，或者其他公民的居民身份证不被复制、非法使用。因此，需要对之予以目的性限缩，将形式上伪造居民身份证的行为排除在犯罪。实践中，通常是以基于《刑法》第 13 条但书的规定，予以出罪。[1] 但毕竟，以但书作为出罪依据难以具有操作性的标准，因为行为是否属于情节显著轻微、社会危害不大的认定，更多的时候可能是司法裁量基于对社会舆论的回应，难免缺失规范性。从规范层面上看，宜将伪造居民身份证罪中的伪造行为界定为伪造他人身份证或伪造自己身份证情节严重[2]的情况。

二、以法益为核心的考量是目的解释的主要方法

犯罪的本质是法益侵害性，刑法的目的是保护法益。[3] 将法益保护作为刑法目的解释，具体的判断方法为：

(1)没有法益侵害的行为，不能进行刑法评价。法益概念具有相对的客观性，相比于其他危害而言，法益侵害具有较为明确的判断。法益概念的产生，具有革命性的意义在于以法益作为犯罪的本质，摒弃了一般的“恶害”的抽象性的、笼统性的评价体系。犯罪的评价有了更为客观化的认定和操作标准。法益的实质是刑法保护的利益，法益侵害是行为入罪的必要条件。易言之，如果行为没有造成法益侵害，则无论如何不能评价为犯罪。例如，行为人撰写了诬告陷害他人的信件，但并没有将信件邮寄出去，则不能认定

[1] 参见沈志先主编：《法律方法论》(第 2 版)，法律出版社 2014 年版，第 364 页。

[2] 情节严重宜界定为伪造自己身份证用于从事违法犯罪活动、多次伪造等情形。

[3] 参见张明楷：《刑法理念与刑法解释》，载《法学杂志》2004 年第 4 期。

行为构成诬告陷害罪。

（2）脱离刑法规范之外的行为，即便造成法益侵害，也不能作有罪处理。例如，夫妻二人在公共场所发生性关系的行为，尽管对普通公众的性价值观念和善良风俗构成了侵害，但是不能因此而认为行为人构成聚众淫乱罪，上述行为难以被聚众淫乱罪的规范涵摄。行为造成了法益侵害，不构成A罪，但如果符合B罪的构成要件要素要求，则应当以B罪认定，而不能得出无罪的结论。例如，行为人拐卖成年男性的行为，从法益侵害看，侵犯了他人的人身自由，具体包括被害人的行动自由和人身自由。但是，因为拐卖妇女、儿童罪的构成要件要素无法将行为涵摄，因此，对于人身不可买卖的侵害，则不能依据《刑法》第240条的规定进行评价，而只能评价被害人行动自由受到侵犯的法益，如若构成非法拘禁罪，则按照非法拘禁罪论处。故此，行为造成了多个法益的侵害，并不意味着所有的法益侵害的内容都可以被评价，是否能够被评价，应当以规范的内容为尺度，当刑法规范无法将具体的某种法益侵害要素涵摄时，则应当摒弃。详言之，法益侵害判定的目的在于为规范的选择和确定提供方向，而非超出规范的类型。

（3）当规范用语出现了模糊性的、边缘语义时，法益侵害可以型构规范内容，并充实规范的内涵。这种情况主要出现在通过文义解释无法得出妥当的结论或者解释的结论摇摆不定时，就需要考察具体刑法条款所要保护的目的。例如，对于同性之间卖淫的情况，单纯从文义解释的角度难以认定行为是否构成刑法意义上的“卖淫”，此时就需要考虑组织卖淫罪的规范保护目的是什么？由于《刑法》第358条第1款仅仅规定了“组织他人卖淫”，而没有限定明确表述他人的性别。结合全国人大常委会《关于严禁卖淫嫖娼的决定》的规定，可以明确刑法惩治此类犯罪的目的。[1] 在上述决定中，也没有明确地指明他人是否仅限于异性，而在社会实践中组织同性卖淫的情况日渐增多后，将组织同性卖淫认定为组织卖淫罪并不存在解释上的障碍。同理，在强迫多人卖淫或者多次强迫他人卖淫的情况中，也可以包括同性卖淫。持否定的观点可能会认为，《刑法》第358条第2款规定了强迫不满14周岁的幼女卖淫，据此认定第3款、第5款中的卖淫不应当包括同性卖

---

〔1〕 全国人民代表大会常务委员会1991年9月4日通过的《关于严禁卖淫嫖娼的决定》规定：“为了严禁卖淫、嫖娼，严惩组织、强迫、引诱、容留、介绍他人卖淫的犯罪分子，维护社会治安秩序和良好的社会风气。”

淫。笔者认为,《刑法》第358条第2款的规定属于强迫他人卖淫的特别事由,对照该条第2款和第3款的规定看,在强迫不满14周岁的幼女卖淫时,其入罪门槛较低,并不要求多次,这是出于对幼女的特别保护的立法事由。但并不能因此而否定强迫多人卖淫或多次强迫他人卖淫中的卖淫仅限于异性之间。第2款和第3款之间的关系是并列性的关系并且在构成要件上有明确的区分,易言之,二者的危害程度相当。基于此,如果认为该条第3款中不包括同性卖淫,则会得出强迫他人卖淫罪和组织他人卖淫罪的法定刑相同,但后者包括同性卖淫,而前者却不包括同性卖淫,两种危害程度相当的行为,却不处罚前者而处罚后者的不合理情况。

第三节　作为一种方法的刑法目的解释

形式解释和实质解释是当前我国刑法学界重要的学术立场之争,但二者对于刑法目的解释的理解存在一定的误解。形式解释论通常排斥刑法目的解释,但是在具体个罪的解释中,也会考虑到解释的结论是否符合规范的目的指向。实质解释论尽管主张目的解释,但是在目的解释中也存在背离规范目的的做法。不能笼统地以是否承认目的解释或接受目的解释来作为判断形式解释和实质解释的标准。

一、形式解释和实质解释均不排除目的解释

形式解释论认为,罪刑法定原则与形式解释之间具有天然的联系。"罪刑法定原则的形式理性为形式解释论提供了思想资源,同时也为我国当前的刑法知识给予了理念支撑。"[1]实质解释论认为,通过实质犯罪论,结合国民的规范意识,对犯罪进行实质的判断是妥当的。[2] 我国有学者认为,关键在于如何理解罪刑法定,如果说形式解释意味着要遵循罪刑法定原则,则实质解释与形式解释二者是统一的。但是,倘若说形式解释就是字面解释,则应当在解释论上坚持实质解释。"在实质解释论来看,既不是绝对的

---

〔1〕 陈兴良:《形式解释论的再宣示》,载《中国法学》2010年第4期。
〔2〕 参见张明楷:《寻衅滋事罪探究(上篇)》,载《政治与法律》2008年第1期。

形式优先，也不是绝对的实质优先，而是取决于冲突的内容。”[1]二者分歧的缘由是对罪刑法定原则的不同理解，需要反思的是，罪刑法定原则果真与刑法解释之间具有如此大的关联吗？其实，“刑法解释的目标并不是贯彻罪刑法定原则，因为罪刑法定在技术上没有制约作用”[2]。罪刑法定原则仅仅是一种理念暗示，具体的解释技巧与罪刑法定原则之间可能并没有关联，至于学者们讨论的刑法解释是否违背罪刑法定原则，其实并不是解释方法与罪刑法定原则的抵牾，而是解释结论难以符合人们心中的预期，进而反过来质疑解释的结论是否符合罪刑法定原则的要求。

人们念念不忘罪刑法定原则并将此作为自己解释刑法的指导，并且认为刑法解释是为了贯彻罪刑法定原则。罪刑法定原则向我们展示的无非是刑法司法不得逾越立法雷池半步，刑法立法对司法形成文本上的制约。而在解释的过程中，由于很难判断立法的意图以及刑法文本的准确含义，所以重要的不是解释是否贯彻罪刑法定原则，而在于解释的结论是否合理。在刑法学界随处可见的现象是，对同一问题截然相反的两种结论都认为自己的解释是在贯彻罪刑法定原则。由此印证了笔者的判断，罪刑法定原则在刑法解释中也可能是强化解释者预断或解释结论的工具而已，司法语境中操作层面的罪刑法定原则远远没有理论者那样被奉若神龛。当然，这并不是否定罪刑法定原则在近现代刑法中的地位，而是就具体解释方法而言，未必动辄要以罪刑法定原则为具体的解释理由作论证。只有在解释的结论明显超出刑法用语含义的时候，即刑法没有规定时，才需要考虑这种解释是否真的背离了罪刑法定原则。例如，刑法规定了倒卖车、船票罪，如果将倒卖飞机票或者电影票的行为也认定本罪，则明显就是超出了车票、船票的范围。

退一步讲，即便罪刑法定原则真的对刑法解释具有制约作用，那也只是在刑法处罚出现明显漏洞的时候，解释者无论如何将之解释为个罪的构成要素都难以获得妥当性结论时，罪刑法定原则的检验功能才得以彰显。因此，在具体解释过程中，结合具体罪名的规范目的，就需要根据具体的情况具体分析。例如，被害妇女甲之前与行为人乙在宾馆房间达成发生性关系的意思，但是此后，乙强行变更地点要求与甲在宾馆楼道内发生性关系，此

---

〔1〕 张明楷：《实质解释论的再提倡》，载《中国法学》2010年第4期。

〔2〕 肖中华：《刑法目的解释和体系解释的具体运用》，载《法学评论》2006年第5期。

时，就需要重新考虑乙的行为是否违背了被害妇女的意志。不能因为甲与乙之间的性关系意思一致而否定后行为不构成强奸罪。基本理由是，刑法规定强奸罪的规范目的在于保护妇女的性自由，性承诺是性自由的集中体现。但是，性承诺同样是具有相对性的，超出一定范围的性承诺，就可能被认定为无效。即便被害妇女没有明显的反抗，但在公共场合的楼道内发生性关系，已经与在密闭空间发生性行为的性质有根本的不同，根据社会经验的常识和判断，可以认定属于违反妇女意志的行为。[1] 在刑法已经规定了具体罪名的构成要件要素之后，解释者心中应当始终谨记的是"文本是如何规定的"，而非"罪刑法定原则是如何指导刑法解释的"。过度强调罪刑法定原则的理念对刑法解释的制约，实际上并无助于刑法教义学的发展。真正需要我们关注并为之努力的，应当是解释的技巧和方法，以及如何衡量、检验解释结论的妥当性。罪刑法定原则作为强大的话语体系，其在立法阶段中阻却刑法立法漫无目的地入罪，显然要比在司法阶段中试图捆绑司法的贡献要大得多。[2] 联系到《刑法修正案(九)》对扰乱法庭秩序罪的增设，就更能够清楚地看到这一点。《刑法修正案(九)》拟将侮辱、诽谤、威胁司法工作人员或诉讼参与人，不听法庭制止的行为以及其他严重扰乱法庭秩序的行为犯罪化，如果不限制"其他严重扰乱法庭秩序的"的含义，则实际上可能会造成对辩护群体的毁灭性打击，在这种制度设计中，刑事审判的控辩对抗性将不复存在，整个刑事审判无疑蜕变为裁判者与控方的合谋，审判将徒有形式而没有任何法治的元素。[3] 此时，对于捍卫法治的公民而言，罪刑法定原则是最有力地扭转立法错误导向的利器。在现代法治中，罪刑法定原则的基础是民主主义和人权保障，任何制度上的设计都应该有助于促进民主的实现和人权的保障，以防范通过立法悄无声息的制度性掠权，这就要求刑法立法对于增设新罪的建议必须经过广泛的辩论才能够达成共识，而不是立法者强行推行的结果。如此，罪刑法定原则的法治功能才能够得以彰显。

---

[1] 参见王然主编：《刑事典型疑难问题适用指导与参考——侵犯公民人身权利、民主权利罪卷》(第4分辑)，中国检察出版社2013年版，第180页。

[2] 参见姜涛：《刑法立法阻却事由的理论界定与制度前景》，载《中国法学》2015年第2期。

[3] 参见陈兴良：《扰乱法庭秩序罪的修订：以律师为视角的评判》，载《现代法学》2016年第1期。

形式解释与实质解释的争论在学理上的确具有重大意义，是促成学派形成的必经阶段。但是，二者之间的差异可能是被人们“建构”出来的。同样地，在被“建构”的差异的基础上，形式解释论对目的解释的指责在很多情况下也并非完全合理。实质解释论中存在的问题，并非全部是目的解释的过错。在实质解释论的语境中，目的解释也仅仅是一种解释的工具。目的解释只是为人们甄别法律规范，并为刑法解释提供尽可能符合规范要旨的方法，其功能不能被夸大为所有解释方法的检验标准或解释方法的桂冠。对个案解释得无罪或有罪，有时并不完全是解释方法导致的结果，也取决于解释立场或者解释者的预判。解释方法或解释理由无非为了进一步证明或论证解释者的判断。在教义学的范围内，我们真正需要关注并为之进一步努力的是，如何合理有效地确定刑法规范目的，并在此规范目的指引下，去仔细辨别解释者的价值预判，以形成可以令人接受的解释结论。

有学者认为，“任何解释行为都是充满了强烈目的性的行为，任何解释也就最终都是一种目的性解释”[1]。在这种意义上，形式解释也不可能是完全脱离目的性的解释方法。质疑目的解释的观点认为，将法益侵害和刑法目的作为认定犯罪的实质标准，极易出现有法益侵害即为罪这种危险的情形。[2] 但这种批评是有问题的，从来没有任何一个实质解释论者认为只要有法益侵害就认定为犯罪，例如，夫妻二人在公共场所发生性行为，显然对人们的性价值观念和善良风俗构成了侵害，但是，从来没有发现实质解释论者将上述行为也解释为犯罪。其实，目的解释以及与之有密切关联的实质解释，并非质疑者所说的对犯罪的评价蜕变为赤裸裸的有害即有罪的逻辑。

形式解释论者在解释刑法时，也在探究刑法规范的目的，而不是纯粹的概念法学所主张的逻辑演绎。例如，形式解释论也认为组织同性卖淫的行为构成组织卖淫罪。在其分析理由中明显地指出规范目的对刑法解释的意义，在众多理由中，至少在如下两方面涉及对刑法目的的探寻。(1)无论是异性卖淫还是同性卖淫，均违反基本伦理道德规范，毒害了社会风气，败坏了社会良好风尚。(2)根据刑法解释原理，对刑法用语，应当适应社会发展，

---

〔1〕 林维：《刑法司法解释的真实逻辑》，载《南京师大学报（社会科学版）》2013年第1期。

〔2〕 参见崔嘉鲲：《实质解释论：一种无法克服的矛盾——对于刑法解释边界的探讨》，载陈兴良主编：《刑事法评论》（第28卷），北京大学出版社2011年版。

结合现实语境,作出符合同时代一般社会观念和刑法精神的解释。[1] 而上述理由(1)分明是对组织卖淫罪具体规范目的的论述,只不过在论述方式上采取了“隐蔽”的策略。即没有明确地从正面论述,刑法规定组织卖淫罪的目的是保护社会的公共风俗,而是从行为的危害角度进行论述,但这并不妨碍可以得出形式解释论也注重刑法目的的结论。至于理由(2)是对理由(1)的补足,同样是探寻刑法规范目的的具体阐述,并且有限度地接纳了客观解释的合理性。目的在形式解释论中同样具有指引的功能和意义。而不是部分形式解释论说所得“真正跟形式过不去的,不是实质,而是目的”[2]。

尽管部分形式解释论者采取主观说,但是主观解释试图探究的最初规范意旨正是一种客观事实。相反,所谓的客观解释却是主观的法官造法。[3] 因此,刑法学界所建构的主观目的和客观目的之间的差异并没有学者们想象得那么大。不能说文义解释就是形式解释,论理解释或漏洞补充就是实质解释;它们都只是具体的解释方法,而形式解释与实质解释却是解释的立场——它与解释方法是不同层面的范畴,可以按照自己的需要选择不同的解释方法。形式解释和实质解释的区别不是方法论上的区别,而是立场上的区别。[4] 而所谓的立场,其实就是解释者自己的价值预设,这种价值预设更多地表现为解释者的一种价值偏向。人们在解释刑法时,总是先有初步的结论,然后再去寻找各种解释的技巧或理由,因此,解释的结论的差异更多时候并不单纯是解释方法或解释理由的问题。

刑法学界有一种观点认为,“形式理性视野下的刑法解释的目的是追求法律的合法性,获得法律的安定性,从法律应有之义的角度来解释法律;而实质理性下刑法解释是一种对刑法规则的自足性的一种突破,力图从在法律规则之外寻找正当性根据”[5]。但这种对形式理性和实质理性以及与之相关的解释论的点评是有疑问的。(1)形式理性追求刑法的安定性,不意味

---

[1] 参见陈兴良:《组织男性从事同性性交易行为之定性研究》,载《国家检察官学院学报》2005 年第 2 期。

[2] 邓子滨:《中国实质刑法观批判》,法律出版社 2009 年版,第 43 页。

[3] 参见[德]魏德士:《法理学》,丁晓春、吴越译,法律出版社 2005 年版,第 346 页。

[4] 参见欧阳本祺:《走出刑法形式解释与实质解释的迷思》,载《环球法律评论》2010 年第 5 期。

[5] 杨高峰:《刑法解释过程论纲》,光明日报出版社 2013 年版,第 54 ~ 55 页。

着实质理性放弃刑法的安定性。探求刑法规范目的,而不主张动辄修改,其实就是追求刑法的安定性。(2)实质解释也没有放弃刑法的合理性追寻,合法性与合理性的差别也远没有想象得那么大。(3)实质理性视野下的刑法目的解释,从来没有放弃在刑法体系之下解释刑法用语,更没有主张在法律规则之外寻找正当根据。目的解释主张的法益对构成要件要素的指导性作用,完全是从构成要件的法定性的角度论述的,是为了填充与丰富而非破坏构成要件的完整性。例如,对空白罪状的认定,仅仅依靠刑法典的规定是无法界定的,此时只能通过寻找附属刑法中对此问题的相关规定,予以补足空白罪状的要素。因此,无论是形式解释还是实质解释,其都是力图追求刑法的稳定性和合理性。

尽管形式解释论主张在刑法解释时应当恪守严格解释,但是在《刑法》分则中,形式解释论的这种立场也会悄悄地发生变化,在具体的问题上同样基于刑法规范目的的考虑而可能主张目的性扩张。例如,《刑法》第 116 条破坏交通工具罪只规定了五种法定的交通工具,即火车、汽车、电车、船只、航空器。实质解释论一般主张对其中的汽车做扩大解释,即包括大型拖拉机,因为破坏大型拖拉机也会发生危害公共安全的结果。[1] 这种解释显然是从基于法益侵害即公共危险的角度考虑,并采取了同类解释的规则,具有明显的目的导向性。与实质解释相比较,形式解释论在此方面似乎走得更远,更看重刑法具体规范目的。形式解释论认为,对汽车不应做过于狭窄的解释。火车应当包括在城市市区内的轻轨列车;汽车应当包括大型拖拉机;电车应当包括所有使用电力的交通工具例如地铁、旅游区的大型索道车、游乐园中的过山车、高架缆车等。[2] 从上述分析来看,很难说形式解释是恪守严格解释的立场。因为按照严格解释的基本原则,拖拉机和汽车是完全两个不同的事物,将拖拉机解释为汽车实际上采取的是寻找二者之间的质的同类性。

因此,在具体的法律发现中,必须再回到有法律指称的类型中去寻找。其中,就是所谓目的解释的基本面向。它不是对抽象定义的法律概念予以

---

〔1〕 参见张明楷:《刑法学(下)》(第 5 版),法律出版社 2016 年版,第 697 页。

〔2〕 参见陈兴良主编:《刑法学》,复旦大学出版社 2003 年版,第 463 页。

加工,而是对在其后所存在的类型进行加工,它是从“事物的本质”加以论证。[1] 因此,无论是形式解释还是实质解释,在将拖拉机解释为汽车时,其理论前提就是《刑法》第116条规定的“汽车”不是特指现实生活中作为具体事物的汽车,而是一个如考夫曼所说的开放性的类型。刑法旨在维护与保障公共交通道路安全和人们生命、财产安全的价值导向,决定了放弃将拖拉机解释为汽车的做法,反而不尽合理。至此,可以得出如下结论,并非只有实质解释论者才采取目的解释。实质解释论和形式解释论在面对疑难案件时,都会考虑到用具体刑法规范的条文来对刑法用语做出符合规范的目的解释。易言之,当目的解释有利于证成解释的立场时,目的解释就会被解释者运用。也正因如此,当形式解释和实质解释在具体问题的结论形成一样的预判时,目的解释都会被双方毫不吝啬地加以运用,尤其是对形式解释而言,甚至松动了其一贯主张文义解释优先的严格解释立场。

二、形式解释对目的解释的误解及其澄清

形式解释论在质疑实质解释的解释结论不当时,大有将所有罪责归于目的解释的倾向。例如,有观点认为,正是借助于目的解释,实质解释论不仅将交通肇事后留在原地不对被害人进行救助的行为认定为交通肇事后逃逸,将冒充军警人员抢劫的冒充解释为包括假冒与充当等。[2] 但是,如果仔细推敲实质解释论的观点论证,就不难发现,其实,目的解释并没有如此大的功能,实质解释论也并非凭借目的解释就可以得出上述解释结论。

1. 交通肇事后留在原地不对被害人救助的行为

实质解释论者认为,刑法之所以仅在交通肇事罪中将逃逸规定为法定刑升格的情节,是因为在交通肇事的场合,往往有需要救助的被害人,进而促使行为人救助被害人。所以,应当以不救助被害人(不作为)为核心理解和认定逃逸。并据此认为,发生交通事故后,行为人虽然仍在原地,但不救助受伤者的,应认定为逃逸。[3] 不难发现,实质解释论的上述结论是建立在对司法解释关于“逃逸”理解的反驳的基础上的。根据2000年11月21

---

〔1〕 参见[德]阿图尔·考夫曼:《法律哲学》(第2版),刘幸义等译,法律出版社2011年版,第149页。

〔2〕 参见劳东燕:《刑法中目的解释的方法论反思》,载《政法论坛》2014年第3期。

〔3〕 参见张明楷:《刑法学(下)》(第5版),法律出版社2016年版,第722页。

日《最高人民法院关于审理交通肇事刑事案件具体应用法律若干问题的解释》第5条第1款规定,“因逃逸致人死亡”是指行为人在交通肇事后为逃避法律追究而逃跑,致使被害人因得不到救助而死亡的情形。实质解释论正是在否认上述司法解释的基础上,才得出交通肇事后留在原地,不对被害人救助也构成逃逸的结论。但是,这种解释是否是目的解释呢?“解释者与法律文本的关系应该是一种服从和被服从、描述与被描述的关系,它应该遵从作为解释对象的法律文本的权威,受解释对象的制约,负有忠实于解释对象的责任。”[1]鉴于司法解释与刑法典一样都属于具有效力的文本,因此,司法解释也应当属于上述广义的法律文本。同法律一样,司法解释也不是随意嘲笑的对象。[2] “目的解释法,是指法律的解释者运用法律的目的来确定法律文本的真实含义的理论。”[3]纵览迄今所有关于目的解释的界定,无外乎都认为是对有效的法律文本(包含司法解释)的解释。因此,当文本对刑法用语界定不清晰时,才可能运用目的解释。但是,上述实质解释论采取的逻辑,显然不是建立在文本有效性的基础上的,而是对明确的文本含义的颠覆,既非拓展也非限缩。因为这已经不是在解释文本,而是在重构文本。既然如此,形式解释论所指责的实质解释论正是借助目的解释来认定交通肇事逃逸后,仍留在原地不救助的行为为逃逸的说法显得有些错位。

2. 真正的军警人员抢劫

实质解释论的有些学者认为,军警人员显示其真实身份抢劫比冒充军警人员抢劫,更具有提升法定刑的理由。故军警人员显示其身份抢劫的,应认定为冒充军警人员抢劫。[4] 如前所述,形式解释论者认为,这同样是实质解释借助了目的解释而得出的结论。但这种理解存在疑问。实质解释论采取的逻辑进路是比较真的军警人员抢劫和假的军警人员抢劫的二者的危害,并在此基础上依据罪刑均衡的原则认定真正军警人员抢劫也被解释为冒充军警人员抢劫。但是这种分析的逻辑,并不是目的解释,而是一种事实

---

〔1〕 张志铭:《法律解释操作分析》,中国政法大学出版社1998年版,第22页。

〔2〕 参见齐文远、周详:《刑法司法解释立法化问题研究》,中国人民公安大学出版社2010年版,第1页。

〔3〕 蒋惠岭:《目的解释法的理论及适用》(上),载《法律适用(国家法官学院学报)》2002年第5期。

〔4〕 参见张明楷:《刑法学(下)》(第5版),法律出版社2016年版,第994页。

的比较,属于当然解释中的“事理逻辑”。[1] 目的解释尽管也考虑利益的衡量,但是这种利益的衡量应当是规范内的思考,即目的解释是规范内的解释,而非日常生活中孰轻孰重的比较,否则也就无所谓解释了,人们只要根据朴素的道德判断和基本的法律情感,就可以径直对行为定性。“法律者的判断力(受过法学专业训练的判断力)通常为其指明合适结论存在何处的正确直觉,如什么是合理的利益权衡。尽管如此,法律者也不能过于依靠其法律情感。法律者有关案件处理的直觉只是一种先见,需要接受批判性的审查。”[2] 对于刑法解释而言,这种批判性审查就是类型化的构成要件。根据《刑法》第263条的规定,刑法惩治冒充军警人员旨在通过加重处罚,规制混淆军警身份的抢劫行为,并非在于加大对军警人员的管理,如果将真正的军警人员抢劫解释为冒充军警人员抢劫,那么,就意味着是《刑法》第263条处罚的目的在于从严治理军警。即加重对冒充军警人员处罚的规范目的与刑法规定的国家工作人员在犯特定罪名后从重处罚的规范目的不尽一致。由此可见,上述实质解释论的问题并不在于滥用了刑法目的,恰恰是因为没有查明刑法目的,才得出不合理的结论。尽管随着2016年1月6日《最高人民法院关于审理抢劫刑事案件适用法律若干问题的指导意见》的出台,关于冒充军警人员抢劫的理论纷争暂时平息,但上述理论界质疑与指责目的解释时的思路却值得进一步思考。

尽管“形式论者更为看重文义解释,倾向于以日常的语义来判断构成要件的范围”[3]。但是在文义解释并不能有效得出合理结论的时候,形式解释论也不否认目的解释。例如,按照文义解释的方法,在侦查期间被羁押的妇女,无论如何不能被解释为审判时怀孕的妇女,严格的文义解释的结论是在侦查期间被羁押的妇女由于不属于审判时怀孕的妇女,因此其不符合不适用死刑适用的标准,但是这种解释显然无法被认同。由此看来,笼统地说“实质论解释更为青睐目的解释”[4] 的观点似乎并不成立。

---

[1] 参见李翔:《论我国刑法中的当然解释及其限度》,载《法学》2014年第5期。

[2] [瑞士]菲利普·马斯托拉蒂:《法律思维》,高家伟译,载郑永流主编:《法哲学与法社会学论丛》,北京大学出版社2010年版。

[3] 劳东燕:《刑法解释中的形式论与实质论之争》,载《法学研究》2013年第3期。

[4] 同上。

3. 质疑目的解释的叙事风格之反思

形式解释论者在质疑目的解释时存在明显的宏大叙事风格。如有观点认为,如果认同客观目的解释的立场则无异于肯定,应当以解释者认定的目的作为指导展开对相应法规范的解释。这样的解释不仅蕴含着导向无节制的实质解释的巨大危险,严重危及法适用的统一性与法的安定性,也为各种政治力量肆意操控规范的内涵提供了实现的途径。当政治的力量可以随意影响解释的结论,法教义学苦心构建的体系性制约势必成为一句空话。[1]

但是,上述叙事风格以及逻辑存在问题。(1)目的解释可能会陷入随意解释但未必等同于随意解释,其运用通常也是其他解释方法遇到问题时才启动。"解释法律,必须先从法条的文义出发,即依照条文用语的普通以及特殊法律使用方式来解释法条的意义(文义解释方法)。但若法条文义不明,而具多种含义时,则应借助法条在整个法律条文的系统关系(系统解释方法),以及法条产生与严格的过程探究法条的意义(历史解释方法)。并且,探究法条规范之客观目的,依在法条解释中扮演重要功能(目的解释方法)。"[2]指责目的解释会导向无节制的随意解释,实乃目的解释无法承受之重。(2)无论是法秩序统一原理还是法的安定性,都是相对的。目的解释主张依据社会生活的变化对刑法规范作出符合社会现实的解释,正是为了保证法的安定性。实际上,法的安定性也是目的解释所追求的。例如,日本学者木村龟二教授曾借鉴拉德布鲁赫法的目的三要素的学说认为,刑法目的、理念的三要素即正义、法的安定性、公共福利之间未必能经常达到调和。坚持法的安定性,则可能导致解释结论的不公正。避免法的要素之间的内在矛盾,应当是刑法解释的目的和宗旨。[3] 目的解释也是致力于维护刑法体系的完整性和避免刑法内部的矛盾。

其实,形式解释论也未必能够担纲起法秩序统一原理和法的稳定性的大任。宏观上的法秩序统一原理要求排除法规范之间的矛盾,排除法规范之间的矛盾要求违法判断的统一性。[4] 在解释学上,这种排除矛盾的处理

---

〔1〕 参见劳东燕:《刑法中目的解释的方法论反思》,载《政法论坛》2014 年第 3 期。

〔2〕 林山田、许泽天:《刑法要论》,台北,元照出版有限公司 2006 年版,第 47 页。

〔3〕 参见[日]木村龟二主编:《刑法学词典》,顾肖荣等译,上海翻译出版公司 1991 年版,第 76 页。

〔4〕 参见王昭武:《法秩序统一性视野下违法判断的相对性》,载《中外法学》2015 年第 1 期。

是极其困难的。因为按照法统一的原理,意味着对刑法中同一用语的解释应当尽量采取同样结论的解释。但这在刑法中几乎是不可能的,刑法中存在大量的同一词语不同解释的现象。“为维护法律用语的统一性,同一的概念用语应作相同的解释;但亦须注意法律概念的相对性。”[1]笔者认为,与其过度关注法秩序统一原理,倒不如法的协调性更为实在。即为了维护体系的完整性和协调性,未必完全遵循同一用语相同解释的方法,完全可以根据社会的发展对刑法用语作出差异性的解释。实际上,统一也仅仅是一个理念的指导原则,机械地追求单一在地域广袤的国家治理中,不仅不现实也没有必要。“在公共生活,人类的激情、无知都会遮蔽理念,为了得到圆满的结果,哲学必须通过对公共生活领域之阴影的了解来补充其对理念的知识。如果哲学意欲烛照黑暗,而不是加深黑暗,它就必须从驯服自己的激情开始。”[2]刑法解释摆脱权力控制情结的可靠途径,并不是凭借形式的或实质的解释方法就可以完成的。

第四节 刑事裁判实践中目的解释之审视

在众多刑法解释方法中,目的解释是备受争议的解释方法之一。现有文献对目的解释的研究主要集中在诸如目的解释为主观目的,还是客观目的亦即所谓的视域融合?目的解释之目的如何确定?目的解释与其他解释方法的位阶关系,目的解释在当下刑法解释学中的境遇等问题。理论上的研究为目的解释的深入展开提供了丰富的资源,但人们对于目的解释的众多问题远未形成共识。而在对目的解释进行研究时,人们却忽略了刑事司法裁判中关于目的解释的基本立场或表述是怎样的?尽管在当下刑法教义学的生态中,以解释论为核心的、面向司法的刑法学成为主流的话语和范式。但联系到目的解释,我们却并未充分认识到刑事裁判文书中目的解释的实际运用情况,这与作为实践性极强的刑法学科的定位是不相匹配的。鉴于此,本书以北大法宝为数据库,对刑事裁判文书中的目的解释的实践运

[1] 王泽鉴:《民法总则》,北京大学出版社2009年版,第42页。
[2] [美]马克·里拉:《当知识分子遇到政治》,邓晓菁、王笑红译,中信出版社2014年版,第40~41页。

作进行研究。[1] 在样本选取上,本书在“刑事案件”子栏目下,分别选取关键词“目的解释”“罪的目的”进行检索。[2] 检索结果如下:(1)以“目的解释”为关键词共检索出14篇裁判文书,与本论题相关的裁判文书为13篇;[3](2)输入关键词为“××罪的目的”,共查询到64篇刑事判决书,其中与本论题相关的裁判文书为26篇。[4] 通过研究上述39篇裁判文书,旨在发现与解决下述问题:(1)刑法裁判中目的解释的运用与理论界的关注焦点具有怎样的关系?是完全契合理论的预设还是二者之间存在偏差,以及存在怎样的偏差。(2)刑法裁判中目的解释是在什么意义上运用的?其运用的具体类型表现为哪些形式?(3)目的解释在实践运用中是否还存在知识上的问题以及裁判技术上的问题,如何来改观这些问题。

---

[1] 需要交代的前提是,对于目的解释的司法运用,或许有学者会质疑,裁判文书中可能存在没有如下文所说的“目的解释”“罪的目的”等相关表述但实际上却运用了目的解释的情况。对此,笔者认为,关键在于如何认识目的解释,如果认为包括文义解释、体系解释等解释方法都旨在阐明规范的目的,并进而将这些解释方法的运用也理解为目的解释的话,则可能存在泛化目的解释的嫌疑。况且在裁判文书并没有指明解释方法时,一种解释结论究竟是采取了什么样的解释方法,理论和实务界也并无普遍的共识。鉴于此,笔者对目的解释的研究,仍然限定在裁判者明确指明适用了目的解释的裁判文书,尽管检索的样本绝对数量较少,也一定不是全样本研究,但是至少可以指出刑法理论和实践对于同一问题的不同处理策略。虽难以达到窥一斑而略知全身的理想效果,却仍然能够反映出目的解释在司法实践中的现实处遇这一不太令人关注的现象。

[2] 在早期检索中,笔者还以“刑法目的”为关键词进行检索,共检索到6篇裁判文书,但其表述均为对犯罪人适用自首或缓刑,达到了刑罚与教育的目的,或达到惩罚与教育相结合的目的。鉴于上述裁判文书并非对个罪解释中适用目的解释,且并无具体的实质内容,因此,在行文中,放弃通过此关键词检索的裁判文书的分析。

[3] 其中,1篇判决书中的“目的解释”涉及的是在走私罪中对行为人“出入境的原因和目的解释不稳定、不合理”的司法认定,因是案件事实认定中的问题,与本论题无关。

[4] 其他裁判文书中所涉“目的”有的为非构成要件案件事实认定中行为人的目的,如为了促使他人交代余罪的犯罪事实,参见浙江省慈溪市人民法院刑事判决书,(2013)甬慈刑重字第1号;有的为目的犯中的“目的”,如证明行贿人是否具有谋取非法利益的目的,参见湖北省襄阳市樊城区人民法院刑事判决书,(2014)鄂樊城刑一初字第00184号;证明行为人是否具有诈骗罪中“非法占有为目的”,参见益阳市赫山区人民法院刑事判决书,(2014)赫刑二初字第59号。有的为行为是否达到某罪的构成要件,如辩护人认为相关证据达不到公诉机关指控田某犯抢劫罪的目的。参见四川省简阳市人民法院刑事判决书,(2015)简阳刑初字第15号等,而上述裁判文书中的目的因并未旨在说明刑法规定某罪之目的,故在样本分析中忽略不计。

一、刑事裁判文书中目的解释的适用领域

按照现行《刑法》分则的体系,通过39篇裁判文书对目的解释适用的领域进行分析,可以发现,其在司法适用中主要存在如下几个方面的特点:

(一)样本中目的解释多适用于法定犯领域

裁判文书显示,目的解释的司法裁判多适用于法定犯领域中。在样本分析中,涉及罪名较多的主要为危险驾驶罪、破坏电力设备罪、危险物品肇事罪、运输毒品罪、走私珍贵动物制品罪、非法经营罪、串通招投标罪、隐瞒境外存款罪等罪名。在自然犯中,则主要为非法侵入住宅罪、抢劫罪(转化型抢劫)等罪名。在法定犯中,尤以公共危险犯中的危险驾驶罪适用比例最高。

笔者认为,法定犯中目的解释适用比例高的理由可以从以下几个方面阐释:(1)随着法定犯时代的到来,[1]刑法中犯罪的结构发生了重大变化,仅从罪名上看,刑法中自然犯的罪名种类在整个刑法中的比例有所下降。以历次刑法修改为例,其中增设的罪名基本上都是法定犯。在对法定犯构成要件理解的过程中,需要对行为危害的法益内容进行具体的判断,而这种判断,通常要比自然犯的判断难度要大得多。例如,盗窃居民楼电表箱内的接地铜线及镀锌铜排(维护供电安全的附属设施)是否构成破坏电力设备罪,[2]就需要对上述附属设施是否能够涵摄在电力设备中进行构成要件的类型化判断。

(2)从刑法立法上看,尽管立法力图采取列举性的规定,对法定犯具体罪名的行为类型作出详细的规定,但是,基于刑法文本的静态性与社会发展的变化性之间的矛盾,决定了刑法立法均会不同程度地规定一些兜底性条款。而兜底性条款最大的问题是其范围并不明确,因此,在解释的时候,就需要探寻条文的规范目的,从而对案件事实作出判断。

(3)鉴于法定犯的构成要件如若采取叙名罪状的话,则不免导致一是刑法规定与其他非刑事法律规定之间的重复表述,二是造成刑法罪名罪状的

---

〔1〕 参见李运平:《储槐植:要正视法定犯时代的到来》,载《检察日报》2007年6月1日,第3版。

〔2〕 参见江苏省常州市新北区人民法院刑事判决书,(2013)新刑初字第0271号。

烦冗,所以在刑法立法中,对于法定犯采取开放性构成要件的空白罪状表述方式越来越普遍。在空白罪状表述中,由于涉及刑法与其他非刑事法律之间的衔接问题,而空白罪状的表述有时又过于笼统,则不免在司法认定中会出现问题。例如,在对《刑法》第 225 条非法经营罪条款中的“违反国家规定”的理解上,实践中出现了在“在县辖区内跨乡、镇间运输烟草的行为”是否构成非法经营罪?从国家烟草专卖局根据国务院授权制定《烟草专卖品准运证管理办法》的规定看,其仅规定了“省、自治区、直辖市内跨市、县运输烟草专卖品”应当办理烟草专卖品的准运证,而对一县管辖内的跨乡、镇间运输烟草的行为是否需要办理准运证以及如何办理均没有明确的规定,在这种情况下,行为是否构成非法经营罪,就会出现争议。[1] 因此,在裁判文书中就需要结合非刑事法律的规定,就刑法中非法经营罪的规范目的予以阐明。

(二)目的解释在自然犯中的适用

在为数不多的自然犯中,裁判文书中目的解释的适用呈现如下几个特点:

(1)单纯的涉及个罪的案件基本上并不会明示性地适用目的解释,例如,A 基于杀害 B 的故意而将 B 杀死的情形,任何裁判者都不会在裁判文书中指出:刑法规定故意杀人罪的目的在于保护任何自然人的生命不受非法剥夺的权益,进而认定 A 的行为构成故意杀人罪。

(2)在涉及自然犯罪名之间存在适用的复杂关系时,为进一步厘定行为的性质,此时会根据目的解释作出说明。例如,被告人张某因故携带事先购买的刀具到被害人赵某家,被害人赵某发现是张某后,邀请其进入家中,并为其端茶倒水。此后二人发生争吵,张某持刀将被害人赵某左臂及左小腿扎伤,又用手掐赵某颈部,后滞留三小时逃离现场。经鉴定,被害人赵某颈胸部和肢体的损伤程度分别为轻微伤。本案中,控辩双方均有争议,控方认为被告人张某携带凶器,强行进入他人住宅,并造成被害人轻微伤的后果,应当以非法侵入住宅罪追究其刑事责任。被害人诉讼代理人认为,张某行为构成故意杀人罪(未遂)。辩方则认为张某无罪,理由为:其一,张某进入

---

〔1〕 参见云南省富宁县人民法院刑事判决书,(2016)云 2628 刑初 2 号。

被害人家中受到了赵某的理性接待，不存在强行性。其二，张某的行为仅造成赵某轻微伤，不构成故意杀人罪或故意伤害罪。[1]

本案的焦点是在张某存在故意伤害的目的下，进入他人住宅，造成被害人轻微伤的情况，如何定性？具体涉及故意伤害罪与非法侵犯住宅罪之间的关联判断。一般认为，“非法侵入他人住宅，常常与其他犯罪结合在一起，例如，非法侵入他人住宅后，进行杀人、伤害、强奸等犯罪活动，在这种情况下，非法侵入他人住宅只是为了实现另一犯罪目的，也可以说是实施其他犯罪的必经步骤。因此，只应按照行为人旨在实施的主要罪行定罪量刑，不按数罪并罚处理。通常只是对那些非法侵入他人住宅，严重妨害了他人的居住与生活安宁，而又不构成其他犯罪的，才以非法侵入住宅罪论处”[2]。但问题是，在本案中，被害人赵某为行为人张某端茶倒水的行为，是否阻却行为人入宅的非法性。仅从形式上判断，似乎被害人赵某的上述行为表现出对张某入宅的“不拒绝”甚至“欢迎”，不属于未经允许进入他人住宅的情形。但如此判断带来的问题是，张某此后滞留赵某家长达三小时的行为，则没有办法进行评价。因此，以上述被害人赵某理性的礼让行为来解释行为人张某是否属于“非法侵入他人住宅”，仍然是一种自然主义或裸的事实地判断，而非规范性的判断方法。换言之，在根据一般人的经验判断无法认定行为的性质时，裁判者就需要借助目的解释以进一步阐释行为的性质。而此时，如若裁判者不表明解释的方法，通常会遭受到人们“感官正义”上的质疑。

因此，在裁判文书中明示刑法个罪的规范目的，至少可以适度平息上述挑战，并可以增强判决的说理性。正如上述裁判文书所指，被告人张某事先准备刀具，进入被害人家中时将刀具藏匿于背包，虽被害人未有不得进入的明确表述，且在之后采取了让座、倒水等理性方式对待，但绝非被害人自愿邀请张某进入住宅。张某以带刀这种危险方法极怀有恶意进入被害人家中，并且在之后实施了持刀致被害人胳膊、腿部轻微伤，手掐被害人脖子致轻微伤的行为，其主观上具有“非法侵入”的故意性，属于非法侵入住宅罪中的“非法侵入”之情形。张某在被害人家中的暴力行为，滞留三个小时之久，严重影响了他人的正常生活和居住安宁，已无须被害人明示让其“出去”之

---

〔1〕 参见天津市和平区人民法院刑事判决书，(2015)和刑初字第0144号。

〔2〕 张明楷：《刑法学(下)》(第5版)，法律出版社2016年版，第907页。

言语,亦属于"拒不退出"之情形,符合非法侵入住宅罪的构成要件。刑法规定非法侵入住宅罪的目的是保护公民的住宅安全,这里隐含着保护公民的人身安全和财产安全的意思。现已查明被告人张某对被害人的目的行为是故意伤害,造成了被害人轻微伤的后果。在尚未达到故意伤害定罪标准的情况下,此伤害行为视为非法侵入住宅的持续行为和后果,不存在无法评价的情况。[1] 此外,在涉及部分转化型犯罪是否存在未遂的问题上,司法裁判也会运用目的解释予以阐明。

二、司法裁判中目的解释运用的类型分析

为进一步展示刑法司法裁判文书中目的解释的实践运用,本书基于对目的解释运用所意图解决的问题为标准,对目的解释运用的具体情况予以类型分析。

(一)通过目的解释界定与刑法用语核心文义关联的行为性质

对于案件事实与刑法用语核心文义相互吻合的情况,裁判文书并不会特意指明目的解释。例如,A 基于非法占有的目的,窃取 B 价值 1 万元的电脑,在此类普通案件中,并不需要花费笔墨指明刑法设定盗窃罪的目的在于保护他人的财产权利。对于裁判者而言,甚至直接套用司法三段论的逻辑就可以解决,学理上所说的刑法解释在这些案件中发挥的作用其实微乎其微。但是,如果案件事实与刑法用语核心文义之间未必吻合时,则就不能否认具体解释方法的功能。

在裁判实践中,对于与刑法用语核心文义具有关联性的行为定性时,由于采取文义解释的方法拿捏不准,会通过目的解释来为评价此类行为提供依据。例如,2013 年 7 月 10 日、13 日,被告人杜某某先后 2 次至本市某小区,采用老虎钳扭、扳手扳等手段,窃得该小区内 325 幢、329 幢、330 幢、331 幢楼层中正在使用的电表箱内的接地铜线 12 根、接地镀锌铜排 25 块。造成上述电力设备被破坏,致该 4 幢居民楼电路失去接地保护。当发生雷击、漏电等情况时可能导致电表箱、家用电器带电,危及该 4 幢楼内居民等人的人身、财产安全。被告人杜某某对起诉指控的犯罪事实供认不讳,对公诉机关

---

[1] 参见天津市和平区人民法院刑事判决书,(2015)和刑初字第 0144 号。

提交的证据未提出异议。其辩护人提出,被告人杜某某盗窃的接地铜线、接地镀锌铜排不属电力设备,其行为不足以危害公共安全,起诉指控被告人杜某某犯破坏电力设备罪证据不足。其盗窃数额未达定罪标准,属无罪。法院认为,关于辩护人所提被告人杜某某盗窃的接地铜线、接地镀锌铜排不属电力设备,其行为不足以危害公共安全,不构成犯罪的辩护意见,经查,刑法规定破坏电力设备罪的目的在于维护电力安全,即发电、变电、输电、供电的安全。居民楼电表箱内的接地铜线及镀锌铜排属维护供电安全的附属设施,破坏该附属设施也足以危及电力安全,应属刑法意义上的电力设备。[1]

本案的焦点是供电的附属设施是否属于电力设备?面临上述问题,单纯从文义解释的角度看,很难将接地铜线、接地镀锌铜排认定为电力设备。但是,考虑到上述附属设备与能否保证安全供电之间具有紧密的联系,换言之,完整有效的供电,必须依赖上述附属设施。从文义的角度看,电力设备与电力设施应当有所区别,电力设备一般是指能够承担供电功能的设备,如变电站等。电力设施则是指维系电力设备正常发挥功能的系列附属设施。对此,通过比较破坏交通工具罪和破坏交通设施罪就得以明示。我国刑法在立法上明确区分了破坏交通工具罪与破坏交通设施罪。因此,破坏火车上的轨道、桥梁等行为,显然不能按照破坏交通工具罪论处,而应当以破坏交通设施罪论处。可见,轨道、桥梁等属于交通工具的辅助设施,不能被认定为交通工具(只能认定为交通设施)。但问题是,刑法仅规定了破坏电力设备罪,而没有规定破坏电力设施罪,这就需要在解释论上解决破坏电力设施的行为如何定性的问题。

因此,在解决此问题时,无论从体系解释的角度(结合破坏交通工具罪和破坏交通设施罪)还是从文义解释的角度(电力设备与电力附属设施的区别)似乎都难以得出合理的结论。对此,裁判文书通过引入目的解释,明确破坏电力设备的规范目的为电力安全,并进一步解释何为电力安全,因上述维护供电安全的附属设施承担着保障输电、供电的功能,故可以认定为电力设备,破坏电力附属设施的行为,应以破坏电力设备罪论处。

---

〔1〕 参见江苏省常州市新北区人民法院刑事判决书,(2013)新刑初字第0271号。

(二)在文义解释可能出现解释结论宽泛时,目的解释可以起到限定文义解释的功能

文义解释在通常情况下能够明确刑法规范用语的含义,但是,文义解释的结论也可能是宽泛的。刑法学存在一种误区,认为坚持文义解释是坚持严格解释最有利的方法,或采取文义解释就是贯彻罪刑法定原则最有效的方法。但实际上,文义解释的结论也可能存在不合理的情况。例如,对于运输毒品罪中"运输"的理解,从文义解释的角度来看,实现了物理位置的移动,就可以理解为运输,因此,可能就会存在将在犯罪人绝对控制毒品的情况下,物理位移几百米的情况也认定为运输。但是,这与运输毒品罪的规范目的背道而驰。相关的司法裁判明确意识到通过目的解释限制文义解释或纠正文义解释结论的偏差。只有终极目的为了走私、贩卖毒品或以其他方式扩散毒品,或者为帮助他人走私、贩卖毒品或以其他方式扩散毒品而将毒品从甲地转至乙地的行为才是刑法上所称的"运输"。当毒品被认定为已经处在所有者的绝对控制之下,不需要所谓的运输环节。如果毒品只是移动了几百米的距离,中间没有公安机关的关卡和布控,是处在犯罪分子控制下的毒品存放位置的简单变动,则不能认定为运输毒品的行为。[1]

因此,目的解释并不一定会导致刑法用语含义的扩张,既不能过于拔高文义解释的功能,也不能贬损目的解释的功能。其实,文义解释与目的解释仅仅是不同的解释方法而已,不宜将文义解释视为与罪刑法定联系最紧密的解释方法,进而极力排斥目的解释的运用。至少在个案中,司法实务关于目的解释的具体实践做法应当引起理论界的重新思考。

(三)个别裁判文书表明目的解释仅仅是包装或佐证其他解释方法的一种形式

刑法学界有学者认为,"体系解释、历史解释(沿革解释)、比较解释等理由不具有决定性,客观目的解释具有决定性。但是由于刑法实行罪刑法定原则,故文理解释也具有决定性。不过,客观目的解释的决定性与文理解释的决定性具有不同的含义。文理解释的决定性在于:所有的刑法解释,都要

---

〔1〕 参见吉林省长春市九台区人民法院刑事判决书,(2014)九刑初字第3号。

从法条的文理开始,而且不能超出刑法用语可能具有的含义;凡是超出刑法用语可能具有的含义的解释,都是违反罪刑法定原则的解释,即使符合刑法条文的客观目的,也不能被采纳。客观目的解释的决定性在于:在对一个法条可以做出两种以上的解释结论时,只能采纳符合法条客观目的的解释结论"[1]。分析上述观点,可以发现,目的解释似乎既是与其他解释方法相并列的解释方法,也是检验其他解释方法解释结论合理性的标准。但是,部分裁判文书显示,目的解释有时非但没有承载上述论者所说的检验其他解释方法的功能,反而表现出了对其他解释方法的包装与隐形的支持。

1. 目的解释佐证或包装文义解释的裁判

通常认为,文义解释是古典刑法确立的解释刑法的基本方法,在罪刑法定原则确立之后,基于古典刑法的立场,会对目的解释在刑法中的运用表现出强烈的反思意识。例如,有学者从方法论的意义上,认为,"目的解释已经被证明是一把双刃剑,它固然能赋予解释以相当的灵活性,并由此确保刑法体系的开放性,同时也因赋予法官解释的自由而严重威胁与侵蚀法适用的统一性与客观性"[2]。这种反思对于过度青睐目的解释的解释者而言,毫无疑问是一种善意的提醒。的确,不加限制地适用目的解释,会使之背离了严格解释的基本立场,甚至滑向任意解释。尽管刑法理论界认识到了诸如目的解释与文义解释的冲突等问题,但是否完全展示了目的解释与文义解释之间的内在联系呢?实际上,裁判文书中存在通过目的解释佐证文义解释的实践做法。以非法经营罪为例,根据《刑法》第225条第1项的规定,违反国家规定,未经许可经营法律、行政法规规定的专营、专卖物品或者其他限制买卖的物品的,以非法经营罪论处。实践中出现了具有烟草零售许可证但没有批发许可证而批发香烟的行为,[3]对此,是否以本罪论处?值得研究。裁判实践认为,有烟草专卖零售许可证从事批发的行为,没有超越获得的行政许可的范围,只是在经营中有违规行为的观点是对经营范围的曲解。销售卷烟、雪茄烟、烟丝还是烟叶这是经营项目,即卖什么东西,批发还是零售是经营方式,即怎么卖,都是属于经营范围,有烟草专卖零售许可证的只有零售的资格,而无批发的资格,从事批发就超越了许可范围,不能把

[1] 张明楷:《刑法学(上)》(第5版),法律出版社2016年版,第35页。
[2] 劳东燕:《刑法中目的解释的方法论反思》,载《政法论坛》2014年第3期。
[3] 参见云南省玉溪市中级人民法院刑事判决书,(2014)玉中刑终字第56号。

零售等同于批发,这种有此证等于彼证的理解,是混淆零售与批发的概念。刑法设立非法经营罪的目的之一,就是保护国家的专营专卖和市场准入制度,其实质在于惩罚违反国家对一些经营活动的专营、专卖或限制制度的行为,这些行为违反了国家的许可制度。针对的就是这种行为的资格,即有没有获得从事某种行为的许可证等资质证明。持有烟草专卖零售许可证,从烟草公司或渠道外购进卷烟,批量销售给零售商家,就是批发行为。因为烟草专卖零售许可证只具有国家批准的烟草专卖零售资格,没有经过国家批准的烟草专卖批发资格,而擅自予以经营的,是超越了获得的行政许可规定的范围,就属无照经营,其侵害的是国家的烟草专卖制度,情节严重的,构成非法经营罪。

可见,裁判文书对经营行为进行了分离式的理解,销售行为和批发行为都是经营行为的两种方式,非法经营罪不仅规制未经许可的销售行为,也规制未经许可的批发行为,即便行为人获得零售许可证但是没有批发许可证的行为,也属于非法经营。从裁判文书的内容上看,此处所运用的目的解释的功能也是在对非法经营罪的"经营行为"文义解释的印证,起到补强文义解释合理性的效果。因此,裁判文书并非仅仅运用目的解释的结果,而是在文义解释得出结论的前提下,通过目的解释进一步佐证文义解释的综合性解释方案。

归纳起来,上述案件所谓的目的解释,实际上是变相地佐证文义解释的方法,而并非理论界所说的在文义解释尚无办法确定时或者多种解释方法出现不同解释结论时,才运用目的解释。也并非理论界所忧虑的那样,目的解释一定是对文义解释的反叛或滑向类推解释的危险方法。裁判实践中的目的解释与刑法理论界所谓的目的解释,至少在运用前提上并非完全一回事。

2. 目的解释佐证体系解释的裁判

刑法典是一个具有内在体系的规范组合体,在教义学中,体系解释尤其受到青睐。唯有在刑法体系可以容纳的范围内,解释结论不与刑法体系形成抵触的情况下,解释方法才可能获得合理性。体系解释是刑法教义学坚守的基本方法。正如德国学者在论述体系性刑法理论的优点时指出:"一个对犯罪构成的体系性处理方法的优点是什么?一个卓有成效、具有结构性的刑法理论排除了任意性,并且使得一个受规则引导的刑法适用成为可能。"[1]在刑法理论界,体系解释实际上有广义和狭义的区分,狭义的观点认为所谓体系仅仅是刑法的体系,我国有学者认为,"刑法中的体系解释方法,是指根据刑法条文在整个刑法中的地位,如根据其篇、章、节、条、款、项的前后关联位置,联系相关法条的含义,阐明其规范意旨的解释方法"[2]。但与此同时,广义说的体系解释是立足于法秩序的角度来论述的,认为体系解释,"乃是指依据个别条文与其他条文、个别条文在法典中或是该法典在整个法秩序中的体系关联,来解释法律的一种方法"[3]。

本书所谓体系解释采用广义说,理由为:(1)裁判实践中的刑法解释,不可能仅仅围绕刑法文本作出解释。尤其是在法定犯日渐增多的今天,法定犯的刑事违法性判断,不能忽视其他法律的规定。(2)裁判实践注重总体上法律适用的统一性,亦即,同一行为不能在刑法上认定为犯罪,而在民法或行政法上被认定为合法的行为。否则,法律体系之间的协调性将无法保障。(3)在法律体系日渐庞杂的今天,找法是裁判者适用法律的前提,而寻找法律显然也不可能仅仅局限于刑法典。因此,从裁判实践的角度看,广义的体系解释应当更具合理性。但是,这并不意味着刑法解释必须服从于其他法律的解释,而是指刑法解释应当参酌其他法律的规定,进一步增强刑法与其他法律之间的协调性。

兹举一例说明之,2013年3月至5月,被告人吴某为谋取非法利益,决定在日本购买象牙边角料后,采用邮寄方式走私入境,并销售给境内的买家。其间,吴某在未向海关申报的情况下,先后两次将3包象牙制品通过EMS国际快递从日本邮寄至上海市浦东新区刘某处,欲让刘某转寄给吴某在网络上联系的境内买家。上述邮包在寄入境时被海关查获,海关关员从邮包中发现非洲象牙边角料7.726千克,共计价值人民币32.19万余元(以下币种除特别注明外,均为人民币)。本案的焦点在于象牙边角料是否属于象牙制品。被告人指出,其邮寄至国内的是象牙边料,象牙边料不是象牙制品。《刑法》第151条规定了走私珍贵动物制品罪,但是对何为珍贵动物制

[1] [德]埃里克·希尔根多夫:《德国刑法学:从传统到现代》,江溯、黄笑岩等译,北京大学出版社2015年版,第177页。

[2] 吴允锋:《经济犯罪规范解释的基本原理》,上海人民出版社2013年版,第154页。

[3] 林书楷:《刑法总则》,台北,五南图书出版股份有限公司2010年版,第38页。

品并无明确的规定。实践中,珍贵动物制品的范围通常是依照非刑事法律予以确定。[1] 2012年9月17日最高人民法院、最高人民检察院、国家林业局(现国家林业和草原局)、公安部、海关总署联合颁布实施的《关于破坏野生动物资源刑事案件中涉及的CITES附录Ⅰ和附录Ⅱ所列陆生野生动物制品价值核定问题的通知》第5条规定,象牙等制品的价值,继续依照国家林业局(现国家林业和草原局)2001年6月13日发布的《关于发布破坏野生动物资源刑事案中涉及走私的象牙及其制品价值标准的通知》的规定核定。但问题是,上述司法解释也没有明确象牙边角料是否属于珍贵动物制品?因此,而国家林业局(现国家林业和草原局)颁布的上述文件规定,对于无法确定是否属一根象牙切割或者雕刻成的象牙块或象牙制品,应根据其重量来核定,单价为41,667元/千克,按照上述价值标准核定的象牙及其制品价格低于实际销售价的按实际销售价格执行。问题是,上述国家林业局(现国家林业和草原局)颁布的规定,是否对刑法认定珍贵动物制品有效?从法秩序统一的角度看,尤其是对于法定犯而言,需要充分考虑其行为的双重违法性,亦即,只有在行为违反前置法的规定时,才可进一步考虑行为是否具有刑事不法?因此,实际上根据体系解释的方法,即可认定象牙边角料为珍稀动物制品。但是,值得注意的是,裁判文书中并没有明确指明是根据体系解释的结论作出的判决,而是阐明“刑法设立走私珍贵动物制品罪的目的在于保护濒危野生动物,因而珍贵动物制品的价值认定与一般商品的价值认定是有区别的”。似乎表明在本案中,裁判者运用的是目的解释的方法。但笔者认为,其实质上是体系解释方法的运用。因此,目的解释在上述案件中“徒具形式”,而并无实际的意义。

(四)明确指明了在多种解释出现争议时,采取目的解释的方法

在寻衅滋事过程中,使用铁质垃圾桶与停车牌殴打他人是否可以被评价为持械殴打他人?裁判文书认为,刑法中关于“械”之解释多见于聚众斗

---

[1] 2012年9月17日最高人民法院、最高人民检察院、国家林业局(现国家林业和草原局)、公安部、海关总署联合颁布实施的《关于破坏野生动物资源刑事案件中涉及的CITES附录Ⅰ和附录Ⅱ所列陆生野生动物制品价值核定问题的通知》第5条规定,象牙等制品的价值,继续依照《国家林业局关于发布破坏野生动物资源刑事案中涉及走私的象牙及其制品价值标准的通知》(林濒发〔2001〕234号)的规定核定。

殴罪中,在聚众斗殴犯罪中把持械作为加重处罚之情形。对于聚众斗殴中“械”的具体含义,有采取扩大解释为具有杀伤力可造成伤害后果的任何工具,有采取限制解释为如匕首、刮刀等治安管制刀具和枪支、铁棍、木棒等足以致人伤亡的器械。当对于同一词语出现多种解释之际应采取目的解释,即将械理解为具有杀伤力的工具之意。另外,最高人民法院2000年11月22日公布的《关于审理抢劫案件具体应用法律若干问题的解释》中对“凶器”的解释为:枪支、爆炸物、管制刀具等国家禁止个人携带的器械或为了实施犯罪而携带的其他器械,参照上述规定,凶器为“械”,但械之范围大于凶器。认定日常物品是否系械不应简单地看行为所持之物的形式、种类,而应评价在寻衅滋事过程中该物是否具有杀伤力,是否造成了伤害后果。本案中行为人所持铁质垃圾桶、停车牌完全可以当作杀伤力的工具使用,且造成了行为伤害后果(见鉴定结论),本案中被告人所持铁质垃圾桶、停车牌应评价为“械”。综上,公诉机关建议持械作为本案的酌定从重处罚情节,本院予以支持,酌情对六被告人从重处罚。[1]

与其他裁判文书不同,本案的裁判文书的独特性在于:(1)旗帜鲜明地暗合刑法理论“目的解释具有决定性”的观点,即当对于同一词语出现多种解释之际应采取目的解释。(2)在分析进路上,也与理论界所说的刑法解释方法的逻辑保持一致,即首先运用文义解释,指明针对“械”之理解有不同的观点,以表明文义解释的结论具有多元性,然后指明运用目的解释认为具有杀伤力的物品应当界定为械。(3)裁判文书也清楚地意识到采取目的解释的方法可能将日常生活中的物品也理解为械,进而造成入罪范围的过度宽泛,因此,参照最高人民法院的相关司法解释,进一步限定械的范围。

通过分析发现,(1)刑法理论界关于目的解释的观点在裁判实践中具有一定的影响,但是这种影响是有限的。不同的裁判者由于对刑法理论的理解和认同不尽一致,则可能导致刑法理论在实践中是否被采纳以及被采纳的程度不同。更进一步,对理论保持浓厚兴趣的裁判者可能会借鉴刑法理论的部分观点,并运用到实践中。(2)刑法理论界疑虑目的解释甚至完全否认目的解释的观点,被不当扩大。至少裁判实践并不完全抵触目的解释,尽

---

〔1〕 参见安徽省淮北市相山区人民法院刑事判决书,(2015)相刑初字第00117号。

管目的解释的运用功能可能在于佐证或补强其他解释方法的有效性。(3)多数裁判实践,并不对目的解释进行辩证地分析,尤其是在普通案件如危险驾驶罪的一些判例中,裁判者会不假思索地运用目的解释,试图以增强判决的说理性。只有在极个别的裁判文书中,裁判文书会既指明目的解释可以用来平息运用文义解释方法解释结论的多样性,并有意识地表明目的解释不宜过多地运用,尤其是运用目的解释可能会与日常生活的观念冲突时,裁判者会谨慎地考虑其在个案中的有限意义。

(五)主观目的抑或客观目的的解释取决于裁判的实际需要

刑法学界长期以来对于目的解释之目的,究竟是主观目的还是客观目的,抑或主客观目的之融合,存在争议。主张客观目的解释论的观点认为,刑法立法一旦完成,即法律文本与立法者的目的就完全脱离,刑法是国家为维护特定的客观目的而制定的,刑法的每个条文都源于一个具体的客观目的。与此同时,论者也认识到目的解释可能存在的问题,刑法的整体客观目的变异性很小,在任何时候,都可以将刑法目的归纳为保护法益。但是,具体目的会经常变化,对具体目的的评价比对整体目的的评价更困难。即使人们能够有根据地肯定法益保护的正当性,但由于法益并不是像人们的生命一样预先给定的,而是可以通过立法者创设的,所以,在有些情况下,对具体法益的认识与确定,亦即具体法益是否值得刑法保护,会产生困惑。[1] 从刑法立法与社会发展的关系角度看,一部刑法典内容无论多么完备,都注定没有永不衰竭的生命力,唯有以刑法解释学为模式建立起来的刑法学体系,才能适应时代的需要。基于刑法文本的静态性与社会发展的动态性之间的冲突,应当承认客观解释具有缓解上述冲突的意义。

与客观目的解释相对应,主观目的解释论通常认为客观目的解释的意义具有局限性。(1)目的解释的目的难以确定。如有学者指出,就目的解释目的内涵而言,目的解释中的目的本身是极不可靠的。[2] (2)肯定立法意图的重要性。"实际上,立法意图对于刑法解释是非常重要的,因为立法意图只是在很少的情况下才过时,司法活动的绝大部分情况是立法意图完全

---

〔1〕 参见张明楷:《刑法分则的解释原理(上)》(第2版),中国人民大学出版社2011年版,第85页。

〔2〕 参见邓子滨:《中国实质刑法观批判》,法律出版社2009年版,第85页。

足以担当目的解释基准的‘目的’,这时对立法意图的探寻就是非常必要的……因此对刑法来说值得格外重视。”[1](3)客观目的解释与文义解释的冲突。“如果对客观目的确定不当,反而会破坏法治原则。从客观目的解释在整个法律方法论体系中的地位来看,客观目的解释只是法律解释的辅助性方法,只有在经过充分论证的情况下,客观目的才能取代法律的文义。”[2]我国台湾地区的吴庚教授认为:“目的论解释是对法律实证主义的反动。”[3](4)客观目的解释仅仅具有辅助的功能。林山田教授认为,在原则上,刑法解释应当采取主观解释,但是,如果有足够的理由证明这种解释与现在社会发展的阶段明显冲突时,则可以采用客观解释。[4] 此外,还有学者认为,对处于法治建设初级阶段的我国而言,应当坚持以形式解释(立法原意)为主,实质解释(客观规范目的解释)为辅的原则。[5] 我国法治建设刚刚起步,法官素质还有待进一步提高,刑法实施仅十余年,这要求我国在刑法解释上应采取主观解释论。[6] 我国台湾地区的韩忠谟先生也表达了对客观目的解释的忧虑,在民法中,客观解释说对于促进民法的发展有重要的作用和意义,但是如果将其也适用于刑法,则未必是完全可行的。[7]

从裁判文书看,理论界关于客观目的与主观目的解释争论的意义是有限的。实际的情况是,在司法裁判中,既有可能采取客观目的解释,也有可能采取主观目的解释,基本上是依赖于裁判的实际需要。例如,被告人作为所在单位的负责人,在下属向其投案并交代有关犯罪行为后,未按照有关规定履行报告义务或者将犯罪线索移交有关部门,却在本人涉嫌犯罪时予以揭发的,是否能够认定为立功? 2009 年 3 月 12 日最高人民法院、最高人民检察院联合发布的《关于办理职务犯罪案件认定自首、立功等量刑情节若干问题的意见》规定,据以立功的线索、材料来源有下列情形之一的,不能认定为立功:(1)本人通过非法手段或者非法途径获取的;(2)本人因原担任的查禁犯罪等职务获取的;(3)他人违反监管规定向犯罪分子提供的;(4)负有查

---

〔1〕 陈兴良主编:《刑法方法论研究》,清华大学出版社 2006 年版,第 130 页。
〔2〕 陈金钊主编:《法律方法教程》,华中科技大学出版社 2014 年版,第 48 页。
〔3〕 吴庚:《政法理论与法学方法》,中国人民大学出版社 2007 年版,第 327 页。
〔4〕 参见林山田:《刑法通论(上)》,北京大学出版社 2012 年版,第 63 页。
〔5〕 参见陈兴良:《形式解释论的再宣示》,载《中国法学》2010 年第 4 期。
〔6〕 参见徐光华:《刑法文化解释研究》,中国政法大学出版社 2012 年版,第 66 页。
〔7〕 参见韩忠谟:《刑法原理》,中国政法大学出版社 2002 年版,第 48 页。

禁犯罪活动职责的国家机关工作人员或者其他国家工作人员利用职务便利提供的。现实的案例是,被告人杨某系某镇政府工作人员,因涉嫌贪污罪被捕,被捕后检举下属宣某挪用公款炒股的犯罪行为。宣某在2008年下半年因挪用公款炒股、炒黄金亏空100多万元,因亏空较大且难以补足,遂向分管领导杨某作了交代,杨某仅向时任镇党委书记做了汇报。本案的焦点问题在于,杨某所获取的宣某挪用公款的犯罪事实是否属于上述司法解释中第2项本人因原担任的查禁犯罪等职务获取的情形。法院在文义解释的基础上,区分了司法解释第2项中"查禁犯罪等职务"与第4项"负有查禁犯罪活动职责"的区别,指明了查禁犯罪等职务与查禁犯罪职务并不相同,前者强调的是职务,查禁犯罪职务作为职务的下位概念因具有典型性而被列举成为"职务"一词的定语,而且查禁犯罪等也表明此处的职务不能被无限限缩为某类甚至某种职务;后者则仅指查禁犯罪一种职务,查禁犯罪作为职务的唯一内涵,与前者的列举作用完全不同,而且因"查禁犯罪"一语的限定使得后者内涵丰富,外延缩小,其内容确定且明确,就是法律法规赋予查禁犯罪职责的工作人员。所以并不能说排除查禁犯罪以外职责获取的立功线索就是对司法解释的违背。

与此同时,在运用目的解释时,裁判文书认为,从目的解释的角度理解,该情形主要是明确对所谓特殊人员立功线索的规制。对于特殊人员立功线索的认定,司法解释的精神是从严把握,这符合社会生活的实际情况。特殊人员因为工作和职务关系,对于立功信息的来源渠道、广泛程度及真实程度与社会一般公众具有较大的区别,而一般的社会成员多是从日常生活、茶余饭后等生活行为中获得。在制定背景上,2009年该意见出台主要是针对实践中职务犯罪轻刑适用率偏高、情节认定标准模糊、程序规范不严密,导致职务犯罪案件处理失之于宽的问题。[1] 综上认为,杨某的行为符合上述司法解释第2项情形,不能认定为立功。

在本案中,就法院采取目的解释的进路而言,(1)如前所述,目的解释的运用实际上是为佐证文义解释的结论,因此,此处的目的解释在方法上具有辅助作用。(2)就目的解释的运用而言,显然采取的是主观目的解释方法。其基本方法是探究司法解释规定的内在精神,追寻司法解释排除认定立功

---

〔1〕 参见浙江省湖州市中级人民法院刑事判决书,(2010)湖刑终字第139号。

的目的,通过探寻司法解释出台的背景在于防范司法实践中对于特殊人员滥用立功制度逃脱责任的方法,否定了杨某行为构成立功。

但是,需要注意的是,在其他裁判文书中,裁判者同样可能采取客观目的的解释方法。例如,2007 年 2 月 24 日,临海市某村两委会决定,将坐落在该村塘头路(路东)两排共 20 间屋基,分两次采取级差排基方式对外公开投标,并将有关投标事项的细则在村里宣传。农历 2007 年正月初九至正月十一,村民合计报名屋基总间数 54 间,其中被告人王某(某村村主任)以许某的名义报 5 间,被告人周某(村副主任)报 2 间。农历 2007 年正月十一夜,王某、周某以及其他投标人陆续来到会议室,商量次日投标一事,经商量,54 间报名屋基中,24 间放弃中标,由剩下的 30 间屋基投标人每间拿出 4800 元,共拿出 144,000 元分给退出的投标人,退出者每间得 6000 元。其中王某退出,分得 30,000 元后离开会议室,剩下的 30 间屋基的投标人即周某等人继续商量,由次日中标的投标人即周某等人每间拿出 25,000 元,共 500,000 元分给放弃中标的投标人,共 10 间退出,退出者每间得 50,000 元。2007 年农历正月十二,周某等人以高出标底 10 元的价格中标。经估价造成经济损失 799,424 元。2008 年 2 月 15 日,被告人王某、周某被公安机关传唤到案。[1]

本案的焦点问题之一作为自然人的两位被告人是否符合串通招投标罪的主体?根据 1999 年 8 月 30 日通过的《招标投标法》第 25 条的规定,投标人是响应招标、参加投标竞争的法人或者其他组织。依法招标的科研项目允许个人参加投标的,投标的个人适用本法有关投标人的规定。因此,自然人是无法构成串通招投标罪的主体的。

对此,刑法学理论有观点认为,应当将《刑法》第 223 条中的投标人解释为参与投标事项的人,这一解释虽然不符合《招标投标法》的规定,但符合刑法的规定。符合刑法规定的解释,不会违反罪刑法定原则。[2] 对此,裁判文书中予以肯定,并明确得以援引分析。裁判文书认为,《招标投标法》是 2000 年施行的,《刑法》设立串通投标罪时规定了构成本罪的基本要件,具有普遍的指导意义,显然不能完全依照后颁行的经济法规去诠释先行施行的《刑法》规范的有关内容。对串通投标罪的主体范围应该从《刑法》自身

---

〔1〕 参见浙江省临海市人民法院刑事判决书,(2008)临刑初字第 633 号。

〔2〕 参见张明楷:《刑法学(下)》(第 5 版),法律出版社 2016 年版,第 832 ~ 833 页。

体系内进行实质解释,这是符合立法精神的。[1] 裁判文书采取的分析进路为:(1)在非刑事法律与刑法的规定不一致时,并非一概地盲从于非刑事法律的规定。换言之,在这种情况下,刑法解释具有一定的独立性。(2)尽管在裁判文书中采取了"寻求立法精神"貌似主观目的解释的表述,但其指出《招标投标法》与刑法之间的规定存在冲突时,应当作出符合当前社会实际情况的解释结论,法院的上述解释显然采取的是客观目的解释方法。

通过对比上述两个案例,可以发现,在刑法理论界一度炙手可热并且令人困惑的主观与客观孰优孰劣的问题,在司法实践中,可能并不是一个一定要决出胜负的命题。裁判者究竟运用主观目的解释还是客观目的解释,可能仅仅是为论证裁判者的结论或者司法预判。换言之,无论是主观目的解释,抑或客观目的解释,都是为了服务裁判的说理性工具而已,与务实性的司法裁判相比,刑法理论的这种争论在司法方法论上的意义是有限的。也因此,我们既不能过度拔高主观目的解释,动辄追寻立法的意图,也不宜过度盲信于客观目的解释,仅仅通过主观的或客观的解释方法,未必一定能够保障解释结论的合理性。

(六)文义解释、体系解释、目的解释的应用位阶并无规律可循

各种刑法解释方法是否具有位阶性,在刑法学界素有争议。有观点认为,"刑法解释应遵循文义解释→体系解释→历史解释→目的解释→合宪性解释的运用顺序"[2]。近年来,出现了反思刑法解释方法位阶性的观点,有学者认为,在实务上,的确应该根据规范保护目的、具体情境来权衡各种解释理由,形成具体的协调规则,以限制法官恣意解释。但是,这并不意味着目的解释始终绝对性地具有优位性。任何解释方法都是在司法中甚至是基于司法便利而采取的。[3] 从已有的裁判文书来看,对于各种解释方法的位阶性也无定论,裁判文书显示各种解释方法并无明确的规律可循。

例如,部分裁判文书会旗帜鲜明地指出文义解释的基础性,而非刑法学界所说的文义解释的决定性作用。即便如此,裁判文书也同时指出其他解释方法的重要性。例如,行为人在拘禁他人的过程中,对被害人掌掴、推搡

---

[1] 浙江省临海市人民法院刑事判决书,(2008)临刑初字第633号。
[2] 苏彩霞:《刑法解释方法的位阶与运用》,载《中国法学》2008年第5期。
[3] 参见周光权:《刑法解释方法位阶性的质疑》,载《法学研究》2014年第5期。

的行为是否属于殴打行为，进而适用《刑法》第 238 条“具有殴打、侮辱情节的，从重处罚”的规定。裁判文书显示，针对被告人辩护人提出掌掴、推撞不属于殴打观点，法院认为，刑法用语的解释应当以字面含义为基础，结合目的解释、历史解释、体系解释得出合理的结论。殴打的字面含义当然包括掌掴、推撞等行为，也包括拳打脚踢，或者使用器具殴打他人的行为。单方面限定“掌掴、推撞”为轻微身体接触，并进而得出结论不属于殴打，超出了社会公众的预测可能性，属于不合理的限缩解释。故对于其相关辩护意见不予采纳。〔1〕

本案的判决书，指明了文义解释是刑法解释的基础，同时，也首肯了文义解释方法的重要性，但其实仅仅是表明了刑法解释学的一种立场，也并未具体区分目的解释、历史解释和体系解释之间到底存在怎样的位阶关系。因此，毋宁将上述裁判理解为是恪守刑法文义解释的一种立场宣示。换言之，在裁判文书中，法院并未明确指明各种解释方法的具体运用法则。在具体解释结论中反而以公众的预测可能性来衡定掌掴、推撞的行为是否属于殴打。这与作为具体刑法解释方法的文义解释、目的解释或其他解释方法的运用并无实质性的关联。

此外，在大量的裁判文书中，其实并未指明文义解释的重要性，法院甚至直接根据其对刑法规范设置的目的理解，径直认定行为是否构成犯罪。如前述关于危险驾驶罪的裁判文书均是如此，甚至在个别裁判文书中，旗帜鲜明地指出了目的解释是刑法解释的原则。如根据最高人民法院、最高人民检察院 2007 年 7 月 8 日发布的《关于办理受贿刑事案件适用法律若干问题的意见》规定：“国家工作人员利用职务上的便利为请托人谋取利益，以下列交易形式收受请托人财物的，以受贿论处：(1) 以明显低于市场的价格向请托人购买房屋、汽车等物品的；(2) 以明显高于市场的价格向请托人出售房屋、汽车等物品的；(3) 以其他交易形式非法收受请托人财物的。”上述司法解释中的第 3 项显然是兜底性条款。对兜底条款的认定，运用文义解释通常是无法界定其内涵的。人们采取的解释路径通常为，当刑法或司法解释对多个事项采取了“列举 + 兜底”的综合模式时，应当以列举的事项来限定兜底条款的内涵，这种解释实际上是体系解释方法。但是，实际上，仅仅

〔1〕 参见广东省清远市清新区人民法院刑事判决书，(2015) 清新法刑初字第 308 号。

采用体系解释的方法,也并不能有助于明确兜底条款的内涵,毋宁说,在解释时考虑列举的事项,是为了进一步明确刑法规范的目的,进而以此目的为指导,来解释兜底性条款。例如,被告人施某(国家工作人员)以买房为名,预订了位于湖州市吴兴区织里镇广际童装苑的两间店面房,后该童装苑的开发商湖州广际房地产开发有限公司(以下简称广际公司)总经理郁某以补偿差价为由,将人民币160,000元作为房屋溢价款贿送给被告人施某,被告人施某予以收受。法院认为,以目的解释为原则,应当将"以其他交易形式非法收受请托人财物"的规定诠释为,禁止国家工作人员利用职务便利,以违背市场经济规律的非正常经济交易方式获取请托人财物。本案中被告人施某的行为,即属"以其他交易形式非法收受请托人财物"。[1]

仔细研判裁判文书的逻辑,就会发现,尽管其明确指明了刑法解释应当以目的解释为原则,但是,从解释结论看,将"以其他交易形式非法收受请托人财物"的规定诠释为,禁止国家工作人员利用职务便利,以违背市场经济规律的非正常经济交易方式获取请托人财物,已经内在地运用了体系解释的方法,然后通过体系解释明确上述条款的目的。易言之,结合第1项的"以明显低于市场的价格"和第2项"以明显高于市场的价格"等规定,综合起来,发现上述行为的共通之处在于违背正常的市场交易价格的行为,亦即司法解释旨在禁止国家人员利用职务之便,不正当地从事违背市场经济规律的行为。由此可见,体系解释在这种情况下又是服务于刑法规范目的的寻找,这与上文所述有的裁判文书通过目的解释佐证体系解释的方法恰恰形成对比。因此,恐怕很难从司法裁判文书中得出哪一种解释方法具有优先性,各种解释方法究竟具有怎样的位阶关系。

问题在于,缘何刑法司法与刑法理论之间对于刑法解释之间会形成这种并不一致的局面?笔者认为,其原因可能在于,刑法理论是刑法学者的知识生产,刑法学者更多地强调刑法解释方法与自身立场的联系。法律适用者在理解法律的过程中,不可避免地受到个人经历、价值观念、政治思想以及社会风俗的影响。[2] 例如,在当下形式解释和实质解释分歧的学理对峙中,我们会看到,二者对刑法解释方法的偏爱程度与其所持的法治立场有内

[1] 浙江省湖州市吴兴区人民法院刑事判决书,(2010)湖吴刑二初字第21号;浙江省湖州市中级人民法院刑事裁定书,(2011)湖刑终字第9号。

[2] 参见沈志先主编:《法律方法论》(第2版),法律出版社2014年版,第32页。

在关联。持形式解释论的学者通常坚守形式理性并据此对罪刑法定原则偏爱于形式性的理解，而对带有实质化的解释方法通常会本能地予以抵制。[1] 相反，基于实质理性的考虑，实质解释论认为罪刑法定原则具有形式和实质两个侧面，[2] 因此，发现规范的目的并特别强调目的解释的重要性自然在实质解释论者备受推崇就不难理解了。在一个“所有人总是有一种天人的倾向，认为自己的生活、自己的习惯、自己的历史轨迹才是正常的”[3] 的时代里，对于学者而言，“立场”的确很重要。对于司法裁判而言，尽管极其少量的裁判文书表明了立场的宣示，但在多数裁判者视野中，“问题”很重要。何种解释方法，能够为裁判者提供大体合理的解释结论，裁判者就会采取哪一种解释方法。

实际上，某一种解释方法的兴盛与社会的现实需求之间具有密切的关联。如梅因在评析自然法时指出：“时代越黑暗，则诉诸‘自然法律和状态’便越加频繁。”[4] 从目的解释的发展历程来看，其是法学实质化思潮在解释方法上的反映。如有学者分析，归根结底，实质解释论是耶林目的法学的产物，而目的解释也正是在作为目的法学的体系化发展的利益法学与价值法学兴起之后，才日益成为解释方法中的“桂冠”。[5] 基于原型范畴的分析，法学的价值判断越来越受到人们的广泛关注，概念背后所隐喻的利益及其价值关涉成为法学研究中的新命题。实质化思潮的涌现，对传统法学形成了强烈的冲击。传统法学理论是基于形式的并致力于形成统一性的关于规则的体系性理论。这种以形式为中心的体系建构具有政治学意义上的古典自由主义传统。例如，在刑法解释中，本于权力分立的原理，特别偏重法的安定性，故特别强调立法者的意志。解释之依据应当在于立法者的主观意思，故应重视草拟法案当时的立法理由、审议法案之相关讨论记录、草案研拟定案之形成资料等。简要地说，解释以“立法者当时系如何想”为着眼点。[6] 这种理念下的刑法司法，仅仅是立法的“复印纸”，刑法立法及其产

---

〔1〕 陈兴良教授对于实质刑法观表达了近乎本能地抵触的学术立场。参见邓子滨：《中国实质刑法观批判》，法律出版社 2009 年版，“序”第 11 页。

〔2〕 参见张明楷：《刑法学（上）》（第 5 版），法律出版社 2016 年版，第 48 页。

〔3〕 彭刚：《西方思想史导论》，北京大学出版社 2014 年版，第 219 页。

〔4〕 [英]梅因：《古代法》，沈景一译，商务印书馆 1984 年版，第 53 页。

〔5〕 参见劳东燕：《刑法中目的解释的方法论反思》，载《政法论坛》2014 年第 3 期。

〔6〕 参见黄仲夫：《刑法精义》，台北，元照出版有限公司 2006 年版，第 332 页。

品构成了无可动摇的规则。司法仅仅是立法的传声筒，立法是司法的家长并要求司法不折不扣地贯彻立法。司法一旦逾越雷池半步，就被视为是不正当的。在这种语境中，司法具有明显的“立法依赖”路径。一旦出现疑难问题，拿捏不定，司法就主动求助于立法。因此，立法对司法的管控极其严格，并且需要注意的是，司法也乐于被立法管控。[1] 立法与司法的这种关系通常在转型社会中规则初步确立的时代中极为明显。而在作为常态的法律治理中，法律文本通常是稳定的，文本与实践之间的矛盾关系，更多是通过解释论的发展予以改善的。在这种语境下，目的解释才得以兴盛。换言之，司法实践中对某一种解释方法的遴选，未必如刑法理论所设想的那样，天然地与“法治”“罪刑法定原则”等宏大的话语具有亲和性或反叛性。

三、裁判文书中目的解释运用的法则重塑

案件的错综复杂，决定了目的解释在刑法司法运用中存在的样态也呈现出多样化的特点，尽管如此，我们仍然有必要检视裁判文书中目的解释运用中存在的问题。因此，有必要仔细辨别各种类型的目的解释运用，并据此改进司法裁判中目的解释的运用。

（一）裁判文书不能径直笼统地根据目的解释来认定行为

如前所述，基于形式解释与实质解释的立场分野，持形式解释论的观点通常会对目的解释保持必要的警惕。就形式解释内部而言，这种警惕也存在两种不同的立场，一种观点认为，真正跟形式过不去的，不是实质，而是目的。实质、目的这些充满魅力的字眼，都不能脱离它们的语境，否则，理论上的某些强点，恰恰容易成为软肋。[2] 另一种观点则对目的解释采取了辩证的反思，在首肯目的解释基本功能的同时，认为对于实质论者而言，目的解释从来就不是一种与其他解释方法平行的、处于补充地位的解释方法。相反，实质论者认为，文义、历史、体系充其量只是法律解释时需要考虑的因

---

〔1〕 现行司法体制否定法官个体解释的做法，尽管束缚了法官的智识和能动，但另一方面也是对法官的保护。实践中当出现疑难案件时，裁判者通常会采取层层上报的做法，也在一定程度上降低了法官的职业风险。尤其是在当下案件倒查和终身负责的情况下，更是如此。

〔2〕 参见邓子滨：《中国实质刑法观批判》，法律出版社 2009 年版，第 43、47 页。

素，它们都受目的的统领，是在目的的统领之下发挥各自的功能。并据此适时地指出应从法教义学内部和合宪性对目的解释进行二元的规制。[1] 笔者认为，上述反思与批判应当引起实质解释论的注意。换言之，如果将目的解释视为统领所有解释方法的话，则目的解释本身是否是一种解释方法就会存在疑问，这不免要加大不同解释论上的前提性误解。

在裁判文书中，的确也存在形式解释论所批判的情形，有相当部分的裁判文书存在径直笼统地根据目的解释认定行为的情况，如在危险驾驶罪的认定中，裁判文书多采取下述模式，即刑法规定危险驾驶罪的目的在于保护公共安全，行为人的行为侵犯了公共安全，因此，行为构成危险驾驶罪。[2] 这种司法认定存在的问题是：(1)对目的的指向并不明确，公共安全的范围过于宽泛，涉及的领域也极其广泛，单以保护公共安全为由，就直接认定行为构成危险驾驶罪，缺乏具体的规范目的论述。(2)可能会变相地将特定时期社会形势的恶化这一宏观现实也理解为公共安全，进一步地将诸如社会稳定也认定为公共安全，从而突破了刑法规制某类行为的边界。(3)裁判思路缺乏论证性。裁判的说理性是裁判文书的重要特征，理由充分和论证有力的判决书是判例制度中的内在组成部分。[3] 作为专业性语言的表达，裁判文书的核心问题是“如何说服人，即建构法律的说理性”[4]。优质的裁判文书在表明应用的解释方法的同时，更注重对解释方法运用规则的阐释与说明。仅仅以依据刑法的目的在于保护法益为由的裁判文书，显然无法满足身处刑事裁判之中的当事人和位居刑事裁判之外的公众对法规范的期待，更无法展示裁判者的法理智慧。

(二)裁判文书应叙明规范目的的确定方法

目的解释之所以引起学者的诟病，重要原因是其目的本身并不明确。的确，如上所述，如果所有的裁判文书均通过不明确的目的作出判决，则判决本身的合理性就值得反思。为此，需要阐明寻找与确定规范目的的方法。在法律的目的明确时，一般较为容易判断，但是，在法律没有明确的目的时，

---

〔1〕 参见劳东燕：《刑法中目的解释的方法论反思》，载《政法论坛》2014 年第 3 期。

〔2〕 参见四川省成都市中级人民法院刑事判决书，(2015)成刑终字第 817 号。

〔3〕 参见劳东燕：《罪刑法定本土化的法治叙事》，北京大学出版社 2010 年版，第 282 页。

〔4〕 葛洪义主编：《法律方法与法律思维》(第 2 辑)，中国政法大学出版社 2003 年版，第 7 页。

如何识别法律的目的？根据我国台湾地区学者杨仁寿教授的观点，可采取逆推法。“盖法律个别规定或多数规定所欲实现之‘基本价值判断’，较为具体，易于觅致，以之加以分析、整合，不难理出多数个别规定所欲实现目的，斯即规范目的。”[1]对于刑事裁判而言，真正需要识别的是，个罪中刑法规范的具体目的。法理学界的学者具体分析了目的解释目的的寻找方法。“实践中确定立法目的，可先用历史解释寻求出当时的利益状况、立法者的意图、立法目的、评价等，然后根据法律解释追求的价值目标适当确立法律的立法目的。”[2]

联系到刑法目的解释，笔者认为，以下路径可资借鉴。(1)不宜夸大整体目的在个案认定中的功能。在法律明确规定了目的的情况下，一般都是整体的或抽象的目的，如《刑法》第1条指明了我国刑法的目的是“为了惩罚犯罪，保护人民”。但是在《刑法》分则中并没有如总则一样在具体条文中作出如“为了……”类似的规定。所以，这种整体目的其实对于界定分则条文目的的功能极为有限，不能作为个案认定的依据。(2)从立法的相关资料中寻找，典型的方法如通过对比新旧刑法，可以发现对具体条文的罪状和法定刑的修改，尤其是涉及构成要件要素的修改时，就特别需要注意刑法的目的可能会发生变化。在不涉及法律规范修改时，同样可以结合历史性的资料予以查明规范。例如，前述“本人因原担任的查禁犯罪等职务获取的材料是否能够认定为立功”的判决即采用此方法。[3] (3)从刑法的具体条款中寻找目的。通过分析某个条文，可以发现规范的具体目的。一般是根据罪状的具体要素来判断。(4)通过相关罪名对比发现具体条文的目的实践中，也有部分裁判文书运用此方法，如在关于隐瞒境外存款罪的判决书中，法院认为，我国刑法设立隐瞒境外存款罪的目的是通过将隐瞒境外存款行为以犯罪化的方式加强对国家工作人员财产状况的监管，以防止犯罪分子将违法犯罪所得存入境外银行逃避监管从而逃避法律追究。《刑法》第395条第2款是预防性条款而不是惩罚性条款，其作用主要是提示性的，即提醒违背职责的国家工作人员，即使因证据等原因无法以贪污、受贿罪进行处罚，也可

---

〔1〕 杨仁寿：《法学方法论》（第2版），中国政法大学出版社2013年版，第172页。

〔2〕 张燕玲、白帮武：《简论目的解释及其应用》，载《东岳论丛》2005年第3期。

〔3〕 参见浙江省湖州市中级人民法院刑事判决书，(2010)湖刑终字第139号。

以本罪或巨额财产来源不明罪进行处罚。[1]

(三)对目的解释进行反向论证

在多数的裁判文书中,目的解释运用均承担着单向的控罪功能,反观这些裁判文书,且不论及裁判结果是否合理,这种单向的运用目的解释本身就缺乏论证性。理论界通常强调的裁判的论证性,侧重于建构控辩充分的程序性制度。如有学者认为,“作为立法秩序最终产品的法律和作为司法程序最终产品的裁决,其正当性和有效性都同样取决于该生产程序能够满足理性对话、商谈的条件”[2]。但实际上,作为一种裁判思维,目的解释的运用也需要考虑反向论证的思维。亦即,在案件裁判中,要充分注意到运用目的解释可能产生的法规范之间的不协调后果。换言之,裁判者也应当对于包括目的解释在内的任何解释方法保持适时的警惕。在笔者搜集的裁判文书中,仅有1例涉及对目的解释的反向论证。例如,2014年3月25日4时许,被告人苏某某在昆明市某茶城90栋楼下,在对宋某停放在此的白色江淮货车的柴油实施盗窃的过程中被大商汇巡逻保安发现。被告人苏某某为抗拒抓捕,使用随身携带的管制刀具对保安进行威胁,后在其逃至前兴路大桶水足疗店路边时被保安和及时赶到的民警抓获。案件的焦点在于转化型抢劫是否存在未遂,裁判文书认为,从罪责刑相适应的刑罚原则看,划分犯罪既遂、未遂的目的就是区分犯罪行为社会危害性的大小,从而为其所应承担的刑事责任提供依据。刑法规定转化型抢劫罪的目的是加大打击犯罪的力度,保护公私财物的所有权和公民的人身权利不受侵犯,转化型抢劫行为侵犯的客体较之盗窃、诈骗、抢夺行为侵犯的客体是复杂客体,不仅危害公民的财产权利,更会危害公民的人身权利,将其定为抢劫罪有利于提高刑罚标准,体现公平,但是如果将所有的转化型抢劫均认定为既遂,不存在未遂的状态,会导致新的不公平,与罪责刑相适应的原则不符。例如,在普通抢劫的场合,采用暴力手段而未取得财物,暴力致人轻微伤的,只能构成抢劫罪未遂。如果行为人实施盗窃未遂,为了逃跑当场使用暴力,抗拒抓捕,致人轻微伤,此时却构成抢劫罪既遂,则在普通抢劫罪中作为未遂处罚的标准,在转化型抢劫中却按既遂处理,显然有失公允,不能做到罪刑罚相适应。因

---

[1] 参见上海市第二中级人民法院刑事判决书,(2006)沪二中刑初字第118号。

[2] 陈航:《刑法论证方法研究》,武汉大学出版社2008年版,第26页。

此,既遂与未遂的区分,应当用一般抢劫罪的标准。本案中,被告人苏某某盗窃后为抗拒抓捕而使用暴力相威胁的行为并未造成他人受伤,且被告人未非法取得财物,系犯罪未遂。[1]

在本案中,(1)指明了刑法规定转化型抢劫的目的,但裁判者也认识到,如果只是简单地运用目的解释来解决的话,可能会出现问题,即造成相关罪名认定的不协调。(2)通过反向论证的方式来矫正目的解释可能带来的问题。亦即如果适用目的解释,则可能会带来新的问题,即所有的转化型抢劫都不存在未遂的话,那么,势必会得出在普通抢劫罪中的未遂在转化型抢劫中可能按照既遂处理,进而导致罪刑的不均衡。(3)反向论证模式,既不否定目的解释的重要性,也并不首肯目的解释的决定性,而旨在表明,目的解释仅仅是裁判实践中运用的一种方法,这种解释的方法同样存在问题,因此,需要通过检视目的解释结论的合理性与否来重新审视预判的结论合理性。而这种反向论证,表现的正是司法的说理性,构成裁判理由的核心部分。这种解释思路,既克服了径直依据目的进行裁判的弊病,又有效地避免了裁判结果重新引发的罪名不协调乃至罪刑不均衡的恶果,应当为今后的司法裁判所倡导。(4)与此同时,本案的裁判也侧面指出了目的解释并非决定性的解释方法。[2] 目的解释与其他解释方法一样,都是为裁判者提供不同的处理案件纠纷的方案而已。对于这种务实的裁判文书,学理上应予以重视。

刑法解释方法的多元性,表明我们不能苛求通过一种解释方法就可以将所有的疑难案件都一劳永逸地得以解决。即便是字面解释,解释的结论也不是唯一的。因为法律的字面规定往往允许对其进行不同的理解。[3] 刑法学理论关于目的解释的纷争将会随着学派之争的形成与发展日渐深入,持不同立场的学者对于目的解释的批判抑或赞同之声的论战在短时间内难以平息。但毫无疑问的是,在裁判实践中,目的解释在司法裁判中的意义不容否认。规范目的在刑法解释和裁判实践中,是型构裁判者理由的重

---

〔1〕 参见云南省昆明市西山区人民法院刑事判决书,(2014)西法刑初字第518号。

〔2〕 参见石聚航:《谁之目的,何种解释?——反思刑法目的解释》,载《现代法学》2015年第6期。

〔3〕 参见[德]克劳斯·罗克辛:《德国刑法中的法律明确性原则》,载梁根林、[德]埃里克·希尔根多夫主编:《中德刑法学者的对话》,北京大学出版社2013年版。

要知识。既不能因坚守不同的学术立场而褒贬目的解释自身的合理性，也不可回避目的解释在司法实践运用中可能存在的问题。真正的学术关注是，目的解释在刑法理论和司法裁判者中所处之境遇存在重大的差别，诸多理论界所关注的涉及目的解释的问题在司法裁判中可能并不是问题，反之，诸多司法裁判中目的解释运用的现状亦未充分引起理论界的关注与思考。在建构说理性裁判文书的大趋势下，目的解释的运用，更应充分建构强调目的之识别、目的之运用以及目的之论证等不同侧面的实践性议题，形成关于目的解释运用的规则性建构。与此同时，裁判实践也向学理提供了可反思性的视角，目的解释的运用并非总是导向扩张性的解释，目的解释也并非完全不可靠的解释方法。从更为长远的角度看，刑法学所关注的命题并不应仅仅是理论命题，若要摆脱实践与理论的不一致甚至实践反对理论的背离境况，刑法解释学应当是包括裁判者在内的学术共同体的集体沟通性努力与实践性的学术志向。

第三章 司法刑法学视域下目的解释的应用

文义解释和目的解释代表了两种不同的法律解释观念或解释理念。司法逻辑视野下的刑法解释着力解决案件事实与刑法规范之间的不对称问题。目的解释因呈现出开放性的结构,通过对案件事实与刑法规范进行交互性分析,以使二者之间能够建立起相互对应的关系。作为中立性方法的目的解释并非控方逻辑的独断性话语。在司法逻辑中,目的解释能够通过担纲辩方逻辑的重任,推进刑法二元机能的实现。

第一节 刑法目的解释的司法逻辑

司法刑法学视域下的刑法解释,需要转变解释的思维,即从静态的对刑法文本的解释,转向在动态的司法过程中对刑法规范的解释。其中,需要考虑控方逻辑和辩方逻辑是如何利用刑法目的解释作为分析工具,进而从整体上促成刑法二元机能的实现。

一、从预设性规范解释到司法刑法学解释

在林林总总的刑法解释方法面前,需要怎样的刑法解释逻辑?这一问题直接关涉刑法解释的基本面向。在问题思考与体系思考并重的解释思维下,即便是教义学,在其发展的轨迹上也呈现出逐渐开放的体系。与此同时,刑法解释也日渐地告别"机械主义"的笼罩。尽管文义解释一直以来被人们强调为刑法解释的起点,甚至是刑法解释的首要位阶性的选择。[1] 例

---

〔1〕 参见苏彩霞:《刑法解释方法的位阶与运用》,载《中国法学》2008 年第 5 期。

如,人们通常会说,解释法律,必须先从法条的文义出发,即依照条文用语的普通或通常含义来解释法条的意义(文义解释方法)。但若法条文义不明,且具多种含义时,则应借助法条在整个法律的系统关系(系统解释方法),以及法条产生的严格的过程探究法条的意义(历史解释方法)。并且,探究法条规范之客观目的,在法条解释中扮演重要功能(目的解释方法)的角色。[1] 当然,近年来,也有否定所谓刑法解释方法位阶的观点。[2] 文义解释尽管重要,在最大程度上保证了刑法文本的确定性,或保障了国民的预测可能性。但文义解释有时并不能提供或生产新的知识,甚至在个别情况下,通过文义解释得出的结论,也未必合理。如前述在解释"审判时怀孕的妇女"时,就面临这种情况。

实际上,当下刑法解释存在的最突出的问题之一是,解释者的解释维度始终盯在已经固化的刑法文本,而忘却或忽略了案件事实与刑法规范之间这种属于司法领域中的关系,才是刑法解释学所要重点关注的问题。

诚然,任何解释都是以文本为解释对象的一项活动,脱离了文本的制约来解释刑法,就会导致所谓的刑法解释成为个体的随意解释。但是,如果仅仅将目光锁定于立法的产品——制定法,则未免会狭隘化刑法解释者的思维。理由为,刑法解释是实践性的活动,而固定化的制定法在本质上是一种预设性的规范。立法的思维是基于经验事实,将纷繁复杂的案件事实按照一定的标准予以过滤,形成关于类型化的判断行为的知识(构成要件)。这种预设的规范具有普遍性的特点,它意指提供一种普适性的指导规则,以寻求同类案件同样处理中所彰显的一般正义。任何具有普遍性的规则,都不可能不经解释直接被运用到案件审理中。换言之,在案件事实面前,刑法规范必须具有适度抽象与概括的特征。因为,刑法规范越具体,意味着刑法规范的外延可能越小,其涵摄能力就越弱。即便理论上如何强调"刑法学是一门精确的学科",[3]这种精确的限度也只是相对于注重"关系思维"的民法而言。[4] 所谓精确的学科,也只是讲,刑法应当尽可能地将包括行为在内

---

〔1〕 参见林山田、许泽天:《刑法要论》,台北,元照出版有限公司2006年版,第47页。

〔2〕 参见周光权:《刑法解释方法位阶性的质疑》,载《法学研究》2014年第5期。

〔3〕 [德]克劳斯·罗克辛:《德国刑法总论》(第1卷),王世洲译,法律出版社2005年版,序言第1页。

〔4〕 刑法关注行为,民法关注关系。此论断受益于刘宪权教授的演讲。

的构成要件要素体系化，并形成关于犯罪评价的一套话语。但是，即便理论上如何强调精确，刑法中仍然会存在大量的需要解释者不断补充与完善的用语。例如，刑法学界几乎没有争议的是，规范性的构成要件要素需要裁判者进行规范性的判断和评价。[1] 其实，即便是对于记述性的构成要件要素，也不可能是贝林格所说的完全中立的要素。人们通常会说，记述性的构成要件要素只需要法官认识即可，而不需要诸如规范性的构成要件要素的规范判断。但问题是，认识和评价之间又具有怎样的关系？是否完全存在认识和评价分离的情况？例如，番茄到底是水果还是蔬菜的问题，显然就没有办法将认识和评价完全分开。刑法中的扒窃，从文义上看，显然是记述性的构成要件要素，但扒窃是否需要罪量的要素？[2] 如果从教义学的体系角度出发，显然，刑法中的扒窃行为不可能是没有任何罪量限定的行为。基于这种限缩性的目的解释或限制处罚范围的立场而作出的解释，本质上就是要实现刑法解释从立法控罪的立场，向司法视野中控罪与出罪交互论证的立场的转变。可以发现，预设性的刑法规范并不能有效地解决案件事实与刑法规范的不对称性，这种解释的结论也未必符合刑法体系自洽性的标准。原因是这种严格恪守制定法的预设性的刑法规范解释理念，是一种基于启蒙运动而产生的唯理主义的理论遗产。"自然法与法律实证论皆致力于客观的认识定义、实体存有论之法定义（法律定义）、包摄的意识形态以及封闭体系之理念。"[3] 但是，这种方法论上的探究在近代哲学解释学兴起的过程中开始受到质疑，任何解释都不能建立在已有认识属于真理性预断的基础上，否则解释就可能成为随意的或固执的解释。摆脱刑法解释困顿的方法之一，在于建立刑法解释的司法逻辑。在司法逻辑的语境下，刑法解释是一项实践性的智识实践。刑法解释立足于开放性的法律观，以解决案件事实与刑法规范之间不对称为中心。刑法解释不是对文本的单向度理解，而是在司法过程中，控辩双方不断论证的结果。

---

〔1〕 参见张明楷：《外国刑法纲要》，清华大学出版社1999年版，第88～89页。

〔2〕 参见王昭武：《扒窃入罪：反思与限定》，载《法律科学（西北政法大学学报）》2014年第4期。

〔3〕 [德]阿图尔·考夫曼：《法律哲学》（第2版），刘幸义译，法律出版社2011年版，第50页。

二、事实与规范的类型及其解释论上的方案

1. 刑法领域中的事实与规范关系的类型

案件事实与刑法规范之间的关系，是刑法解释的中轴性问题。郑永流教授认为，案件事实与刑法规范是否对应的情形，可以分为如下几种：(1)事实与规范关系相适应；(2)事实与规范相对适应；(3)事实与规范关系不相适应；(4)事实缺乏规范标准；(5)事实与规范关系形式相适应实质不相适应等情形。[1] 在刑法中，同样存在上述情况，情形(1)的种类相对而言较为容易判断，主要表现为一些确切的，没有争议的规范。例如，《刑法》第 17 条第 1 款规定："已满十六周岁的人犯罪，应当负刑事责任。"此处的 16 周岁，由于是数学上的概念，因此，不会发生争议。此外，诸如 3 年、7 年、10 年等数字，在刑法适用上不会存在任何理解上的障碍，事实与规范之间能够完全吻合。情形(2)主要体现在一些具有技术性的概念，但是通过立法和司法解释可以进一步明确其含义，这种情形中的概念多是专业性的概念。例如，对于毒品、轻伤、重伤的界定，显然不可能将日常生活概念直接运用到刑法中，这些专业性术语表达了刑法立法一定的评判标准，这种标准可以通过进一步细化的理解来认定，因此，此类界定多带有技术性的特点。因此，在情形(2)中，通常也不会出现案件事实与刑法规范之间冲突紧张的情况。情形(3)则主要是由于刑法规范自身用语的特性而引发的案件事实与刑法规范难以吻合。刑法解释的落脚点是刑法规范或刑法用语，其面对的基本对象是案件事实与刑法文本。易言之，刑法解释有一个基本的逻辑前提是案件事实是确定的。如果案件事实本身不确定，则没有必要进行刑法解释。在案件事实确定之后，解释者就需要结合一定的理念和运用一定的方法对规范进行阐释。但是大量的刑法规范用语存在弹性的空间，即其含义表现出极大的伸缩性或者没有相对明确的认定标准。例如，《刑法》第 13 条关于犯罪概念中"但书"的规定，情节显著轻微且社会危害不大的，不认为是犯罪。但是，对于何为情节显著轻微，以及社会危害不大，显然立法无法进行列举性的规定。例如，对于未成年人实施的犯罪，何为情节显著轻微且社会危害不大，尽管司法解释进行了一系列的努力，但是终究无法将其范围充分界定清楚。最高

---

[1] 参见郑永流：《法是一种实践智慧》，法律出版社 2010 年版，第 233 ~ 234 页。

人民法院2006年1月11日发布的《关于审理未成年人刑事案件具体应用法律若干问题的解释》第9条规定："已满十六周岁不满十八周岁的人实施盗窃行为未超过三次，盗窃数额虽已达到'数额较大'标准，但案发后能如实供述全部盗窃事实并积极退赃，且具有下列情形之一的，可以认定为'情节显著轻微危害不大'，不认为是犯罪：(一)系又聋又哑的人或者盲人；(二)在共同盗窃中起次要或者辅助作用，或者被胁迫；(三)具有其他轻微情节的。"尽管司法解释明确了上述两种情况可以认定为情节显著轻微且社会危害不大，但是对于"其他轻微情节"的认定仍然难以判断，故只能采取兜底性的规定。

此外，在共同盗窃中起次要作用或者辅助作用的，能够认定为情节显著轻微且社会危害不大，那么其他犯罪中，是否也能够如此认定呢？例如，未成年人在共同抢夺或抢劫过程中，起次要作用或辅助作用的，能否认定为抢劫显著轻微且社会危害不大，按照无罪处理呢？对此完全可能有两种解释方案，一种解释方案是，基于未成年人犯罪的特殊性，应当以"教育为主、惩罚为辅"的刑事政策为解释理念，既然共同盗窃是按照无罪处理的，那么本着遵从上述关于未成年人犯罪的刑事政策，对在共同抢劫中起到次要作用或辅助作用的，也应当以无罪处理。另一种解释方案则可能是，盗窃罪和抢劫罪所侵犯的法益完全不同，即抢劫罪相对于盗窃罪而言不仅侵犯了他人的财产权利，还侵犯了他人的人身权利。基于此，如果以盗窃罪的上述规定同样适用于抢劫罪，则会造成罪刑的不均衡，由此可能得出否定适用但书的规定。可见，情形(3)容易引发解释论上的不统一。

情形(4)则是案件事实本身无法可依，在这种情况下，基于罪刑法定原则的基本要求，以无罪处理。情形(5)主要体现在根据既有刑法的规定，依据解释的基本原理得出的解释结论明显难以令人接受。例如，对于将身份证明为女性的男性拐卖的，能否认定为拐卖妇女罪？如果一概地以有效的身份证明作为认定公民性别的依据，则可能会认为上述情况构成拐卖妇女罪。但是，这种解释结论显然无法令人接受。实践中，法院也会对这种固守形式的解释予以修正，基于社会意义的角度来认定，例如，根据被害人的生活情况，熟悉他的人都认为其是男性等情形来综合判断。因此，上述"拐卖"行为如果达到了非法拘禁罪的立案追诉标准，应当以非法拘禁罪论处，而不能认定为拐卖妇女罪。

从上述对案件事实与刑法规范的类型分析，可以明确的是，刑法解释着力要解决的应当是情形(3)中事实与规范关系不相适应的问题。由于刑法规范用语的不明确以及用语范围的伸缩性难以把握,为解释者带来了诸多困惑。这就需要进一步探讨相应的解释方案。

2. 应对案件事实与刑法规范不相适应的解释方案

在案件事实与刑法规范不相适应时,就需要在学理上通过解释实现二者的相互适应。刑法解释的方法有诸多种,而在诸多解释方法中,有学者认为:“文义解释和目的解释是当今法学两大主要的解释方法。”〔1〕之所以学者会得出上述认识,笔者认为,可能原因在于这两种解释方法代表了两种不同的法律解释观念或解释理念。〔2〕

(1)文义解释与预设刑法观

所谓预设刑法观,是指人们试图通过立法来精确性地涵摄生活世界中的案件事实,其内在的逻辑是所有的案件事实都能够在刑法中找到与之对应的规范。预设刑法观的积极意义在于:①最大限度地反映了刑法立法的理性,人们尽可能通过规范的设置来全面地评价犯罪行为。②契合国民预测可能性,预设刑法观通过制定法的形式,固化刑法用语的自身含义,以形成较为稳定的刑法体系,由此为国民理解刑法并安排自己的行动提供了明确的指引。③预设刑法观特别注重刑法体系的内在自足,尤其是刑法概念之间的关系,基于“以概念为核心”的理念建构刑法的体系。因此,预设刑法观特别强调刑法的安定性,以维护刑法安定性为宗旨。

文义解释与这种预设刑法观有着密切的联系。也因此,文义解释在刑法解释学中被赋予了极其重要的地位。林山田教授认为:“由于法条文字乃解释的基本素材,从法条条文的文字与用语开始,进行文义解释。因此,文义解释可以说是刑法解释的开端,而且也是刑法解释的界限。”〔3〕问题在于,文义的边界实际上也是难以确定的。所谓文义,无外乎是刑法用语可能具有的含义,而构成刑法文义的核心是日常的经验生活。如果对于某一用语具有专业性的判断标准或者在专业领域内部业已形成共识,则不难判断。但是,对于刑法中兜底条款的解释,文义解释似乎也没有办法给出合理的解

---

〔1〕 张燕玲、白帮武:《简论目的解释及其应用》,载《东岳论丛》2005 年第 3 期。

〔2〕 当然,这并不是意味着诸如体系解释、当然解释等其解释方法不重要,而是就本文而言,文义解释和目的解释最能够反映出两种不同的解释观念。

〔3〕 林山田:《刑法通论》(上),北京大学出版社 2012 年版,第 87 页。

释。例如,《刑法》第225条第4项"其他严重扰乱市场秩序的非法经营行为",《刑法》第114条以危险方法危害公共安全罪中的"危险方法"的界定,也不是通过文义解释能够明确的。此外,如果不结合刑法规定某罪的目的而只是静态地对刑法规范中的用语进行文义解释,也会导致刑法解释结论的不合理。例如,某甲与某乙是亲属关系,某乙长期居住的房子产权尚未确定。某甲认为房子是由其与某乙共同出资修建,因而进入某乙的房间而拒不退出的,某甲的行为是否构成非法侵入住宅罪?从文义解释的角度来看,非法侵入他人住宅,并不要求他人对住宅拥有明确的所有权。非法侵入他人租住的房屋的行为,也应当认定为非法侵入住宅罪。但是,如果按照这种理解,基于亲属之间产权纠纷而引起的上述问题,就有可能认定某甲的行为构成非法侵入住宅罪。但是,实践中,法院一般不会形式地理解非法侵入住宅而认定某甲的行为构成非法侵入住宅罪,反而认为本案属于民事法律关系,应当由民法调整。[1] 由此可见,在不典型案件中,文义解释对于行为的定性,可能会出现面对概括性刑法规范用语时无能为力的局面。

换言之,基于预设性的刑法规范逻辑延伸下的文义解释,在本质上是一种静态的解释,因未关注案件事实的特殊性,而可能导致解释呈现出封闭性的格局。当一种解释无法对案件事实尤其是疑难案件事实呈现出开放性的结构时,这种解释在司法实践中就可能会遭遇搁浅。

(2)目的解释与应用刑法观

与预设刑法观相比,应用刑法观则是以关注案件事实与刑法规范之间的关系为基本面向的刑法观。在应用刑法观中,案件事实本身是型构刑法规范的一种形式。换言之,刑法解释的逻辑不再是从规范到事实单向度的理解,而是在司法逻辑中控方与辩方博弈过程中的双向理解。预设的刑法规范尽管能够保障国民对于刑法规范的一般理解的确定性与安定性,但是,在实践中,这种静态的解释经常遭遇到复杂的案件事实的挑战。刑法解释不可能完全回避案件事实,就具体个案而言,解释多是个别性的、而不是普适性的、一般性的结论。既然如此,解释者在解释的过程中就不可能摆脱诸如解释者的立场、前理解等各种复杂因素的影响。

刑法领域中的解释,与其说是主体对规范的认知,倒不如说是解释主体

---

〔1〕 参见甘肃省天水市中级人民法院刑事裁定书,(2015)天刑一终字第6号。

对解释的目的性论证。苏力教授曾断言:"司法解释中的所谓'解释',究其根本看不是一个解释问题,而是一个判断问题。司法的根本目的并不在于搞清楚文字的含义是什么,而是在判定什么样的决定是比较好的,是社会可以接受的。"[1]显然,苏力教授的观点是从社科法学对解释的一种新的阐释。

但这种阐释明确地展示了刑法解释的司法面向:其一,任何解释都不仅仅是对刑法规范或用语的自我解释,而是在动态的诉讼过程中,经过控辩双方论证之后的一种结论。其二,对司法而言,任何解释的方案都是一种解释工具,从来不要迷信任何解释方法的优越性,任何一种解释方法都是目的解释。[2] 当然,这种观点有过度夸大目的解释的嫌疑。笔者认为,在现行的解释体制之下,仍然需要遵从一般的目的解释的概念,即根据法律条文的目的观和价值观来解释刑法规范。[3] 只不过,这种目的的发现与形成,是在刑法应用的过程中形成,而非基于预设性的逻辑推演而得出的。"论证逻辑是在人的交往关系中通过主体间性体现出来的辩证逻辑,是辩证逻辑的一种特定形态。"[4]论证逻辑具有明确的目的性,论证逻辑的目的性体现在,追求法律活动的正当性和可接受性是法律论证的出发点和归宿。法律论证的过程就是围绕这一目的展开的论述说理过程,并试图最终证明自己主张的正确性或决定的合理性。这意味着,法律论证是一种理性思维活动,它需要摆脱非理性因素的任意支配。法律论证的另外一个特点是交流性,亦即法律论证活动既不是一种独断性的决定也不是独白,它应当是"商谈""对话"与沟通,它强调不同主体之间的交互作用过程。[5] 其三,特别需要注意的是,以突出实践品格,遵循司法逻辑的目的解释并不意味着可以对刑法规范进行随意的解释。目的解释的目的应当是一种客观的规范目的。有学者通过比较立法目的和立法意图,指出,"立法目的是一种客观规范,而不像

[1] 苏力:《解释的难题:对几种法律文本解释方法的追问》,载梁治平编:《法律解释问题》,法律出版社1998年版。

[2] 参见林维:《刑法司法解释的真实逻辑》,载《南京师大学报(社会科学版)》2013年第1期。

[3] 参见林山田:《刑法通论》(上册),北京大学出版社2012年版,第86页。

[4] 刘远:《面向司法的刑法学建构探析》,载《法学》2014年第10期。

[5] 参见陈航:《刑法论证方法研究》,武汉大学出版社2008年版,前言第6页。

‘立法意图’一样具有很强的主观性”[1]。笔者认为,客观的规范目的,至少应当是合乎罪质并且符合类型性的解释。例如,我们无论如何不能主张因为生产、销售伪劣产品罪中有虚假的欺骗消费者的成分,就认定生产、销售伪劣产品罪也构成诈骗罪,从而主张按照想象竞合或者法规竞合而从一重罪处断。这种解释不能被人们接受的主要原因在于其突破了生产、销售伪劣产品罪和诈骗罪的类型性规定。[2] 因此,脱离了合类型性的规范的目的制约,解释的结论就会表现出肆意性。目的解释并不等同于肆意司法,作为法治国家的一种刑法解释方法,它充其量是“戴着枷锁的舞者”。对目的的追求不仅要合理性与有效性并重,而且目的的确定必须在规范内得以理解。

在应用刑法观的视野下,目的解释呈现出开放性的结构。在解释中,案件事实与刑法规范的比较点就是规范目的。其中,重点对案件事实与刑法规范进行交互性分析,以使案件事实与刑法规范之间能够建立起相互对应的关系。“也就是说,一方面法律理念须对于生活事实开放,它须被实体化、具体化以及实证化,以便于形成概念;而另一方面所预见的事实须以法律理念为导向来进行典型建构及形成。”[3]对于这种交互分析的具体展开,表现为如下过程:其一,刑法规范首先以固定的含义来涵摄案件事实,这个过程需要对案件事实进行过滤,过滤的标尺是刑法规范。其二,当刑法规范的固有含义不确定究竟是否能够涵摄案件事实时,就需要重新来思考刑法规范的含义。具体的思考路径是案件事实是否能够拓展刑法规范的固有含义,进一步明确它的边缘含义。确定其边缘含义的核心关联因素是刑法规范的目的,因此,这个过程中也伴随着规范目的的确定。当然,在解释的过程中也需要虑及与此问题相关的刑法体系性是如何规定的。其三,当解释的结论能够涵摄案件事实时,并不意味着解释活动的终结,解释者还需要考虑这种解释的结论是否能够被人们所接纳。因为交互分析重点要解决的问题就是疑难案例,所要明确的是刑法规范的边缘含义。因此,这种解释结论通常是有争议的,为此,就需要再次检验这种解释结论的科学性与合理性。

---

[1] 蒋惠岭:《目的解释法的理论及适用》(上),载《法律适用(国家法官学院学报)》2002年第5期。

[2] 参见蔡道通:《特别法条优于普通法条适用——以金融诈骗罪行为类型的意义为分析视角》,载《法学家》2015年第5期。

[3] [德]阿图尔·考夫曼:《法律哲学》(第2版),刘幸义译,法律出版社2011年版,第18页。

唯有以规范目的为核心的解释才能够体现出解释者的逻辑,真正能够激发并彰显解释功能的应当是以疑难案件为中心的交互分析。其中,刑法解释的模糊地带,是检验解释者解释能力和解释视野的绝佳素材。例如,《刑法》第239条规定,以勒索财物为目的绑架他人的,或者绑架他人作为人质的,以绑架罪论处。在非勒索财物性的绑架类型中,其目的究竟是什么?一般认为,此处为满足不法要求,仅限于刑法上的不法要求。但是这仍然没有明确界定不法的范围和内容。例如,行为人以恢复恋爱关系为目的,采用暴力手段劫持他人的,如何定性?如果按照绑架的不法要求仅限于"刑法上的不法要求",恢复恋爱为目的很难被认定为绑架罪的不法要求,但问题是,行为人的确控制了被害人的人身自由,并对被害人人身构成了现实的危险时,显然已经侵害了绑架罪的法益,因此,按照绑架罪论处自然没有异议。[1] 易言之,在解释刑法规范时,既不能不当地减少构成要件的要素,也不宜不当地增加构成要件要素,否则就会出现处罚范围的偏大或者偏小的情况。目的解释承认案件事实对刑法规范的型构意义,亦即,案件事实不是按照三段论被动地被作为小前提适用的,案件事实完全可能成为填充刑法规范内涵的积极因素。《刑法》第245条并没有规定非法侵入住宅的罪量因素,那么是否意味着非法侵入住宅的行为就不考虑罪量因素呢?只要行为人侵入了他人住宅就可以构成本罪呢?如果采取肯定的观点,势必会导致本罪的范围过宽。而实际上,非法侵入住宅罪通常只是对那些非法侵入他人住宅,严重妨碍了他人的居住与生活安宁,而又不构成其他罪名的,才以非法侵入住宅罪论处。[2] 例如,行为人将尸体停放在他人家中,尽管他人长期不在家中,仍然不妨害其构成非法侵入住宅罪。由此,我们就可以发现,由于受到非法侵入住宅罪的法益"住宅安宁说"的制约,单纯未经他人同意而进入他人住宅又退出的行为,不能认定为本罪,这显然是限缩了本罪的犯罪圈。但同时,对住宅安宁也应当采取基于生活利益的抽象判断,不能因为他人住宅中长期无人居住,而排除他人的安宁,并据此否定停尸行为构成非法侵入住宅罪。

我们进一步会发现,尽管目的解释始终强调贯彻法益的概念,但由于受到类型化的制约,并不意味着目的解释的结论一定是扩张性的或限缩性的。

---

〔1〕 参见杭州市下城区人民法院刑事判决书,(2007)下刑初字第281号。

〔2〕 参见张明楷:《刑法学(下)》(第5版),法律出版社2016年版,第906页。

质言之，无论是扩张抑或限缩，唯有以法益和类型为边界，目的解释才可能获取自身的合理性。

三、目的解释如何担纲刑法司法中的辩护逻辑

根据二元的刑法机能论，刑法的机能在于实现法益保护与人权保障的平衡。刑法解释是刑法机能在解释论下的一种延伸。动态地看，无论刑法机能抑或刑法解释，均是在司法过程中控方逻辑与辩方逻辑博弈的过程。

（一）作为中立性方法的目的解释并非控方逻辑的独断性话语

控方逻辑彰显着国家扩张刑罚权的本能和欲望，在解释论层面通常会扩张性地解释。例如，近些年来非法经营罪"兜底条款"的日渐扩张，均在一定程度上表明了模糊的刑法概念或刑法用语，最受控方青睐，它所表现的是控方试图通过运用罪名的构成要件，积极地追究行为人的刑事责任，以实现社会防卫的目的。

处于实践中的司法刑法是否尊重辩护逻辑，直接考量着刑法制度的合法性根基。

之所以刑法在现代社会中尚存理性，根本原因就在于，刑法的话语不是由控方主导的单向的格局与体系，而是控辩双方共同在对抗中逐渐论证形成的双向格局与体系。"发现控辩双方刑法思维的基本规律，发掘其在解释刑法中的话语空间和在刑法论证中的言语机会，乃面向司法的刑法学的逻辑起点。"[1]也因此，控方逻辑的解释思路，通常都是一般性的，其基本刑法观是上文所说的预设性的刑法观，基于追诉功能的驱动，预设性的刑法观在解释犯罪时，其前理解的思维模式是即便无法肯定行为构成何罪，但却不排除行为是"有问题的"。因此，这种"问题推定"思维下的刑法解释，通常会在解释论上采取扩张性的解释或在适用刑法时采取目的性扩张。尤其在面对不明确的刑法用语时，我们会发现不符合罪质的行为被强行拉入构成要件中。此外，刑法修改和完善过程中抽象危险犯的日益增多、罪量因素在个罪犯罪论体系中地位的削减，无不表征控方逻辑在刑法司法中的强势地位。

---

〔1〕 刘远：《面向司法的刑法学建构探析》，载《法学》2014年第10期。

刑法学界有一种担心认为,控方逻辑与目的解释结合时,目的解释通常会表现出强烈的恣意性。例如,劳东燕教授认为:“目的解释的基本功能是扩张刑法条文的弹性,当它成为刑法解释方法的‘桂冠’时,这本身意味着对古典时代严格解释规则的背弃。”[1]如果套用司法刑法学的范式,上述观点显然将目的解释与控方逻辑天然地结合在一起,或者说目的解释与控方逻辑之间在犯罪治理实践中结成了同盟关系,进而反叛基于古典自由主义而形成的现代刑法体系。但是,这种观点显然是仅考虑了目的解释的控方逻辑,实际上,只要承认前文所述的刑法解释受制于刑法二元机能的制约,目的解释就不能被界定为是仅为了扩张处罚范围的控方逻辑延伸。

在预设性的刑法观中,目的解释当然容易被控方逻辑所裹挟,基于强烈的唯理主义,刑法司法在捍卫刑法立法无缺漏的理念驱动下,将非类型化的行为解释为犯罪,是控方逻辑的自然延伸。例如,将扒窃、醉酒驾驶等毫无例外地认定为不需要罪量因素制约的犯罪类型。再如,对于法益受损尚有时距的预备行为,刑法却采取处罚预备犯为原则的立法例,无不是控方逻辑在刑法上的佐证。但是,在应用性的刑法观中,只要承认司法逻辑是由控方逻辑和辩方逻辑共同构成的,那么,在辩方逻辑运用中的目的解释也担当着对抗控方逻辑,收缩犯罪圈的功能。因此,作为中立性的刑法解释方法,目的解释也并不是为控方所专断享有,同样可以在辩方逻辑中发挥功效。

(二)辩方逻辑中目的解释的运用

的确,目的解释与实质化思潮之间具有内在的关联。当下文义解释仍然受到相当程度的重视,“尽管如此,最近之潮流,却朝向实质解释论而发展。亦即,一方面超越形式上仅确定处罚范围之阶段,合理地选择真正值得处罚之行为;另一方面亦已经改变了形式上该当于犯罪之行为是否真正值得处罚行为之思考方向。此种改变,主要系‘依实质上解释而成立之判例’已为学者所重视,因而肯认犯罪论实质化及构成要件实质解释之概念”[2]。实质化思潮影响下的刑法实质解释并不必然地导致司法中控方逻辑的扩张,目的解释及其背后隐喻的实质化判断,同样可以担纲辩方逻辑的重任。

---

[1] 劳东燕:《刑法中目的解释的方法论反思》,载《政法论坛》2014年第3期。

[2] 余振华:《刑法深思·深思刑法》,台北,元照出版有限公司2005年版,第10页。

"法官适用法律包括刑法从来都不是被看作仅仅依据规则就可以得出判决的逻辑系统,亦不被看作一个完美无缺的概念结构,而始终是以一种立足于规则之上、但求助于实质正义、社会经验和当下情境来形成判断。"[1]也由此,除了关注预设性刑法规范的一般含义之外,目的解释更关注经验事实对刑法规范理解的功能,或对刑法规范的经验意义理解。个案中的刑法适用关注的是具体的个别正义,"刑法中的正义,不是所谓平均的正义,而应该是分配的正义"[2]。在经验因素融入犯罪判断中时,刑法立法的抽象的正义实现或保卫社会的控方逻辑会受到相应的制约。例如,在控方逻辑中,一般不承认所谓的习惯或习惯法作为法源,控方逻辑更倾向或青睐于代表国家治理犯罪最明确的立场表达——制定法的意义。但是,司法刑法学中的刑法适用,却不可能是制定法不受阻碍地对案件事实的适用。前文所述的在少数民族抢婚案件中出现的致人轻伤的行为,如果根据控方的逻辑,任何对他人健康构成危害的行为,都是刑法所不允许的。因此,以预设性的刑法规范,形式地理解,上述行为可以构成故意伤害罪。但是,在辩方逻辑看来,对个案及适用的刑法规范的判断,应当是基于合理性的目的性解释。实质化思潮逐步承认习惯法在刑法法源中的地位和功能,当依据一般性的规范论断与习惯法的规定发生冲突时,习惯法完全可以阻却行为的违法性。刑法适用是地方性的知识,力图追求放之四海皆有唯一标准的做法既不合理,也不现实。

在刑法的体系发生变化之后,能否对其中的个罪作出重新解释,是刑法解释中需要认真探讨的问题。例如,遗弃非家庭成员的人是否能够认定为遗弃罪?刑法学界有两种对立的观点,一种观点认为,现行刑法并没有将遗弃罪规定为妨害婚姻家庭的犯罪,而是规定为侵犯公民人身权利的犯罪,具有重新解释遗弃罪的余地。因此,行为对象不必与行为主体具有亲属关系。[3] 另一种反对的观点认为,在司法实践中,应当将遗弃罪的主体限于家庭间负有扶养义务的家庭成员。依特定的职业道德和职责应当对特定的

---

〔1〕 刘艳红:《走向实质解释的刑法学——刑法方法论的发端、发展与发达》,载梁根林主编:《刑法方法论》,北京大学出版社 2006 年版。

〔2〕 [日]大塚仁:《刑法概说》(总论),冯军译,中国人民大学出版社 2003 年版,第 20 页。

〔3〕 参见张明楷:《刑法学(下)》(第 5 版),法律出版社 2016 年版,第 865 页。

对象履行救助职责而拒不履行的行为人,不能成立遗弃罪的主体。[1] 如果只是静态地看刑法关于遗弃罪的条文规定,的确难以得出行为对象是否仅限于具有亲属关系的家庭成员。但是,如果在控方逻辑和辩方逻辑共同构成的司法逻辑视野下去寻求遗弃罪的规范目的,则可能会更为明朗。否定行为对象是亲属关系成员的观点的主要理由是,1997 年《刑法》与 1979 年《刑法》相比,取消了第七章妨害婚姻、家庭罪,而是将遗弃罪直接放入了现行《刑法》第 4 章侵犯公民人身权利、民主权利犯罪中,尽管遗弃罪的条文没有发生任何的变化,但遗弃罪侵害的法益应当被重新界定为公民的人身权利,对象就不应仅限于家庭成员,这种解释路径显然是通过立法的修改来探寻遗弃罪的规范目的。但是,如果这种解释导致的结论与关联罪名之间的体系出现矛盾时,则解释结论就会存在问题。通过回溯 1979 年《刑法》的规定,我们会发现,1979 年《刑法》第 179 条暴力干涉婚姻自由罪、第 180 条重婚罪、第 181 条破坏军婚罪、第 182 条虐待罪、第 183 条遗弃罪等上述法条在 1997 年《刑法》修改时,不仅条文的含义没有发生变化,而且体系也没有发生大的变化。如果认为遗弃罪的法益从妨害婚姻、家庭变为公民的人身权利,那势必也意味着虐待罪的法益也发生了变化,因此,就需要对虐待罪中的家庭成员作出扩大的解释,并据此认为教师虐待学生的行为也应当认定为虐待罪。显然如此解释,则扩大了虐待罪的处罚范围。[2] 因此,上述解释并不符合刑法修改后遗弃罪客观的规范目的。1997 年《刑法》废除妨害婚姻、家庭罪的原因大体有两种:(1)作为分则的一章,妨害婚姻、家庭罪的罪名过少,难成一章;(2)广义上的人身权利,包括人格权和身份权,婚姻、家庭中成员的权益显然属于广义的人身权利。废除妨害婚姻、家庭罪并不会导致其法益发生根本的变化,将之放入侵犯公民人身权利、民主权利犯罪一章中也不会有理论上的障碍。因此,遗弃罪条文没有发生变化,其对象仍然仅限定于家庭成员。

担纲辩方逻辑的目的解释,在解释的过程中由于考虑到个案的复杂因素,因此通常会对一般性的刑法规范予以适度的限制。在司法逻辑的框架下,刑法目的解释也完全可以成为辩方逻辑据此对抗控方逻辑的有效方法。

---

〔1〕 参见王作富主编:《刑法分则实务研究》(中),中国方正出版社 2010 年版,第 885 页。

〔2〕 对此,可按《刑法修正案(九)》新增的虐待被监护、看护人罪论处,从刑法立法增设本罪来看,有明显否定虐待罪的对象包括非家庭人员的立场。

控方逻辑一般会基于目的设定的抽象性而认为刑法规范基本上能够囊括案件的事实，乐于寻找事实与既有规范片面的质的共同性，造成对事物的质的规定性核心要素的减少，进而扩大解释的范围。但实际上，制定法通常会存在不圆满的状态，[1]这就决定了控方逻辑的攻击性在制定法的适用中会屡屡受阻，也因此，控方逻辑下的目的解释多表现为抽象的、笼统的甚至是政治性的话语。而目的解释在辩方逻辑的运用中，则可以不失时机地运用经验理性，通过关照生活刑法来纠偏控方逻辑的偏执，进而在解释论上推进刑法二元机能的实现。

“每一个时代的人皆生活在一个充满原则、目的、价值之矛盾中，人的生活注定是一种混合的产物，有时甚至是无逻辑的，各种道德与社会价值往往对立存在，这就需要判断与价值衡量。”[2]但刑法解释以及刑法司法作为一种旨在终结纠纷的独断性活动，[3]需要建构自身的逻辑体系。控方逻辑和辩方逻辑的对抗性，注定了二者都可能在诉讼中使用目的解释，进而作为二者的方法论支撑。但是，这并不意味着目的解释是控方逻辑的专有性话语。目的解释及其所追求的刑法实质化，可能但不必然带来解释的恣意或犯罪化的无边界。作为中立性的目的解释方法，同样可以为辩方逻辑所适用。真正需要警惕的是，目的解释之目的不能在单向度的控方逻辑中被修辞为功利的社会防卫，而应当同时考虑目的解释因关注经验事实对预设性刑法规范的纠偏功能，而使得刑法解释在司法逻辑的场域中逐渐走向实践理性。

第二节　目的解释柔化刑法规范的僵化性：以避险限度的解释为例

刑法文本所考虑的是普遍性的、一般性的事实。但在司法运用中，需要对类型化的并具有相对封闭性的刑法规范予以具体的、细致的分析。不能

[1] 关于制定法不圆满的论述，参见黄建辉：《法律阐释论》，台北，新学林出版股份有限公司2000年版，第27页。

[2] 范进学：《美国宪法解释方法论》，法律出版社2010年版，第41页。

[3] 所谓独断性的活动，是指区别于文学解释，刑法解释必须有一个权威性的最终的解释结论，以起到“定分止争”的作用，而不是指刑法解释是一种专断性的行为。

因为刑法立法追求规范适用的统一性,而否定不同情形不同处理的合理性。在避险限度的认定中,就体现了不能过于从纯粹的利益衡量来认定,而需要用目的解释对刑法文本中“避险限度”相关的规范含义作出进一步的阐释。

一、刑法主流观点关于避险限度界定的检视

刑法学理论一般认为,避险措施造成的危害应当小于避险所要保护的价值。“为了保护一个合法权益而损害的另一合法权益,既不能等于、更不能大于所保护的权益。”〔1〕“应当引入法益比较原则,同时考虑行为人的期待可能性。在一般情况下,凡是紧急避险行为所引起的损害小于所避免的损害的,并且这种损害是为避险所必需的,就是没有超过必要限度。反之,则超过了必要限度。”〔2〕但问题是,避险限度的把握不是纯粹的利益衡量问题。当前刑法学界对紧急避险限度的研究,实际上是仅仅从案件的价值比较来考虑的,但是这种考虑未必符合法的基本要求,解释的结论也可能不符合法的目的。即便按照日本刑法学者所说的,对整体社会利益有益的行为才是可以允许的行为,但对所谓整体社会利益的界定,显然不是也不应该仅仅是二者利益价值大小的对比。更多的情况是,两个法益之间根本无法进行精确地比较。例如,财产权和人格权之间在比较时,人格权是否绝对地优先于财产权呢?当A面临B采取轻微的暴力侮辱的方式侮辱其人格时,是否能够将C价值数万元的财产用于反击B?因此,价值大小,不能以利益的简单对比得以明示,还需要考虑社会观念作实质性的解释。

由此可见,以量化的方法来寻求对紧急避险“必要限度”认定的方法所适用的空间是非常小的,其只能在同质的法益之间可以适用。随着新型权利的日渐增多,许多权利的价值之间不可能完全以价值的大小进行数量上的排序。因此,对紧急避险限度的界定,需要接受刑法目的的指引和限定。目的解释对刑法适用具有指引性,尤其是在疑难案件无法处理时,目的解释往往能够融通法律的价值与个案事实之间的矛盾而成为有效的解释方法。

---

〔1〕 高铭暄、马克昌主编:《刑法学》(第6版),北京大学出版社2014年版,第139页。

〔2〕 陈兴良:《本体刑法学》,商务印书馆2001年版,第463页。

二、避险限度认定中透视的建构主义

(一)当下紧急避险必要限度判断的基本方法

如前所述,当前刑法学说对紧急避险限度研究的基本方法是损害的利益与意欲保护的利益二者之间的对比。传统观点对避险限度的认定主要集中在同质性法益的对比衡量和异质性法益的对比这两种情形中。

所谓同质性法益的对比,是指法益的性质是相同的,例如,财产权与财产权的对比。对此,行为无价值与结果无价值在讨论避险限度是否包括为自己的利益时曾运用过这种方法。行为无价值论认为,为了保全自己的价值100万元的利益而牺牲他人价值100万元的利益就是不当的。结果无价值论认为,当价值100万元的甲利益与价值100万元的乙法益发生冲突,保护甲利益的唯一有效方法是损害乙利益时,从整体利益来考察,行为人所实施的避险行为对法益实际上没有造成新的损害。即使行为人是为了自己的利益而牺牲了他人的同等利益,也只是道德上与民法上的责任,不能因此追究刑事责任。[1]

在保护的利益和损害的利益之间性质不同时,同样存在利益的对比衡量。由于不同利益之间的法益衡量没有可以对比的标准单位。因此,在异质性法益的对比过程中,简单的数理换算将无法得出答案。例如,A以保全自己的生命来损害B的财产,显然,生命权和财产权是无法按照财产权之间的对比进行衡量的。但缘何人们认为生命权的法益保护要高于财产权的法益保护?解释的理由是,人们通常认为尊重生命是法律的基本要义。无论财产价值有多大,都无法与作为生存意义上的生命价值相提并论。但这也并不是绝对的,在特殊情况下,生命权与其他重大的公法益之间出现冲突时,例如,A受到现实的生命威胁,被要求其泄露国家秘密(A非国家保密人员),是否能以泄露国家秘密来保全自己的生命呢?此时,人们或许认为国家安全的重大事项优先于个人法益,因此,泄露国家秘密的,同样不能认定为紧急避险。如果认为,个人的生命优先于国家安全,则可能得出A的行为构成紧急避险。由此可见,在异质性的法益衡量中,纯粹的数量化对比是无法适用的,是否构成紧急避险与整个法律的目的以及隐藏在法律目的背后

---

〔1〕 参见张明楷:《刑法的基本立场》,中国法制出版社2002年版,第80页。

的社会文化、法律价值等存在重要的关联。“法益价值的判断，是一个重要问题。大体可以肯定，生命法益重于身体法益、身体法益重于财产利益，但现在还难以形成一般的、具体的标准，只能根据社会观念进行客观的、合理的判断。此外，进行法益衡量时，还要考虑危险的紧迫性与重大性、危险源的具体情况、损害行为的程度、当事人的忍受义务等等。”〔1〕紧急避险限度认定中真正疑难的问题却恰恰就是异质性法益的对比，即当二者之间的利益并不具有可比性时，如何来比较利益的大小？需要在解释思维和解释方法上予以适度地转换。

（二）量化对比判断方法的内在特质

面对数理对比判断方法，有学者提出了质疑：“紧急避险的限度所涉及的两种损害相衡，在本质上是一种价值权衡，不能单纯通过损害大小之比较或者以此为基础，将之解读为形式化、量化的客观标准。”〔2〕形式化、量化的客观标准反映的是紧急避险限度研究中的概念思维。在概念思维中，概念本身构成了存在的本身。耶林在《法学的概念天国》中引用“灵魂诱导者”的话，“对概念和抽象原则之至高无上性的坚定不移的信念，是你在这里将要碰到的所有人的共同之处”〔3〕。概念法学的基本特征可以概括为如下：(1)概念的至高无上性，所有的法律体系在本质上都是“概念大厅”（耶林语），法律体系的组成本身是由概念所构成的。概念本身是先验性的，不容动摇和质疑的合理存在。(2)建构主义贯穿始终，为了达致体系的完整性，法学理论乐此不疲地建构各种关联性的概念。概念本身就是建构的目的和存在的意义。“理性思维造就了法律理论家独特的优越性，这种优越性的基础是，他们在思考法律问题时不受实践中的现实条件之约束。他们完全不需要考虑应用和证明的问题——他们所思考的就是存在的。”〔4〕也因此，概念是不会顾及实践需求的。

基于这种概念建构的普遍性心理，紧急避险的限度获得一般性的规则，

---

〔1〕 张明楷：《刑法学（上）》（第5版），法律出版社2016年版，第221页。

〔2〕 彭文华：《紧急避险限度的适当性标准》，载《法学》2013年第3期。

〔3〕 [德]鲁道夫·冯·耶林：《法学的概念天国》，柯伟才、于庆生译，中国法制出版社2009年版，第12页。

〔4〕 同上书，第39页。

通过利益的衡量,来寻求自身的合理性。但是,普遍建构的规则未必总是有效的。一般情况下,我们应当遵循损害的利益应小于要保全的利益,这对于整个抽象的整体利益的保护是有益的。但是,如果在危急情势下,一概要求前者要小于后者,则可能就有问题了。刑法学经常举的例子,二人同时掉入水中,共同抱着一根木头。甲能够为了保全自己的生命而损害他人的生命,如果在不损害他人生命可能导致两个生命同时受损的情况下,我们应当承认损害的有效性。也就是说,在危急情势下,规则的判断,需要在整体利益的维持下允许个体力量的原始博弈。这种原始博弈不仅是人的本能,也符合整体的利益诉求。因此,以概念法学为中轴强调避险限度的客观化判断的普遍规则本身存在重大缺陷。

首先,基于建构主义的情结追求规则的普适性历来是启蒙遗产在现代法学中的一厢情愿。在避险限度的法律规定中,刑法规定的“超过必要限度造成不应有的损害的”,人们更多地将目光锁定在“超过必要限度”中,这反映出了人们对于数字的敏感性,或对于利益衡量的唯理化倾向。但问题是,构成避险限度的条件是由“超过必要限度”以及“造成不应有的损害”两个要素构成的。换言之,超过必要限度未必同时造成了不应有的损害。同样存在超过了必要限度,但没有造成不应有损害的情形。例如,“在发生森林火灾,为了防止火灾蔓延,不得已砍伐形成隔离带时,如果根据当时的客观情况,只要有 10 米宽的隔离带即可,行为人却下令大量砍伐树木形成 50 米宽的隔离带”。[1] 不能够因为行为人多砍了 40 米宽隔离带的树木就认定其构成避险过当。换言之,在避险限度的解读中,基于概念思维形成的数量判断出现了偏差。亦即,充满概念思维的建构主义仅仅在避险限度中具有辅助的作用,或者仅仅是判断标准的一个侧面,不能将是否造成避险限度单纯简化为利益之间的衡量问题。

其次,退一步讲,即便在利益之间的数量判定方法中,如前所述,也不是单纯的数学计算问题。法律所处理的是人与人的关系,这种关系很难用精确的数学语言得以表达。避险限度的判断不是抽象的规则演绎,是具体的现实的判断。用唯数理化的形式判断,不仅是对法律规则本身的曲解和误读,其坚守所谓的形式标准可能重新造成不正义。“用科学理性来把握人必

---

〔1〕 张明楷:《刑法学(上)》(第 5 版),法律出版社 2016 年版,第 220 页。

然造成对人的认识的阙失。因此,我们就不难理解为什么基于科学理性的现代社会的技术统治总是和'人的遗忘'这一人的异化联系在一起,以致于社会愈是理性化,人愈是发现自己是非合理的东西;社会愈是技术化,人愈是充满了对非技术的原始社会的美好向往和回忆。"〔1〕规则的判断不能以异化人为代价,规则的判断中也不能以牺牲规则所赖以生存的社会观念和价值为代价。

三、避险限度的分析工具与解释思维的转变

既然仅仅依靠利益衡量方法无法有效诠释避险限度问题,就需要从根本上转换避险限度判定的思维。众所周知,传统法律解释,包括刑法解释都是以法律规范的直接演绎为主要方法的,人们对于大前提是无可置疑的理解,然后似乎能够通过诸如三段论等方法,直接将刑法规范运用到实践中,并且深信不疑解释的结论。在这种思维的导向下,刑法解释力图建构体系化的概念,并且通过概念组成庞大的刑法框架。

当纯粹利益的判断不足以成为判定紧急避险限度之全部标准时,以刑法文义解释为主要的解释方法就容易陷入困境。例如,对于"不应有的损害"的认定,也不是文义解释方法能够解决的。目的解释的引入有利于在文义解释的基础上,拓展刑法用语的可能含义,并以此完善个案中的判断规则和方法。"我们必须放弃探索某种能够使一切问题都迎刃而解的单一观念的做法。现实的法律秩序绝非一种简单的理性之物。它是一种复杂体,而且或多或少是一种我们努力将理性注入其间的非理性体;尽管我们不停地努力将理性因素置于其中,但是新的非理性因素在它以试错方式去满足新需求的过程中却几乎会以同样的速度产生。"〔2〕在目的解释中,关涉目的的诸多因素会被考虑到刑法解释中,诸如公共政策、价值观念等均可以被作为参数成为影响刑法解释结论的重要元素。

从解释的主要内容上看,"根据目的进行的解释主要有两部分:一是用目的修改法律文义的僵化,使其更能够和人类所追求的价值吻合,达到人类的高尚目的;二是目的直接完善司法判决或构建新的判决理由,用目的填充

〔1〕 张再林:《"交往理性"与仁学》,载《陕西师范大学学报(哲学社会科学版)》1997年第3期。

〔2〕 [美]罗斯科·庞德:《法律史解释》,邓正来译,中国法制出版社2002年版,第30页。

法律存在的漏洞或空白”[1]。联系到紧急避险的限度问题,引入目的解释的主要功能在于活化“必要限度”以及“不应有的损害”的含义,使对避险限度的理解不再局限于机械性的甚至僵化的判断。“刑法之解释在于使所发生之具体事实,能适当的、妥善的获得解决,以达到制定刑法之目的;是故解释之于刑法,犹如营养之于生物,至少可延长其生命,使其适用成为可能。亦可谓刑法系由解释而生长而发展而醇化。”[2]通过目的解释的运用,可以有效挖掘避险限度本身的应有含义,尤其是在疑难案件中的适用规则,从而为避险限度寻找到符合正义的判断方法。“目的解释乃指探求法律制定时的价值观(规范上之非难重点何在),及其所欲实践的目的观(保护法益之重点何在),以探求法条之正确意义及其界限。”[3]

当然,目的解释在运用的过程中也会出现不当的解释甚至颠覆刑法用语含义的情况,对此需要予以注意。因为,“目的解释方法中的目的是法律解释中的一个因素,它与法律解释的其他因素并列,是法官等据以解释法律的一种依据。这里的目的既包括人的各种目的,也包括制定法创制时的目的、当代人的目的、立法者的目的、司法者的目的等。当然最后能成为法律解释根据的目的,是表现在法律文本中的法律目的,或经过选择论证能够被大众起码是被职业法律群体所接受的目的”[4]。

因此,目的解释中的目的探寻应当是综合性的、系统的方案,构成其解释的制约力量来源于刑法文本的本身含义和普通国民的预测可能性。刑法之解释不可拘泥于各个用语之原本意义。解释适用之际,该用语与其他规定之关系或与法律制定时之各种情况等皆应列入考量。因此,乃容许扩充用语原来意义之扩张解释的存在。唯扩张解释亦应就其适用过程中设定界限,例如将用语文义之可能范围作为界限,以不超过一般国民预测。换言之,不论类推方式或者采行扩张解释之方式,只要属于有害国民预测可能性

---

[1] 陈金钊:《法律解释学——权利(权力)的张扬与方法的制约》,中国人民大学出版社 2011 年版,第 193 页。

[2] 陈朴生、洪福增编著:《刑法总则实例研究》,台北,五南图书出版股份有限公司 1992 年版,第 3 页。

[3] 黄仲夫:《刑法精义》,台北,元照出版有限公司 2006 年版,第 334 页。

[4] 陈金钊:《目的解释方法及其意义》,载《法律科学(西北政法学院学报)》2004 年第 5 期。

的刑罚法规的适用,最后,终将被认定为有违罪刑法定原则。[1] 为此,需要通盘考虑目的解释的各种参量,综合认定紧急避险的限度。

四、"超过必要限度"的目的解释

紧急避险立法目的在于通过适度损人实现利己,但对于他人而言,利益的受损显然是无辜的。因此,对于他人合法的利益受损,需要通过制度性的架构与设计,既能够使避险人有力地排除危险,又不至于对无辜第三人的利益构成过度的损害。如何实现二者平衡是紧急避险认定中的核心问题,也是疑难问题。理想的紧急避险是避险人对第三人的利益适当的损害。因此,避险行为必须受到比例性的目的限制。但需要对比例原则作出扩充的解释,不仅仅适用于法益的大小衡量,避险行为的方法、避险措施的时间要素等均应在比例原则的考虑之内。

(一)手段残忍的避险认定

手段残忍的避险行为应认定为"超过必要限度"。行为人为了保全自己的生命而以手段残忍的方式损害他人的健康,给他人造成身心上严重的痛苦的,不能认定为紧急避险。例如,A 为了保全自己的生命而用盐酸泼洒 B 致 B 重伤,尽管从利益对比来看,符合避险造成的损失小于所要保护的利益,但也不能据此认为 A 的行为构成紧急避险。因为,比例原则的精髓不仅是双方利益之间的衡量,更是一种目的和手段之间关系的衡量。[2] 既然避险的目的是保护更大的合法权益,因此对他人较小的利益损害时,在行为方式上应当尽量减少第三人在利益受损过程中的代价。如果不受比例原则的限制,尽管从后果上看,避险行为可能保护了较大的利益,但仍然属于不当减损整体利益的方法,不能认定为紧急避险。紧急避险所面临的危险多是突发性的不法侵害或者其他危险,因此,此类危险多具有瞬时性,危险的发生及其所造成的危害迫在眉睫,因此,避险人采取的避险方法也应当是瞬时性地针对第三人的合法利益,而不是持续性的危害。例如,A 在生命受到胁

---

〔1〕 参见黄朝义:《罪刑法定原则与刑法之解释》,载林山田等:《刑法七十七年之回顾与展望纪念论文集(一)》,台北,元照出版有限公司 2001 年版。

〔2〕 参见许玉镇:《试论比例原则在我国法律体系中的定位》,载《法制与社会发展》2003 年第 1 期。

迫后，被要求对B实施非法拘禁，因为非法拘禁是继续行为，对他人的法益侵害是持续性的，因此，A的所谓避险行为也不构成紧急避险。避险行为的即时性，还意味着危险一旦消除，避险行为也应当即时消失，否则也属于“造成不应有的损害”。

（二）预设避险的认定

预设的避险行为不能认定为紧急避险。即避险行为所保护的利益具有射幸性，行为人慌不择路时所侵害的第三方利益不具有事先预设性。如果行为人预设了价值较小的第三方利益作为避险对象，则尽管从构成要件上看符合“为了使国家、公共利益、本人或他人的人身、财产和其他权利免受正在发生的危险”，但属于避险行为的目的不当，也不能认定为紧急避险。因此，预先设置的避险措施即便损害的第三方利益小于要保护的利益，也不能认定为紧急避险。不仅其避险意图不正当，而且避险行为超过社会所能够容忍的限度。

（三）同质法益的认定

在同质的法益衡量中，损害的利益等同于保护的利益时，成立紧急避险。传统刑法学认为避险要保护的利益一定大于损害的利益，对避险人的要求过于苛刻。不法的评价是客观的，对整体的法秩序的利益是无害的，就应当承认紧急避险的成立。在同质的法益侵害中，整体的法秩序利益评价不需要区分利益的自身属性。例如，为保护个人或他人的100万元财产，而损害国家或集体的100万元财产，并没有减损整体的利益，不能因为国家或集体财产的公共性，就认定其优先于个人财产。恰恰相反，在私权利保障薄弱更容易受到外界侵害时，个人财产更应当受到优先的保护。在日益多元化的现代社会，财产对于普通的大多数公民而言“具有自己特有的生存条件的正确情感”。并且，对于他们而言，维护自己的财产的权利是“遵从其道德的自我维护的独特法则”[1]。社会越是多元化，个体对于“公共”的印象越模糊，加之人类所具有的独特的“利己”的实用主义倾向。在财产性侵害中，考虑财产公私属性的做法有失公允。在公共意识并不强的当下，人们反而

---

〔1〕［德］鲁道夫·冯·耶林：《为权利而斗争》，郑永流译，法律出版社2012年版，第17页。

可能会认为“损他人利益”比“损公家利益”危害更严重。因此,不能因为公共利益优先就否定上述行为构成紧急避险。

(四)损害公法益的认定

当损害的公共利益波及其他不特定人员的重大法益时,需要具体判断。如果损害的公共利益仅仅是抽象性的利益,则仍然成立紧急避险。例如,A在生命受到威胁时被迫编造虚假的恐怖信息,尽管对此造成了社会秩序的紊乱(公安机关花费大量的资源来疏导交通、排除隐患)等,但个人的生命利益优先于抽象的公共秩序,不阻却紧急避险的成立,因为,“秩序规定位于对具体的侵害保护的背后”[1]。但是,如果A在生命受到威胁时被迫向学校食堂投毒的,即便最后没有发生人员伤亡,但这种行为对于公众的生命健康造成了紧迫性的危害,故应当认定为超过必要限度,不能成立紧急避险。

五、“造成不应有损害”的目的解释

一般情况下,超过必要限度可以认定为造成不应有的损害。但是,如前所述,同样存在超过必要限度但没有造成不应有损害的情况。综合地看,“超出必要限度”是从行为人的角度,对行为的手段以及强度的限定。“造成不应有损害”是从被害人的角度对行为所导致的后果的限定,二者共同构成了避险限度的要素。造成不应有损害的背后法理依据是,第三人对他人的侵害行为有必要的容忍义务。现代社会风险来源的不确定性、风险波及范围的广泛性,重新塑造者每个人都分享着风险的可能性与现实性。风险的存在跨越了理论和实践的区别,跨越了专业与学科的边界,跨越了专业的能力和制度化的责任,跨越了价值和事实的区别(并因此跨越了伦理和科学的区别),并且跨越了似乎是由制度区分开的政治、公共空间、科学和经济的领域。[2] 除了此种风险的分担外,还涉及社会有机体的正常运作也需要成员之间必须具有适当的容忍义务,这种容忍义务在日常生活中也随处可见,例如,人们必须因交通工具的日渐发达容忍交通堵塞带来的不便等。刑法意义上的容忍,亦是如此,真正意义上的现代社会的良性发展需要其成员之间

---

[1] 马克昌:《紧急避险比较研究》,载《浙江社会科学》2001年第4期。

[2] 参见[德]乌尔里希·贝克:《风险社会》,何博闻译,译林出版社2004年版,第84页。

相互的适度容忍,但此种容忍必须是有限的。

所谓"造成不应有的损害",刑法没有明确的界定,甚至根本不可能作出明确的界定。正因如此,人们通常习惯于将"造成不应有的损害"视为"行为超过必要限度"的进一步补充或论证。但是,前文述及,"造成不应有的损害"与"行为超过必要限度"所指应当有所不同,尽管避险利益大于损害利益的情况下,既可以表征"行为超过必要限度",也可以阐明"造成不应有的损害"。但同时也存在行为超过必要限度但不能认定为造成不应有的损害,以及造成不应有的损害时行为并没有超过必要限度的情况。

抽象地造成不应有的损害需要通过目的解释进一步细化,否则难以判定。"在某一法益与其他法益因有紧急状态不能并存时,法律对于一方侵害法益之行为,有时惟有出于任其自然之一途,盖在此紧急状态下,法律对于该两法益同时保护,力有不及,若一方为保全自己之法益,而牺牲他方之法益,亦为人之常情,不足深责,故紧急避难系一种紧急行为(Nothandlung),亦即紧急状态下之放任行为,然法律对于一方加以放任,而对他方之地位亦不得不加以考虑,故必于所保全之利益,与因保全此利益而受损之利益间,保持适当之权衡,此与正当防卫仅注重防卫者一方之利益者,性质颇不相同。"[1]既是紧急状态下的避难行为,则在考虑是否造成必要后果时,就需要结合案件具体把握,而无法形成绝对的判断标准。日本学者大谷实教授认为:"所谓'只要不超过限度',指侵害利益和保护利益相比,前者不超过后者的意思。利益的比较,应根据客观标准进行。因此,在同一利益上,以量的大小为标准。在不同利益上,保护各种利益的犯罪的法定刑的轻重,成为大致的标准。当然,法定刑不一定反映了利益的大小。另外,个人利益和各种公共利益的关系也不明确。因此难以得出一般标准,应当按照具体事例,依据社会一般观念,判断利益的大小。"[2]足见,仅仅以法益的轻重为比较方法不足以形成判定紧急避险的唯一依据。

(一)陷入绝境的避险认定

基于被害人自身的艰难境地,不得已提前伤害他人法益的,不能认定为造成不应有的损害。例如,A 身患绝症在医院重症病房就治,B 去探望 A

---

[1] 韩忠谟:《刑法原理》,中国政法大学出版社 2002 年版,第 114 页。

[2] [日]大谷实:《刑法总论》,黎宏译,法律出版社 2003 年版,第 228 页。

时,医院悬木突然坠落,B即时躲避,悬木致B轻伤后,改变坠落方向导致A死亡。通常的观点认为,B不能为了保全自己的生命而损害A的生命,B的行为因超过必要限度构成避险过当。但是,对于A的死亡,B的行为因没有认识到"只有通过损害另一法益才能保护较大或者同等法益"。因此,缺乏避险意图的所谓避险,应以意外事件论处。与上例相关联的是,A、B均患重症濒临死亡,如不及时救助,则可能随时死亡。A的亲属强行要求当时正在加班的唯一医生优先给A治疗,结果导致B死亡,A获救。A的亲属的行为应当认定为紧急避险。

(二)基于原始力量博弈的认定

在双方都陷入危急孤立无助的情况下,原始的自然力量博弈即便造成了大于所要保护的利益,也不能认定为超过必要限度。康德对于"卡尔奈德之板事例"[1]的看法是,一方面,法律的强制力不允许剥夺另外一个人的生命;另一方面,人在紧急状态下本能地采取一切方法来求生存。两者发生冲突时,自然的强制超过法律的强制,法律因此不能惩罚紧急避难人。[2]法律制度的核心问题是纠纷的解决,尽管在现代法律中,纠纷解决的主要途径是法律,但问题是,总有一些紧急的领域是法律鞭长莫及的。因此,在这些法律供给不足的领域中,基于人类自然本性的原始的力量博弈就显现出来。在双方都陷入危急孤立无助的情况下,任何一方都表现出强烈的求生欲望,此乃人性之本能。我们不能奢求一个基于本性而维持自身生命的人,通过自然的、原始的力量优势获救的人,还要承担法律的风险。因此,单纯地基于原始力量博弈即便造成了他人死亡的,也不能认定为"造成不应有的损害"。

但需要注意的是,如果在危急孤立无助之时,通过积极的行为方式针对他人身体实施的避险行为,应当认定为造成不应有的损害。换言之,在A与B同时陷入洪水之中,争抢只能负荷一人的木板时,A可以利用自己力量的优势,抢先抢到木板,但不能在B也抢到木板的时候,杀死B或者用肢体强行拉扯B导致其死亡。因为在后者中,二人之间不是纯粹的力量对比,

---

〔1〕 大概内容是:在大海中船舶遇难的场合,若为保全自己的生命,夺取他人手中仅能负荷一人的木板,将他人推落海中溺毙,是否构成紧急避险。

〔2〕 参见金泽刚:《现行紧急避险制度的反思》,载《法制日报》2014年3月26日,第10版。

而变成了直接针对对方的危害行为,故应当认定为避险过当,对此也存在认定为紧急避险的立法。例如,澳门特别行政区《刑法典》第 33 条明文规定,实施紧急避险通常是指"保全之利益明显大于牺牲之利益",紧接着又规定,在一定条件下"按照受威胁之利益之性质或价值,要求受害人牺牲其利益属合理者"亦属在必要限度之内。这样,当汪洋大海上的小船即将倾覆之时,为保全自己的生命,将小船上的另一人推下海的做法,在内地刑法中要负故意杀人罪的刑事责任,而在我国澳门特别行政区刑法中则是紧急避险,行为人无须负任何刑事责任。[1] 我国学者进一步认为,"尽管澳门地区刑法典重视人权保障宽容人性弱点的做法值得称道,但允许为保全自己的生命而置他人于死地,这样的立法规定,不仅是对人权保障的误解,而且有可能动摇紧急避险的正当性根基,违背刑法公正的价值追求,所以,澳门地区刑法典关于紧急避险的这一规定走得实在太远了,应当通过立法解释或补充修改等方式,对其予以必要的限制"[2]。之所以否定将他人推向大海来挽救自己生命的行为成立紧急避险,根本原因在于其在性质上不属于本文所说的基于原始力量的对比优势而造成的损害后果,故应认定为避险过当。

(三)受强制的紧急避险

在受强制的紧急避险中,存在限定说与非限定说,限定说认为避险人只能实施较轻的犯罪时才可以成立紧急避险。非限定说认为尽管避险人分担了强制者的一部分不法,但不影响紧急避险的成立。[3] 笔者认为,限定说和非限定说的区分并无明确的标准,如对于较轻的犯罪的界定也没有明确的判断依据。在受强制的紧急避险下,应当根据强制者的强制内容予以适度区分。在强制内容并不明确时,受强制者只能对第三人采取通常的损害,而不能采取重大损害。例如,甲用刀威胁 A 如果不教训 B,就杀死 A。此时,甲的强制内容并不明确,如果 A 采取杀死 B 的方法,不能认定为紧急避险。但是在甲明确表示如果 A 不杀 B,则杀 A 时,A 为了保全自己的生命杀害 B 的行为,应当认定为紧急避险。

---

〔1〕 参见田宏杰:《刑法中的正当化行为》,中国检察出版社 2004 年版,第 337 页。

〔2〕 同上书,第 337 ~ 338 页。

〔3〕 参见张明楷:《刑法学(上)》(第 5 版),法律出版社 2016 年版,第 223 页。

（四）避险行为本身构成抽象危险犯的认定

如何处理为救助他人的生命而无证驾驶或酒后驾驶也是紧急避险中的疑难问题。例如，因自己的小孩突发疾病，不马上送医院便有性命之忧，因而无证驾驶、超速驾驶，或者酒后驾驶，将小孩送到了医院。对于为躲避被杀害的危险而酒后驾车的情形、为送小孩上医院而超速驾驶的情形、为躲避被强制人流而偷渡到日本的情形，判例均认为构成过剩避险，但其实在一定场合之下，还是应允许实施上述避险行为。[1] 可见，在日本判例和学说上仍有较大的分歧。避险行为本身构成抽象危险犯的情况下，是否构成紧急避险，需要结合抽象危险犯的基本原理来把握。抽象危险犯的设置在立法目的上是一种基于刑事政策扩张的事由。由此“教义学理论上却带来无法回避的冲突性吊诡选择：作为抽象危险犯的醉酒驾驶犯罪是沿立法论的进路将侵害道路安全法益的危险作为醉驾犯罪行为的直接抽象推定而无须具体考量，还是采司法论的精神在个案中以《刑法》第13条但书的标准来具体衡量行为的危险”？[2]笔者的基本观点是，对于抽象危险犯的认定，在教义学上仍需要有具体的判断，但并不是笼统地以刑法但书的规定作为出罪的事由。但书的规定仅仅具有提示性的规定，并且鉴于但书规定的笼统性，不宜将之作为直接出罪的标准。实际上，将但书的规定渗透到对各罪构成要件的解释中，亦即通过对构成要件要素的实质化理解，可以避免上述所谓的教义学吊诡现象。这种原理也应当适用到避险行为符合抽象危险犯时的认定。例如，为救助自己病危的孩子，在深夜空旷的道路上醉酒驾车的，因不可能对公共安全构成现实的威胁，如果没有造成危害后果的，则应当认定为紧急避险。但是，如果为救助自己病危的孩子，在闹市中醉酒驾驶车辆的，则显然不能认定为紧急避险。因此，只有当对上述行为基于现实危害的实质评价之后，才可能对其是否构成紧急避险做出合理的界定。

“流传的文本并无一个原初的封闭的意义整体，它的意义内容是独立于

---

〔1〕 参见[日]西田典之：《日本刑法总论》，刘明祥、王昭武译，中国人民大学出版社2009年版，第113页。

〔2〕 李川：《抽象危险犯自身谦抑机制研究——以醉驾案件具体危险犯化认定倾向为视角》，载《政治与法律》2013年第12期。

作者的意图和当时的事实,在理解的过程中不断生成的。”[1]刑法没有对避险限度的标准做出明确的界定,在解释避险限度时,不可能有十分明确的法益保护序列作为指引,“在解决法益价值衡量时,既然不可能有抽象性、一般性的明确基准,则应就各个具体事件,依整体法秩序之精神,做合理之判断,即判断时不应考量行为人之主观价值,而应考量以社会一般通念为基础之客观、合理的价值”[2]。同样地,法益价值衡量也仅仅是一个参酌性方法,不具有决定性,这说明以建构主义为基本面向的解释方法不可能对案件作出整齐划一的评价尺度。“实际生活是复杂多样的,而各种具体的紧急避险情况又是千差万别的。因此,衡量两个权益的大小,不能绝对地以某一个标准来确定,而必须就事件的全部具体情况进行全面的分析、鉴别,从而才有可能作出正确的判断。”[3]目的解释的引入有助于在把握紧急避险的基本精神的基础上,为紧急避险限度的认定提供方法论的补充。但对用目的填充法律空白,人们心存疑虑,主要是因为目的可能被强权者所利用,变成危及法治的因素。所以对这种作为独立法源的目的,法治论者是排斥的。好在人们大多接受的是法律文本中可以探寻的目的,而不是法律外的目的。[4] 合法律目的解释,需要紧扣避险限度中的“超过必要限度”和“造成不应有的损害”两个基本要素,并对之在学理上作出类型化的界定,以明确避险限度的含义。

---

[1] 徐友渔等著:《语言与哲学》,生活·读书·新知三联书店1996年版,第171页。

[2] 陈子平:《刑法总论》(2008年增修版),中国人民大学出版社2009年版,第189页。

[3] 马克昌主编:《犯罪通论》,武汉大学出版社1999年版,第802页。

[4] 参见陈金钊:《法律解释学——权利(权力)的张扬与方法的制约》,中国人民大学出版社2011年版,第197页。

第四章

刑法目的解释与罪刑法定原则的实现路径

罪刑法定原则成为当下法治主流话语,根源在于其分享了现代政治限权的逻辑和人们对社会转型的诊断,能够在控制权力滥用的手段上寻求到可以令人安慰的依据。在解释论上,罪刑法定原则应摆脱宏大的话语优势,被置换为构成要件内关于刑法解释方法和技术的讨论。刑法解释宜以规范目的为指引,语境化地理解构成要件,根据刑法条文的规范含义和属性,以法益为指导,对构成要件要素与案件事实之间的关联进行反复推敲,以及对大前提进行选择并充实。对待实定法,应当区分刑法文本与刑法生活,通过目的解释促使刑法共性规则的个别化。以携带凶器盗窃的解释为例,需要以规范目的为边界限制实质解释,可以避免处罚妥当性的危机。

第一节　罪刑法定是如何在异化中成为当下法治主流话语的

自 1997 年罪刑法定原则成文化以来,刑法学界对罪刑法定原则的研究可谓汗牛充栋;总体而言,早期的论著多侧重于对罪刑法定原则的价值分析;近年来,讨论罪刑法定原则的司法实现路径等操作层面的论述日渐增多。但无论是在宏观上,还是在微观上,对罪刑法定原则的研究仍然存在诸多争议问题,甚至是一些元问题仍然没有厘定清楚。

一、不同解释结论却都符合罪刑法定原则

比较当下形式解释和实质解释论,二者对于罪刑法定原则的理解有相

当大的差异。实质解释论者所理解的罪刑法定原则具有形式侧面和实质侧面，并认为以处罚必要性和妥当性为基点对刑法进行解释并不违背罪刑法定原则。[1] 而形式解释论则认为，实质解释有瓦解罪刑法定的刑事法治的危险。[2] 然而，我们经常看到的现实是，两种针锋相对的观点，却毫不回避自己的立场都是符合罪刑法定原则的。

不能回避的事实是，罪刑法定原则在当代刑法解释乃至刑法学研究中，成为人们论证自己观点的王牌论据，也成为质疑或反对不同观点的利剑。[3] 我们经常可以看到，轻易指责解释的结论违背罪刑法定原则的现象，或论述自己的观点符合罪刑法定原则。但问题在于，究竟是在什么意义上——以及多大程度上——符合罪刑法定原则？却鲜见详尽的论述。是罪刑法定原则出了问题？还是解释者的解释思路出现了问题？这些问题值得我们深思。

宏观上看，人们关于罪刑法定原则的讨论已经成为法治意识形态的争论，似乎罪刑法定原则是可以用来检验所有问题的终极性标准。在法治意识形态包裹下的罪刑法定原则，其实已经多少有些异化了。就罪刑法定原则本身的研究而言，研究的文献和进路也基本上大同小异。自1215年《大宪章》第39条起，到罪刑法定原则的成文化，以及罪刑法定原则所彰显的价值弘扬如何评价也不为过。即便是中观层面的讨论，也多指罪刑法定原则对定罪、量刑的要求或指导。[4] 以此为标准，诸多理论以及“制度安排在当代中国行不通，行不通在于它与当代中国的法治主流意识形态——法条主义——无法兼容，特别是违反了罪刑法定原则的刑法教义”。[5] 苏力教授的评价尽管有些直白，但却切中了刑法学研究中的基本判断对刑法解释以及刑法学术研究的要害。

实际上，对于一项法律原则，价值的大小甚至价值的有无，多是主体的判断，这种判断表达了人们在特定历史时期急切的期盼。之所以能够成为期盼，就在于其是理念性的，就如同公平、正义一样，人们永远无法窥见公

---

〔1〕 参见张明楷：《实质解释论的再提倡》，载《中国法学》2010年第4期。

〔2〕 参见邓子滨：《中国实质刑法观批判》，法律出版社2009年版，第31页。

〔3〕 笔者印象深刻的是，在2013年江苏省刑法学研究会上，魏昌东教授曾经提出“罪刑法定原则究竟是什么”的问题，令人深思。

〔4〕 参见高铭暄、马克昌主编：《刑法学》（第6版），北京大学出版社2014年版，第26～27页。

〔5〕 苏力：《法条主义、民意与难办案件》，载《中外法学》2009年第1期。

平、正义的真相,法律制度和法学理论中同样存在这些惊心动魄但却争议不断的范畴。生活中人们对公平、正义这些大词的理解,即便是纯粹的学术研究,绞尽脑汁也不可能窥其全貌,也由此,进入实践中的这些大词通常只能具体化为感觉上是合理的、妥当的、可以接受的。这不是庸俗的理解,而是实践的智慧。这也同样不是贬低罪刑法定原则在现代刑事法治中的主流话语甚至霸主地位,而是旨在表明,对于主流话语不能作为动辄批判的武器,并进一步地静下心来考量它的话语转化与技术考量。娴熟的司法者,不会将主义挂在口头,本质上是因为"主义"对于实践中个罪认定的功能是有限的。毕竟,实践中,裁判文书直接以不符合《刑法》第3条罪刑法定原则,认定行为不构成犯罪来表达裁判理由的,实属罕见。

二、罪刑法定原则成为法治主流话语的原因剖析

罪刑法定原则上升为法治主流话语,根本原因之一在于其分享了现代政治的基本逻辑和人们对社会转型的诊断。市民社会、人权等话语本质上表达了人们对于现有政治设计中的警惕心理。历史地看,罪刑法定原则从正当程序到成文化、实体化,不就是彰显着人们在控制国家权力时充满智慧的胜利和喜悦吗?尤其是对于在饱受没有原则性的斗争之后,人们更加渴望能够在控制权力滥用的手段上寻求到可以令人安慰——尽管并不完全有效的——合法性依据。

这种心理在刑法学中时刻提醒人们,刑法是和平时期的战争。[1] 激发出人们渴望的自由与安宁。知识分子在其中的作用,也毫无疑问地助推了罪刑法定原则的上述进程。只要回溯一下1997年《刑法》修改前后的文献,就可以明白这一点。

但是,一项原则或规则成为主流话语,同样潜在危险,那就是将其机械化,甚至僵硬化,进而封闭人们的知识发展。平面几何中的两条直线或交叉或并行的结论在立体几何中会被证明是有偏见的理解甚至是错误的结论。最为精确的学科——数学尚且如此,人文社会科学中对原则和规则的理解,也不会刻舟求剑式地追求所谓的"真理"。有论者批判性地认为,当下刑法学理论在解释刑法时候其实带有根深蒂固的"牛顿式"思维:眼光穿梭于法

---

〔1〕 参见蔡道通:《刑事法治的基本立场》,北京大学出版社2008年版,第340页。

条与事实之后,必定有一个客观的真理或唯一的正确的答案,法条背后必定有一个“神的声音”或超验“立法者意志”在告诉解释者某一事实能否为刑法条文所涵摄,解释者再证明自己是立法者意志的代言人。[1] 观点不免极端,但未必没有启发性。至少它提供了如下的思考:刑法学界所讨论的客观解释或主观解释,其实在裁判视野中没有多大意义。从来没有一个法官或者律师、抑或当事人会思虑判决的理由是采取了客观解释还是主观解释,他们只关心案件裁判的结论是否可以为自己接受。罪刑法定原则,对于裁判者而言,真正的操作性问题是,其提供了怎样的操作流程,在什么情况下裁判者不能有所作为。在什么样的情况下,裁判者可以有所作为,以及可以作为到什么程度?

但遗憾的是,这种技术性智慧在现行司法解释作为准法的时代中,个体裁判的智慧通常被人们描述为裁判者的惰性。惰性当然不是贬义的称谓,而是裁判者基于裁判风险降低而寻求的一种策略。试想一下,在拿捏不准时向上级法院请求裁判要领,对于下级而言,是最好的规避风险工具。而对于上级法院而言,也乐于甚至乐此不疲地作类似的工作,尤其是对于最高法院,它可以保障司法领域内的统一性,哪怕是不尽合理的。但是,这种以规范性解释来替代适用性解释的做法,终将阻遏法律解释的发展。

也因此,对罪刑法定原则的理解,以及罪刑法定原则与刑法解释的关系,应当摒弃宏大的叙事风格,而具体关注解释的技术与罪刑法定原则的关系。毕竟罪刑法定是一项抽象性的原则,一项解释是扩大解释还是类推解释,实际上仅以罪刑法定原则为判断标准,难以得出任何有益的结论。在现代刑法中,罪刑法定原则的技术性表达应当是关于个罪的解释,尤其是构成要件的解释。构成要件从功能上而言,具有控诉的机能,但其法定化又使其具有限定肆意处罚的价值。此外,人们对构成要件要素中的不同理解,实际上从程序的角度而言,就为控辩双方提供了对峙的平台。也因此,关于罪刑法定原则的话语表述,至少在解释论层面上,应当被置换为构成要件要素内的讨论。

---

〔1〕 参见刘磊:《释法与造法的界限及方法论探究——我国刑法解释学基本思维方法的检讨》,载《交大法学》2014 年第 3 期。

第二节 语境化地理解构成要件

刑法解释是以构成要件的类型化为指导,寻找刑法用语与案件事实的吻合之道。类型的开放性意味着在解释构成要件时,需要面向案件事实的具体场景。即语境化地理解构成要件。

一、明确性是人们对刑法规范的一种法治期许

刑法学界一般认为,明确性是罪刑法定原则的派生原则之一,从罪刑关系入手,明确性包括罪之明确性与刑之明确性。但是,从刑法的具体规定来看,人们对于明确性的要求其实主要是一种理想憧憬。《刑法》分则中鲜见有十分明确的规范表述,即便是表面上看似乎没有任何争议的规范,但是一旦遭遇具体的案件事实时,多数刑法规范的用语都会不同程度地存在争议。以罪状表述较为简洁的故意杀人罪为例,静态地理解,对故意杀人罪的理解其实并没有太大的问题。在常规案件中,某甲基于故意将某乙杀死的行为,不会有争议。但是,在非常规案件中,行为是否构成故意杀人罪就会面临着大量的问题。(1)关于人的界定,出生和死亡的标准,刑法学界历来就存在争议,不仅各国的标准不同,一国在不同时期对于人的界定标准随着科技等因素的发展也会出现前后不一致的情况。(2)特殊情况下的人的界定,例如,长期与狼生活在一起的狼孩是否属于人,也需要进行界定。(3)"杀"的认定,刑法对杀人显然是一种规范的类型化规定,但是,具体行为与规范类型之间并不是完全对应的关系。换言之,就裸的事实而言,杀人仅仅是对致人死亡的一种评价,同样是致人死亡的情形还可能被其他构成要件评价。行为人将刚出生的婴儿抛弃并致其死亡,在规范层面上评价,可能是杀人,但也可能是遗弃。此时,就需要考虑行为人的罪过,换言之,杀人或遗弃尽管是对行为的评价,但是罪过在此时其实就已经对致人死亡的定性产生了决定性的作用。但是,罪过的认定不可能仅仅凭借行为人的口述,否则就容易走向"口供中心主义"。从刑法客观主义立场来看,行为人的罪过认定,需要有一系列的描述致人死亡相关的案件事实予以补充。当行为人将婴儿抛弃到荒山野岭的时候,根据客观的事实判断,婴儿根本没有任何被救助的可能。况且,作为正常的人而言,将婴儿抛弃荒山野岭,导致婴儿死亡的概率

是非常之高，此时，如果再认定为遗弃罪，恐怕与罪质是不匹配的。但是，如果是将婴儿抛弃到医院门口或者家境富裕但没有生育能力的人的家门口时，则认定为故意杀人罪未免过于牵强。换言之，行为人此时考虑了抛弃的后果，尽管最后可能导致婴儿死亡，但也应当以遗弃罪论处，而不能认定为故意杀人罪。[1]

由此可见，所谓的明确性是人们对刑法规范的一种法治期许，人们总是试图对刑法规范作出尽可能地明确乃至精确性的表述，因为精确的程度越高，意味着刑法规范适用的外延将越小，司法的裁判空间就越小，滥用裁量权的行为就越能够得到遏制。但是，事实表明，即便是诸如故意杀人罪等比法定犯认定较为简便的自然犯，刑法规范的适用也通常不是畅通无阻的，需要考虑规范面对的案件事实。对刑法用语的界定，不是仅通过字面解释得以廓清的。

原因就在于，刑法规范是类型化的规定，类型化的另外一层含义即抽象性，既为抽象性的表述，则意味着明确性的程度将有所降低。人们在刑法立法和刑法司法中始终面临着这种二律背反的现象。而在上述关于遗弃罪和故意杀人罪的讨论中，其逻辑实际上并未完全按照三段论的规定进行处理，因为，大前提在案件讨论中并非确定的。裁判视野下的规范选择首先是或然性的，或者选择性的。然后通过对案件事实的进一步整理和分析，再进一步分析究竟应当选择哪一个刑法规范。详言之，其逻辑分析是案件事实确定后，裁判者首先基于经验的理解，认为可能适用刑法规范 P1、P2、P3 等，然后进一步考虑案件事实 T 在何种意义上能够符合 P1、P2、P3 的构成要素，从而确定可以适用的刑法规范。

二、规范目的为确定大前提提供方向性指引

支配裁判者选取规范的背后动因是法益，具体而言，在上述致婴儿死亡的场合，裁判者首先必须明确选取罪名的大体方向，即应当是保护生命法益的关联罪名，而不是其他，否则就容易出现判断方向上的失误或者偏差。在确定关联罪名之后，然后再根据案件事实，对关联罪名中的构成要件要素进行匹对。在匹对的过程中，一般会涉及对法律规范的解释，而这种解释通常

---

[1] 参见王然主编：《刑事典型疑难问题适用指导与参考——侵犯公民人身权利、民主权利罪卷》（第 4 分辑），中国检察出版社 2013 年版，第 20 页。

是目的性的。换言之,如果对杀人作字面含义的理解,不太可能将抛弃行为认定为杀人,而多是倾向于遗弃。

因为,人们不可能在面对案件事实时,首先就认定行为人的行为是杀人还是遗弃,对杀人或遗弃的认定实际上已经是规范性的评价,而非对案件事实的整理与陈述。案件事实的整理或陈述应当尽可能地选择中性的词语,在上例中,基于经验地理解,可供人们选择的词语大体上有“抛弃”“不要了”“扔了”等,如果采取文义解释的话,上述用语与遗弃的内涵关系更为紧密,但这恰恰可能成为左右人们判断的一种误区。

刑法的评价是规范性的评价,必须以规范目的为导向,否则可能会导致刑法用语的含义不当扩张或限缩。上例的理解,既不能从立法意图寻找论证依据,也不能从字面含义来寻找依据,更应当立足于规范目的考虑。“法官在理解和解释法律时,必然会根据处理案件的当下情况,对刑法文本的意义进行语用推理,解读出文本的可能意义——在语用推理过程中,解释者的图式、前见会发挥重要作用,而原来的立法者(文本作者)的原始立法意图对理解和解释法律的活动很难起到作用。”[1]语境的不同,会对同样的“致人死亡”的事实作出有差别的结论。

因此,在明确性的认定中,规范目的提供了一种解释的方向,它可以避免人们对案件的评价过于保守地限定于传统或已有知识,以及解释者的解释视野。解释者在解释任何刑法规范时,都需要有一种方向性的指引,大体上能够告知或然性的解释结论。此种关系就如同在航海中的灯塔,仅仅告知航海者到达目的地的导向,而非意味着最终确定目的地。刑法解释同样如此,既要克服解释者将个人的因素随意地添加到规范之中,从而使目的解释成为一种随意的甚至肆意的解释。但也要提防人们过度依赖于已有的、有限的经验知识,来限定刑法规范的具体适用,甚至导致刑法适用的错误。

文义解释是以用语的通常含义为依据的理解,但是,从本质上看,这种理解是一种不完全的归纳,是一种历史性的认识。萨维尼曾经在论述法学任务时,就将法律解释牢牢地捆绑在历史中。萨维尼认为,不仅要系统地理解法律,也要历史地理解法律。法律制度的形成总是置身于一个民族已经

---

〔1〕 王政勋:《从图式理论看刑法解释立场　一个实证的考察》,载《中外法学》2009 年第 3 期。

形成的历史习惯和基本理念中的。[1] 之所以在刑法解释中，人们一直强调文义解释的重要性。就是因为这种历史性最大限度地承载了人们对安定性的需求，但是安定同时也可能意味着放弃发展，意味着对规则和社会生活的理解永远是千篇一律的，但这是不可能的，也不现实。

一直以来，人们都致力于通过对刑法用语明确性的追求，实现规则在效力范围内的统一。但问题在于，规则的理解和适用只能置身于特定的语境中。不仅刑法解释如此，即便是在人们的常识生活中也同样如此。例如，人们创制了“红”这一词汇，但是，红并不意味着一定指代的是颜色。常规意义上的红指的是颜色。随着社会的发展，其在社会生活中的形容含义在不断地扩展，当人们说某某大红大紫，实指的是其取得的成绩或成就。当人们说某某是皇帝跟前的红人，此时的红，指的是受宠。因此，尽管“红”从最初的创制来看，是自然意义上的为了对应一种颜色，但是当其被运用到社会生活中后，我们发现，“红”的社会意义已经完全不同其核心意义，甚至已经突破了其概念的根本属性——一种颜色，而成为社会意义的词汇。

从中可以窥测出对于刑法解释学有益的信息：(1)语言是在不断发展的，在部分用语中，其含义不一定与核心语义有关系，甚至可能与核心语义的含义没有任何关联。(2)承认语言的核心语义，是为保障国民的预测可能性，但是预测可能性并不是人们栖息在历史中，永远生活在过去的历史中，否则社会就无法发展。预测可能性同样包含着对于当下的一种理解，当解释的结论并不会招致人们的强烈突兀时，[2] 就应当承认解释具有合理性和妥当性。(3)刑法用语的理解以及刑法规范的适用，必须置身于特定的案件事实之中，才可能具有意义。静态地理解刑法文本，对于刑法知识的发展并无多大裨益。常规案件的处理并不是刑法解释学的主要任务，解释学的宗旨在以怎样的解释方法和解释技巧来应对非常规案件或疑难案件。案件事实是刑法规范的语境，语境化地理解刑法规范，必须充分考虑案件事实的意义，而不是以固有的知识来“一刀切”地理解刑法规范。(4)刑法解释在根本上是适用性解释，而不是规范性解释。刑法解释在分类时，通常根据效力将其分为有权解释和无权解释等，但是这种分类并没有多大的意义。实务

[1] 参见林端：《德国历史法学派——兼论其与法律解释学、法律史和法律社会学的关系》，载许章润主编：《萨维尼与历史法学派》，广西师范大学出版社 2004 年版。

[2] 参见付立庆：《刑罚积极主义立场下的刑法适用解释》，载《中国法学》2013 年第 4 期。

界的观点认为,应该区分规范性刑法解释和适用性刑法解释。“将立法解释和司法解释归结为正式解释的全部,同样具有法律效力的适用性刑法解释尤其是法官的个案刑法适用解释未能得到体现。因此,建议正式解释分为规范性刑法解释和适用性刑法解释。”[1]就个案而言,真正地对裁决具有影响的是适用性刑法解释。这是因为,在当前,尽管司法解释声称是对法律在审判领域或检察领域内的进一步深化,但从司法解释的基本属性来看,除了针对个案的批复之外,多数内容仍然都是致力于某类案件的抽象性规定,因此,并不能有效地解决实际案件所面临的具体问题。

在解释刑法时候,人们通常将解释的思维分为体系性思维和问题性思维。[2] 但总体而言,这两种思维方式根据适用主体思维的侧重点而有所不同。刑法理论或刑法学者,尤其是大陆法系的刑法理论与刑法学者更乐于建构体系性的框架,来形成关于某个问题的框架。但是对于司法而言,其更关注的是问题如何解决,尽管规则之间的体系也很重要,但却是服务于问题的。在前者,关于问题的评述,则更多的是为佐证某一个刑法理论的科学性与合理性。而在后者,则可能是刚好相反。既然司法是以问题为中心的思考,则语境化地理解构成要件,就不应当被否认。而所谓语境化地理解,其实与目的解释的精神是一致的。即司法实际上是根据刑法规范在个案中的可能含义和规范属性,以法益为指导,对构成要件要素与案件事实之间的关联进行反复推敲,并对大前提的内容进行充实的过程。

第三节　实定法与刑法目的解释

作为刑事领域的自由技术,罪刑法定中的实定法主义和宪法的民主要求与权力分立的预设相互呼应。[3] 凡是与实定法的成文化、系统化(法典化)相左的知识均在严格的罪刑法定原则中被排斥。但问题是,刑法是文本

[1] 牛克乾:《反思我国刑法解释的范畴及其体系——以刑法解释的效力层次为视角》,载《政治与法律》2004 年第 3 期。

[2] 参见[德]克劳斯·罗克辛:《德国刑法学总论》(第 1 卷),王世洲译,法律出版社 2005 年版,第 132 页。

[3] 参见劳东燕:《罪刑法定本土化的法治叙事》,北京大学出版社 2010 年版,第 140 页。

的刑法与实践的刑法的统一。刑法学所要处理的基本矛盾是刑法文本与司法过程之间的矛盾。[1] 实定法也仅仅是人们有限的生活在刑法中的文本叙说，以文本来概括或统揽生活的刑法立法从来不可能达致理想，反而可能因为技术理性统治的高涨而导致“生活世界的殖民化”[2]。

一、区分刑法文本与刑法生活

在司法刑法学的视域下，刑法生活是抵制控方的一种强有力的辩护理由，辩方的出发点是被控行为的（行为）规范违反性，这是以刑法生活为基底、以宪法秩序为界限的，其落脚点在刑事（不）可罚性上。控方基于法益侵犯性评判的构成要件符合性判断，对被告是一个巨大的威胁，规范违反性正是辩方据以自卫的工具。[3] 刑法生活隐喻着，文本意义上的刑法根本无法有效应对疑难案件。以国家权力为后盾的刑法在面对生活领域中的刑法时，通常并不表现得强劲，真正有生命力的、并且体现人们价值诉求的应当是刑法生活。刑法文本无外乎就是刑法生活在立法层面上的不完全反映。不仅刑法如此，在其他部门法领域中，也同样如此。[4]

法庭现实的场景是控、辩双方的激烈争辩，而在知识论上则是文本与生活之间的紧张，是有限的文本与无限的社会生活之间的不协调。也因此，双方在解释刑法的时候，其立论通常也有所不同。就控方而言，更善于运用抽象并且刚硬的刑法文本。在解释论上，通常采用诸如社会危害极大等笼统地反映行为特点的一些话语。但是，这种话语评判对行为而言有时缺乏公允。例如，被告人何某与被害人马某（案发时系幼女），均生活在云南某省偏远的少数民族地区，且该地区历来有早婚的习俗，2001 年二人以夫妻名义同居在一起。2002 年，被告人何某以涉嫌强奸罪（奸淫幼女）被捕。法院通过审理认为，何某构成强奸罪（奸淫幼女），但犯罪情节较轻，作出免予刑事处

[1] 参见刘远：《面向司法的刑法学建构探析》，载《法学》2014 年第 10 期。

[2] 参见[德]哈贝马斯：《在事实与规范之间》，童世骏译，生活·读书·新知三联书店 2004 年版，第 10 页。

[3] 参见刘远：《刑法概念的司法逻辑建构——〈刑法〉第 1 条之解读》，载《法学论坛》2011 年第 9 期。

[4] 参见邱本：《论民事生活与民法典》，载《法制与社会发展》2015 年第 4 期。

罚的判决。[1] 显然在上述判决中，法院并非仅仅依据刑法文本的规定，而同时考虑了民族习惯法对于行为危害认定的意义。尽管本案最后以有罪论处，但是不能因其考虑了民族习惯法而认为法院的判决违反了实定法的要求。恰恰相反，在这种情况下，不具有成文化的习惯法反而补足了法院判决可能的偏颇。从中反映出裁判的基本立场，不仅仅是依据法律的判决，而更重要的是强调在法律框架内对案件事实特殊性的关注。甚至可以说，从来没有直接依据实定法就可以得出合理结论的判决。刑法文本的规定，只是为人们评价行为提供了一种大致的预期。既然是预期，则表明仅仅是一种框架内的判断，具体的结论的认定，自然不可能是不考虑案件事实的刚性判决。关注刑法生活，并以刑法生活为视角，才可能真切地使裁判获得充分的说服力。

二、目的解释促使刑法共性规则的个别化

从更广的视野看，法律的适用是生活实践中的部分。法律作为一般的规则，是对大量案件的共性抽象，但这种抽象本身不是目的，它的目的在于应用，在于把共性的规则个别化，从而达到调整社会关系的目的。共性的法律规则的意义发挥必须与这些案件结合，在这一结合过程中法律与事实是相互影响的。[2]

易言之，刑法的实践运用不是依据刑法规则对案件事实对号入座式地嵌入，而是需要在以案件事实为基本面向的前提下对刑法规范进行语境式的理解。在这一过程中，刑法规范的潜在含义才可能得以挖掘和释放。

罪刑法定原则也从来不否认对刑法用语进行意义的拓展，而只是提防脱逸刑法意义的解释。如若罪刑法定原则是极端的法律实证主义的演化，对于只要不符合刑法字面意思的，就一概排除犯罪，则实际上会窒息刑法解释的发展。就刑法解释方法而言，“虽然各种法律方法之间也存在理论争论，存在着瓦解法治的各种学说（如逻辑与修辞、修辞与解释等之间就存在着不同的研究志趣，都有程度不同的引导人们摆脱法律的约束的倾向），但

---

〔1〕 参见杜宇：《重拾一种被放逐的知识传统——刑法视域中“习惯法”的初步考察》，北京大学出版社2005年版，第100页。

〔2〕 参见谢晖、陈金钊：《法律：诠释与应用》，上海译文出版社2002年版，第125页。

只要我们基于法治的目标,也会找到它们之间的契合点"〔1〕。而人类对法治的理解也显然不是仅依据规则处理问题,还需要考虑依据规则处理的结果是否具有妥当性。

尽管古典意义上的罪刑法定原则一直强调刑法用语的明确性,并进而压缩司法的裁判空间,但是,法律的空缺结构意味着的确存在这样的行为领域。在那里,很多东西须留待法院或法官去发挥,他们根据具体情况在互相竞争的、从一个案件到另一案件分量不等的利益之间作出平衡。〔2〕可见,即便是新分析法学派的代表人物,也并非完全恪守形式主义或概念法学的桎梏,而不同程度地对法律规则进行形式与实质的深度融合。

既然如此,就不能排斥目的在刑法解释中的重要性以及其对规则不确定性、静态性的有效补给。"刑法解释不单纯是语言性解释,我想这一点大家都学过。解释必须考虑立法的宗旨和目的。"〔3〕承认目的解释,可以活化刑法规范的用语,并使之能与个案的特殊性匹配,使刑法规范的应用在个案的语境中获得合理性。例如,行为人知道他人在家中赌博,遂进入家中赌场实施抢劫赌资的行为,是否能够认定为入户抢劫。〔4〕根据最高人民法院司法解释对于户的场所特征和功能特征的认定,参赌人员即便在家赌博,其也完全符合户的上述特征。但是,并不能因此而认定行为人抢劫行为构成入户抢劫。理由为:刑法规定入户抢劫作为加重处罚情形,其目的在于入户行为会对居住在共同居所的家庭成员构成人身上的威胁或者伤害,户可以被视为人身权利在空间载体上的集中体现。在抢劫家中赌博的场合,行为人仅仅对参赌人员的赌资进行抢夺,而对共同居住的家庭成员的财产和人身的威胁并不构成现实的侵害性。因此,以入户抢劫认定属于机械性地理解"户",而没有考虑到刑法规定入户抢劫作为加重处罚的规范目的。

近代刑法极力崇尚的明确性原则也好,实定法也罢,其在本质上反映了知识与真理、甚至道德的深度关联。"知识论传统确信了人的理性足以揭示

---

〔1〕 陈金钊主编:《法律方法教程》,华中科技大学出版社 2014 年版,第 14 页。

〔2〕 参见[英]哈特:《法律的概念》,徐家馨、李冠宜译,法律出版社 2006 年版,第 134 页。

〔3〕 [日]西原春夫:《刑法・儒学与亚洲和平》,于改之等译,山东大学出版社 2008 年版,第 65 页。

〔4〕 参见陈东升、柳条河:《抢家中赌场不构成"入户抢劫"》,载《法制日报》2008 年 12 月 2 日,第 3 版。

真理,确信道德与真理是一致的,建立一个知识与道德的联盟。"[1]但问题是,刑法规范,在本质上应当是应用性的实践知识。至于以知识论为基础强调知识就是道德,以及苏格拉底所说的哲学就是爱智慧的说法,也只能理解为是一种关于智慧能力的表达,而无关智慧的实体,自然也与道德之间并无多大的牵连。

但遗憾的是,在人们关于罪刑法定与刑法解释的理解过程中,不由自主地为罪刑法定原则蒙上了上述道德与真理的色彩,罪刑法定原则"无罪无刑"的经典表述至少在当下被日渐价值化、道德化、真理化。其实,罪刑法定原则从来不是刑法的元知识,只是在社会发展进程中人类基于启蒙运动的理想高涨而日渐普遍化的一项技术。过度夸大甚至机械地理解罪刑法定原则,无论对于刑法解释还是对于罪刑法定,未必是善举。蔡枢衡先生曾指出:"然而自世界史的过程看,罪刑法定主义的历史使命已经完成了。刑法解释从严之原则,已经成为历史的陈迹,法律意识之刑法的法源性,原是二十世纪刑法的特征。依据法律意识认定罪行——采用扩张解释和类推解释,正是刑法之时代的使命。"[2]诚然,蔡先生的上述论断,深受日本新派牧野英一法律进化论的影响,在当下中国法治初创的语境下,难免容易引起对法治期许过高的人们的强烈抵触,触痛人们的神经。但客观地看,在扩张解释与类推解释成为世界性永恒的难题的今天,过度关注理念论的法治意义可能是刑法解释论中的误区,解释永远是在目的导向下追求妥当、合理的智力活动。当一种解释基本上能够获得大众的认同并不至于激起民众的普遍公平正义感的神经时,解释的结论即便超出刑法用语的核心语义,也应当予以尊重。例如,《刑法》第 116 条规定破坏交通工具罪,但几乎没有人完全否定拖拉机也属于汽车,并进而将破坏大型从事运输的拖拉机行为也认定为破坏交通工具。但如果从第 116 条的规定看上,刑法明确规定了破坏的对象仅限于火车、汽车、电车、船只、航空器。刑法学界认为上述解释结论是扩张解释。但是,如果从语义学上分析,无论在结构还是外形上,拖拉机完全脱逸作为概念范畴的汽车的边界,据此,在解释论上,很难认定这种解释到底是扩张解释还是类推解释。但人们并不会对这种解释产生强烈的突兀感,反而认为如果不将拖拉机解释为汽车,则不利于刑法对公共安全的保

---

[1] 葛洪义:《法律方法讲义》,中国人民大学出版社 2009 年版,第 214 页。
[2] 蔡枢衡:《刑法学》,中国民主法制出版社 2011 年版,第 31 页。

护,其逻辑进路明显带有规范目的色彩。

三、处罚妥当性与刑法目的解释

在理论上,处罚妥当性包括了两项内容:处罚的必要性和处罚的合理性。所谓处罚的必要性是指对于行为是否启动刑罚予以惩戒,而处罚的合理性,则在于运用刑罚处罚的限度。处罚的妥当性,关涉刑法的犯罪圈和刑罚圈的大小。处罚妥当性的实现,同样需要求助于目的解释。在追求处罚妥当性时,既反对机械性地理解刑法用语,也不主张盲目地实质化。下文以携带凶器盗窃为例说明之。

《刑法修正案(八)》将携带凶器盗窃规定为盗窃罪的一种不法类型,但刑法理论和实践对于携带凶器的认定还存在诸多不同的观点。从目前情况来看,由于携带凶器盗窃并不需要诸如数额、次数等罪量因素的限制,可能导致携带凶器的认定门槛过于偏低。另外,在刑法理论界,对携带凶器盗窃中的"携带""盗窃"等概念的界定存在扩大解释甚至泛化解释的现象。对于携带凶器盗窃的界定,需要追问如下几个问题:第一,刑法缘何将携带凶器行为规制为犯罪,并且在犯罪构成上没有任何罪量因素的限制?第二,在携带凶器盗窃入罪之后,其和入罪前之间又有着怎样的变化?能否因为携带凶器盗窃是注意规定,携带凶器抢夺是法律拟制,就认定不需要对携带凶器盗窃作出如同携带凶器抢夺的同样解释?第三,如同刑法中的"行凶"一样,"凶器"在严格意义上不是一个规范性的刑法术语,在对凶器界定时,势必不能严格按照形式解释的路径进行解释,而在进行实质解释的时候,应当解释到什么边界?第四,将一定距离的远程控制行为也理解为携带是否符合规范目的?凡此问题,都值得进一步研究。

(一)凶器的范围认定

注意规定与法律拟制是刑法立法中常用的两种方法,尤其是在《刑法》分则具体罪名的规定中。一般认为,"注意规定是指在刑法已经做出基本规定的前提下,提示司法人员避免忽略该规定。法律拟制则是将原本不符合某种规定的行为也按照该规定处理"。[1] 换言之,就司法裁判而言,注意规

[1] 张明楷:《刑法分则的解释原理(上)》,中国人民大学出版社 2011 年版,第 269 页。

定仅仅具有意义的导向与提示功能,并不涉及罪质之间的变换。尽管在犯罪认定中会出现增加了案件的客观事实等情况,但这些因素并不是影响罪质的关键性因素。因此,注意规定的司法认定与运用并不会增加司法裁判者额外的知识补给。但在法律拟制的场合,立法更多的是国家基于对行为本身危害的质的认识,以及平衡罪名之间刑罚差异的考虑而将某些与之危害程度相同的罪名,通过填充部分新的构成要件要素,使行为在罪名适用上发生了变化。

联系到本书所要讨论的携带凶器盗窃问题。携带凶器在现行刑法中有两处规定:一是第267条第2款的携带凶器抢夺;二是第264条的携带凶器盗窃。前者因增加携带凶器,而使抢夺罪转化为抢劫罪,后者则携带凶器这一要素的增加并未对盗窃行为本身构成性质上的影响。故共识性的观点认为,前者是法律拟制,而后者是注意规定。问题在于,两处携带凶器是否具有同样的含义?法律拟制和注意规定这两种不同的立法技术,是否会必然影响到对刑法术语或概念的认识?有学者认为携带凶器盗窃是注意规定,而携带凶器抢夺是法律拟制。因此,对携带凶器盗窃的解释,就不应该像解释携带凶器抢夺那样进行严格解释。携带凶器盗窃中的凶器,虽然也包括性质上的凶器与用法上的凶器,却只需要器物可能使人产生危险感、可能攻击他人即可,更不需要具有明显的杀伤力。盗窃所用的一些工具(如起子、老虎钳、刀片等),也应当评价为凶器。[1] 在上述观点看来,尽管在字面上相同的"携带凶器",但由于一个是注意规定,另一个是法律拟制,所以导致"凶器"的刑法解释学在解释方法和解释幅度上有所区别。笔者注意到,在解释携带凶器抢夺的其他场合,学者主张,应该结合器具的杀伤力、器具供杀伤他人使用的盖然性程度、社会一般观念对器具所具有的对生命、身体的危险感的长度以及器具被携带的可能性大小等因素。并且在论述用法上的凶器时,诙谐地指出,"男士系的领带也可能勒死他人,但系着领带的人抢夺时,我们无论如何也不能认定其为'携带凶器抢夺'"。[2] 但令人不解的是,

---

〔1〕 参见张明楷:《刑法学》(第4版),法律出版社2011年版,第880页。值得注意的是,在《刑法学》(第5版)中,作者已经删除了例子中的"起子"。但认为,犯罪(作案)工具与凶器也不是对立关系,不排除一种器物既是作案工具也是凶器。参见张明楷:《刑法学(上)》(第5版),法律出版社2016年版,第954页。

〔2〕 张明楷:《简论"携带凶器抢夺"》,载《法商研究》2000年第4期。

在界定携带凶器盗窃的凶器时，诸如生活中的起子等日常工具也可以被理解为凶器。笔者认为，这种对携带凶器盗窃采取比携带凶器抢夺较为宽松的解释，难以令人信服。将凶器认定为可以"使人产生危险感、可能攻击他人"的器物，甚至将生活中的起子也认定为凶器，则势必会泛化对凶器的理解。例如，A 背着行李包从火车站刚出来，就碰见身着华丽的 B，欲对 B 实施盗窃，在行窃的过程中被公安机关抓获，经查行李包中装有大量的书籍，重量达 20 千克。那么行李包是否也被认为是凶器呢？因为 20 千克的行李包完全可以随时攻击他人，并且如果攻击他人的要害部位，甚至会导致他人休克。但根据常识判断，显然不能将此处的行李包理解为凶器。此外，与刀片利刃相当的绣花针是否可以认定为凶器？例如，A 刚从家里做完被子出来，习惯性地将做被子的绣花针别在袖子上，出门时看见一外地人 B 卖水果，顺手拿了几个苹果。那么 A 的行为是否属于携带凶器盗窃？从普通民众的生活习惯来看，恐怕难以认定 A 构成携带凶器盗窃，甚至人们会认为这是一种小偷小摸行为，没有必要动用刑法对之处罚。更为极端一点，妇女头上的作为装饰的簪子是否也可以作为凶器呢？A 是少数民族妇女，按照当地的风俗习惯头上必须别有具有民族特色的簪子。某日，A 路过时，顺手将等候公交车的 B 放在地上的背包提走，结果发现背包里只有一些 B 坐火车用的牙刷、牙膏、毛巾等洗漱用品。那么 A 的行为是否应当被评价为携带凶器盗窃呢？肯定论的观点着实难以令人接受。

由此看来，对携带凶器的界定仍然需要进一步地限制。与之相对应的另外一种观点则认为，"凶器"的范围一般应界定为国家禁止个人携带的管制性刀具、枪支、爆炸物等器械，不包括国家没有禁止个人携带的一般作案工具。司法实践对于"携带凶器盗窃"不宜扩大解释，不能因为所有作案工具都具有一定的打击能力进而认定为凶器。但行为人为了预防抓捕而携带的国家禁止个人携带的管制性器械以外的器械的，如一般作案工具，则可以"携带凶器盗窃"认定。〔1〕既然携带凶器抢夺是法律拟制，携带凶器盗窃是注意规定。而在法律拟制的情况下，行为人为犯罪而携带的非国家管制的刀具、枪支、爆炸物等器械可以构成抢劫罪。而在解释上并不那么严格地携带凶器盗窃却只能将凶器解释为国家禁止个人携带的管制刀具、枪支、爆炸

〔1〕参见关振海：《如何理解和证明"携带凶器盗窃"》，载《检察日报》2011 年 5 月 25 日，第 3 版。

物等器械。至于上述观点认为用刀具偷割电缆也构成携带凶器盗窃,是对携带凶器盗窃的误解。尽管刀具是国家禁止的器械,但并不能对此做机械的解释。携带凶器盗窃中的凶器应当是针对人可能造成危害的高概率的工具。而上述行为直接以数额型盗窃罪论处即可,如果没有达到数额较大的,则不应认定为盗窃罪。当然,可能面临的批评是,这是否意味着盗窃国家财产的,因为没有直接针对人,带着凶器盗窃也不能被认定为携带凶器盗窃,这样是否会缩小了携带凶器盗窃的犯罪圈呢?对此,笔者认为这种担心是多余的。在利用刀具偷割电缆的场合下,刀具的属性是可以转换的,例如,当行为人仅仅是用来偷割电缆,此时的刀具是一般的犯罪工具;反之,如果行为人在偷割时,基于排除他人的干涉,并且具有这样的意图时,此时的刀具实际上可以理解为凶器。

笔者的观点是,仍然应当采取"携带凶器抢夺"的思路,即将携带凶器盗窃中的凶器分为两种情形:第一种是携带国家禁止个人随身携带的器械,如枪支、管制工具、爆炸物等,以携带凶器盗窃论处;第二种是行为人为实施犯罪而携带其他器械进行盗窃的行为。对此,有学者指出,从携带凶器盗窃这一立法修正的性质来看,携带凶器盗窃与携带凶器抢夺有明显差异。这是因为,携带凶器抢夺被刑法拟制为更严重的抢劫罪,而携带凶器盗窃只是被修正入原来的盗窃罪中。根据刑法体系解释的基本要求,对于二者的含义应当作出同样的解释。[1] 此外,笔者注意到,在携带凶器抢夺的场合下认定凶器时,有学者指出,切莫照搬日本将竹竿、旗杆和英国将沙袋认定为凶器的做法。[2] 如果按照前述的携带凶器抢夺要比携带凶器盗窃在解释上严格得多。那么在竹竿、旗杆和沙袋都不能作为携带凶器抢夺中的凶器,缘何比竹竿、旗杆和沙袋杀伤力功能小的起子可以成为携带凶器盗窃中的凶器呢?对此不得而知。易言之,我们并不能因为两个携带凶器的立法技术不同,而认为携带凶器抢夺比携带凶器盗窃更为严格一些,这种解释并不存在法理上的理由。因此,妥当的解释只能是采取同一解释的做法。但值得注意的是,对于上述两种情形,仍然需要考虑行为人主观的心理状况。在第一种情形下,因为刀具、匕首等器皿的杀伤力非常大且为国家禁止,因此,对

---

〔1〕 参见金泽刚:《携带凶器抢夺定抢劫罪问题研究》,载赵秉志主编:《刑法论丛》(第31卷),法律出版社2012年版。

〔2〕 张明楷:《简论"携带凶器抢夺"》,载《法商研究》2000年第4期。

于行为人携带上述攻击性工具时,可以推定其知道这些工具所造成的危害,即对其主观罪过采取推定事实的技术。而对于第二种情况,如果行为人携带的是日常的生活用品或器皿,诸如发髻所用的簪子等则不能直接根据客观的情势就认定行为人是携带凶器盗窃。在不能证明其主观上是故意携带上述工具的,则不宜认定为是携带凶器。

(二)携带范围的边界与认定

关于携带的内涵,有学者认为:"携带凶器盗窃不要求具有随时使用凶器的可能性,只要能评价为携带即可。所谓携带,是指在从事日常生活的住宅或者居室以外的场所,将某种物品带在身上或者置于身边附近,将其置于现实的支配之下的行为。因此,A 将凶器放在车内,下车步行一段距离盗窃的,也可以认定为携带凶器盗窃。"[1] 上述例子将携带理解为一种远控行为,背离了携带本来的含义,值得商榷。

例如,A 车内有一把水果刀,平常用于削水果。某日,A 看见 B 在路边等车,为避免 B 通过发现自己的车牌号以暴露身份。A 在距离 B 处 500 米的地方停车,然后下车至 B 处将 B 放在地上的背包窃取。按照论者的观点,A 汽车里的水果刀仍然属于 A 所控制范围之内,因此 A 应当认定为携带凶器盗窃。但如果将此案件交给普通国民进行评判,恐怕绝大多数人不会认为 A 可以构成携带凶器盗窃。即便是对负有侦查职责的公安机关而言,公安机关也不会将此行为立案。一是行为本身的社会危害性甚微,以治安管理处罚手段对之予以规制足矣;二是如果将此类行为也认定为犯罪,对公安机关而言也不经济。尤其是在一些地方公安机关办案经费和人员紧缺的情况下,不可能也没有必要如此较真。类似的情况还有,例如,A 不习惯于使用自动剃须刀,而使用传统的带有刀片的剃须刀,由于时常忘记剃须,故将剃须刀放入车内,以便随时使用。在这种情况下,A 下车行走一段距离实施了盗窃行为。如果认为车上的剃须刀是凶器并且在其控制范围之内,将其理解为携带凶器盗窃,势必会挑战国民基于生活而形成的习惯性知识,其难以令人接受。"携带凶器应具有随时可能使用或者当场能够及时使用的特点,即具有随时使用的可能性。反过来也可以说,只要行为人一旦遇到反

---

〔1〕 参见张明楷:《刑法学(下)》(第 5 版),法律出版社 2016 年版,第 955 页。

抗,就可以迅速使用凶器,在客观上就符合了携带凶器的条件。”[1]尽管这种观点是用来解释携带凶器抢夺的,但笔者认为同时也可以用来解释携带凶器盗窃的情况。由此,行为人下车后行走一段距离,是否具有可迅速使用的可能性应当成为判断行为是否构成携带凶器的实质标准,而不能笼统地得出肯定或否定的结论。

(三)携带凶器盗窃适用对象是否包括对物使用

关于行为人对物使用是否也构成携带凶器盗窃的问题。有学者主张:“携带凶器盗窃时,虽然要求行为人认识到自己随身携带了凶器,但不要求行为人具有随时对人使用的意思。换言之,即使行为人仅具有对物使用的意思而携带凶器盗窃的,也能认定为携带凶器盗窃。”[2]对此,笔者亦持保留意见。如前所述,携带凶器之所以与毫无罪量因素的盗窃行为组合成盗窃罪,根本原因是携带凶器的行为对被害人人身构成了潜在的威胁。这从我国刑法立法历程中可以窥见一斑。在一些稿本中,曾经规定“携带凶器盗窃的,以抢劫罪论处”,如1996年10月10日的修改草案(征求意见稿),1996年12月20日的修改草案就有类似规定。在征求意见过程中,一些学者专家、部门和地方提出,将在盗窃时携带凶器,在实施犯罪过程中没有使用的,也按抢劫罪论处,混淆了盗窃罪与抢劫罪的界限,在法理上说不通,而且在司法实践中易造成混乱,同时,“凶器”的概念也难以界定,建议删除这一规定。也有人主张可将携带凶器盗窃作为盗窃罪的从重处罚情节。经过研究,立法机关在1997年1月10日及其以后的稿本中,没有再对此作出规定。[3] 尽管携带凶器盗窃最后没有以抢劫罪的方式规定下来,但立法过程中所出现的这些争论,其实从侧面印证了之所以要严惩携带凶器盗窃,正是因为这类行为具有对人身安全构成危险的可能性。

易言之,就携带凶器而言,只有当凶器具有针对人使用的可能性时,携带凶器盗窃才可以被评价为盗窃罪。如果仅仅针对物使用,则仍然难以认定为盗窃罪。有学者指出,成立携带凶器盗窃,要求行为人认识到了自己携

---

[1] 周光权:《刑法各论》,中国人民大学出版社2011年版,第94页。

[2] 张明楷:《刑法学(下)》(第5版),法律出版社2016年版,第955页。

[3] 参见高铭暄:《中华人民共和国刑法的孕育诞生和发展完善》,北京大学出版社2012年版,第487页。

带凶器，但不要求行为人具有随时对人使用的意思。[1] 但是，这种结论值得商榷。一概地主张携带凶器对物使用也构成携带凶器盗窃，着实违背了携带凶器本身的规范含义。正如有学者指出："构成携带凶器盗窃罪，还需要行为人在主观上具有使用的意识，即在犯罪过程中针对人身使用，压制他人反抗或者杀伤他人的意识，用刀划包、割断包带等非对人身产生压制作用的使用意识不包括在内。"[2] 对此，笔者深以为然。认为携带凶器盗窃不需要行为人有利用凶器意思的观点，根源是仍然认为刑法评价携带凶器盗窃的行为仅仅是盗窃，割裂了携带凶器盗窃的整体性。因此，在对携带凶器盗窃认定时，应当将之限定在行为人有利用凶器的意思，对物利用的意思不能认定为携带凶器。

如前所述，携带凶器盗窃本身是由携带凶器与盗窃两个要素组成的一种新的不法类型，"构成要件是违法行为类型，构成要件所预设的是法益侵害行为，所以，违法性的本质是法益侵害。没有侵害法益与威胁法益的行为，不可能是构成要件所预设的行为，当然也不可能成为符合构成要件的行为"[3]。既然如此，携带凶器盗窃的不法性就体现在行为人基于利用凶器可能对被害人产生的危险而实施的行为。在责任因素上，需要对这种利用凶器的危害事实有所预见。

刑法学是关于犯罪类型研究的图像化知识表达，案件事实与刑法规范之间的张力，使得刑法规范以及刑法学理论必须具有一定的精炼性，从而实现刑法（学）用语的制度化与范畴化，但在解释刑法时，必须严格受到规范目的的制约，否则就可能出现知识的异化。尽管"就具体犯罪而言，刑法理论与司法实践不能只是按照刑法用语的字面含义做出解释，而应从实质的违法性上进行认定"。[4] 但超脱规范目的的实质解释则可能因违背国民预测可能性而使刑法不堪重负。

---

[1] 参见张明楷：《刑法学（下）》（第5版），法律出版社2016年版，第955页。

[2] 周啸天：《携带凶器盗窃的刑法解析——对〈刑法修正案（八）〉的解读》，载《法律科学（西北政法大学学报）》2011年第4期。

[3] 张明楷：《结果无价值与行为无价值论》，北京大学出版社2012年版，第30页。

[4] 张明楷：《刑法的基本立场》，中国法制出版社2002年版，第197页。

第五章 刑法规范的适用困境与目的解释的补足

刑法规范在适用中不可避免地会面临刑法文义的多重性、文义解释的瑕疵以及法律漏洞等现实问题,文义解释并不总能合理地解决疑难案件。刑法规范的具体应用,是裁判者基于各种利益考量而进行的目的性建构,解释活动并非不折不扣地完全按照罪刑法定原则进行严格解释。刑法解释是一种目的性的论证,裁判者对规范的理解是实质性的学术建构,可以用来弥补刑法规范适用中的困境。在裁判者建构刑法规范的过程中,目的解释是司法判断常用的基本方法。

刑法规范的载体是刑法用语,但规范性用语在界定时通常会存在歧义。不同的解释主体对同一刑法用语会基于各自的立场得出不同的解释结论。这是刑法解释的常态现象,也是刑法解释中不可回避的理论和实践议题。与此同时,在变动的社会面前,刑法规范的辐射范围也并不总是清晰的。原先立法所考虑的事项,难免表现出不周全性。一概地将新出现的危害行为排除犯罪圈的做法无疑窒息刑法解释学的发展,不加区分地将危害行为都解释为犯罪,与罪刑法定原则的基本旨趣南辕北辙。

解释学上应有的态度,不是动辄否定刑法规范的合理性,或采取批判的态度指责刑法规范的瑕疵。否则解释学就没有任何发展的空间。但是,将所有的问题都交给立法的修正与改进,既不现实也不可取。就司法而言,对案件及时有效地处理才是当务之急。刑法司法总不能等待立法修改之后,才对案件作出定性的判决。立法与司法之间的现实矛盾,为司法作业中的刑法解释拓展了空间。即便是最高司法机关针对刑法的相关问题作出了解释,但是,当下的司法解释多是规范性解释,而非适用性解释。而司法视野中的案件审理多是适用性解释。况且,秩序的发生也许和语言文字的发生和发展也很相似,是一种不根据前提的推理(Non Sequitur),不存在事先的严格逻辑。[1] 司法所致力通过裁判维持秩序的努力不可能是刑法文本中规范的演绎,它需要裁判者有意地建构。

在秩序的意义上,解释法律本身就是建构秩序。也因此,刑法解释是建构意义上的,而不是依葫芦画瓢式的知识搬运。仅仅以文义解释或一般性判断认为解释结论具有优先性和决定性的结果恪守保守意义上的自由主义传统并不有效。刑法解释不是司空见惯或理所当然地将规范适用于案件事实。面对刑法规范的既有困境,我们或许应当在解释学上去寻找相应的解决方案。

第一节　刑法规范适用中的困境与目的解释的引入

刑法规范的适用,需要考虑两个基本的因素,即案件事实的确定性;并且刑法用语与案件事实具有高度的契合性。解释学所关注的对象主要是后者,在刑法用语是否与案件事实契合的判断中,需要面临着诸多的考量因素。但无论如何,解释不可能完全是对刑法用语进行日常化的理解,解释的方法也不是纯粹的形式逻辑的推演。任何解释在本质上都是价值判断,都需要融入解释者的立场、解释者对于诸如刑法原则、刑法理念、刑法立场的理解。也因此,对刑法用语的解释不可能脱离实质评价。"解释者在解释刑法时,必须根据刑法规定犯罪的实质的、正义的标准,并且在刑法用语可能具有的含义内,确定犯罪的范围,使实质的、正义的标准与刑法用语的含义相对应,正确界定犯罪的内涵与外延。"[2]

一、刑法用语文义的多重性

在理想状态上,刑法作为一个封闭的体系,同一用语应当具有相同的含义。只有这样,才能够使刑法规范之间形成一个体系进而保障国民的预测可能性。否则容易产生概念之间的混乱,进而导致刑法适用得杂乱无章。

---

〔1〕 参见苏力:《阅读秩序》,山东教育出版社1999年版,第11页。

〔2〕 张明楷:《刑法分则的解释原理(上)》,中国人民大学出版社2011年版,第5页。

国民对于刑法的认识是直接通过刑法文本来获知的,如果一个刑法用语在刑法典中高频率地出现,而每一处的含义却不尽相同甚至完全截然相反,则势必超出国民预测可能性的能力和范围,甚至可能激发国民对刑法典乃至法秩序的不信赖。因此,同一用语相同含义的解释,是最大限度保障国民法感情的一种近乎完美的理想措施。但是,这种理想在现实的刑法适用中却根本不可能实现。恰恰相反,在对刑法的理解和适用中,存在大量的同一用语不同含义的现象。对此,人们大可不必惊讶。刑法规范的适用是从一般规范到具体案件的过程,解释者不可能只盯住文本进行单一性的解释。如果仅仅从静态意义上看刑法规范,将刑法中所有的相同用语都解释为同一含义,这样恰恰是解释者在随意解释。因此,同一用语的不同含义是刑法中的常态现象。

我国刑法中出现了大量的高频词,[1]这些高频词即本书所说的可能存在不同含义的用语。在刑法解释学上,对待同一用语的争论焦点是同一用语是否能够作出不同的解释,以及如何解释的问题。认为同一用语不能作出解释的观点未免绝对,也不现实。刑法规范是类型化的范畴,来源于对案件事实的筛选和评价。案件事实的多元性与刑法用语的有限性形成的矛盾决定了刑法规范中一定会存在多元性的表达用语。因此,在解释学上,同一用语的不同解释客观上会大量存在。问题是,哪些用语可以作出不同含义的解释,哪些用语禁止作出不同的解释。需要作出不同解释的用语又该如何解释?因此,对同一用语的类型化归纳是需要首先解决的问题。按照是否能够做出不同解释,可以将刑法用语分为禁止不同解释的同一用语和容许不同解释的同一用语。

(一)禁止不同解释的同一用语

所谓禁止不同解释的同一用语,是指语词内涵及其外延是固定的,因此不能作出不同解释的用语。普通国民或者专业人士不需要专业知识就能够判断的词语。例如,刑法中的数字用语,人们不可能将3年解释为5年,也不可能将5年解释为3年。人们也不能将14周岁解释为16周岁,或者相反。此类用语对于普通国民和专业人士都是人所共知的。因此,不能对之作出

---

[1] 诸如侮辱、猥亵、入户,凶器,数额较大,情节严重,非法,利用职务之便,不正当利益,财产(财物),本法,明知,教唆,冒充,伪造、奸淫、逃逸,重大、应当、可以,首要分子、运输等。

不同解释。此外,还存在尽管普通国民可能对之有疑问,但刑法解释群体在特定的文本解释中存在共识的用语,也不能对之作出不同含义的解释。例如,故意杀人罪中的人,尽管在刑法解释中关于人的出生和死亡的标准,国内外还存在争议。但在当下条件下,刑法立法、司法和刑法解释者都不会将尚在母体内部的胎儿解释为人。不仅刑法解释者如此,民法解释者也不会存在疑问。人们不能说民法中对胎儿留下的利益是胎儿基于继承或赠与原因得到的。但普通国民则可能认为母体内部的胎儿也是人。例如,张三殴打孕妇,导致孕妇流产死亡,人们通常要求对张三处以极刑,其中很有力的原因是张三有两起命案在身。但从规范层面上看,刑法解释者对待此类问题并不会有太大争议。此类用语还有诸如“应当”“可以”。普通国民可能认为应当与可以是两个相同的用语。但在刑法中解释者和司法裁判者均认为应当是“不得不”,而可以是“可以 A,也可以非 A”。

(二)容许不同解释的同一用语

所谓容许不同解释的同一用语,是指在不同场合下,解释者会参考一定的标准,置身于一定的语境,运用各种解释方法,得出不同结论的用语。当然,此类解释并不意味着必须对同一用语作出不同的解释。例如,如同后文所说,不能认为刑法条文中所有的侮辱或暴力都是完全不同的,这不符合解释的基本规则,解释的结论也不妥当。分析这类用语,我们不难发现,其具有如下几个主要的特点:(1)带有很强的评价性。亦即,此类用语多是人们对行为、结果或者行为人的主观罪过等要素的评价。例如,暴力表述的是行为的方式、强度等。后果严重或情节严重,则表示的是行为所造成的结果程度大小。以非法占有为目的,则评价的是行为人的主观罪过。有的表述的是行为对象,例如财产是否可以包括财产性利益等问题。但这并不是说不同解释的用语只存在规范的构成要件要素中。记述的构成要件要素中也同样会存在不同解释的情形。例如,伪造货币中的货币是否包括伪造并不存在的货币,显然是伪造货币罪中的记述性构成要件要素。(2)语词含义本身具有一定的张力。例如,贪污罪和受贿罪以及非国家工作人员受贿罪中的“利用职务便利”。对于何谓利用职务便利,或者利用职务便利具体包括哪些类型,解释者会有不同的认识。如携带凶器盗窃和携带凶器抢夺中的凶器,从凶器的概念上,人们似乎永远找不到凶器包括哪些器具。(3)语词的整体含义带有观念性。例如,刑法中的猥亵,作为一个观念性的表达,猥亵具有流动性。1979 年《刑法》中并没有猥亵这一术语,猥亵一词来源于 1979 年《刑法》中流氓罪的分解。那么,是否意味着 1997 年《刑法》中的猥亵仍然是 1979 年《刑法》中的流氓或者是流氓在 1997 年《刑法》中的翻样?就需要结合具体的时代背景和人们的观念来理解和认识。毫无疑问的是,刑法中的同一用语种类和数量繁多。囿于篇幅,本书也不可能对之作出全面、细致的分析。需要关注的问题是,(1)既然同一用语的不同解释在刑法中大量存在,应当如何看待同一用语的不同解释?(2)同一用语不同解释是否会与刑法明确性原则发生冲突,甚至肢解刑法体系的危险?(3)在肯定同一用语不同解释的现实基础上,应当采取遵循什么样的解释原理,以及这些解释规则的边界在哪里?在具体论证上,以刑法中若干争议用语为素材,通过对各种解释结论的重新解释与辨识,以期初步探知同一用语不同解释的基本原理。

正视同一用语不同含义的现象,是解释者在解释刑法时应当谨慎区别对待的重要问题。刑法中有 30 余处涉及暴力的条文,[1]但没有人会否认抢劫罪中的暴力和暴力干涉婚姻中的暴力不是同一含义的结论。除却构成要件中同一用语需要作出不同解释外,对罪量标准的解释,也不可能采取同一用语相同含义的绝对标准。因此,相同用语的不同解释也并不必然违反国民的预测性。相反,如果对上述的概念作出一个标准的界定,则反而可能得出不正义的结论。例如,以抢劫罪的暴力为标准,将暴力干涉婚姻自由罪中的暴力解释为必须达到使他人不能反抗、不知反抗、不敢反抗的程度,抑或以暴力干涉婚姻自由罪中的暴力为基准来解释抢劫罪中的暴力,都是无法令人接受的。

---

〔1〕 涉及的具体条文有第 20 条正当防卫,第 50 条限制减刑,第 81 条累犯,第 121 条劫持航空器罪,第 122 条劫持船只罪,第 123 条暴力危及飞行安全罪,第 157 条武装掩护走私、抗拒缉私的处罚,第 202 条抗税罪,第 226 条强迫交易罪,第 236 条强奸罪,第 237 条强制猥亵、侮辱罪、猥亵儿童罪,第 238 条非法拘禁罪,第 240 条拐卖妇女、儿童罪,第 242 条妨害公务罪,第 244 条强迫他人劳动罪,第 246 条侮辱罪,第 247 条暴力取证罪,第 256 条破坏选举罪,第 257 条暴力干涉婚姻自由罪,第 262 条组织未成年人进行违反治安管理活动罪,第 263 条抢劫罪,第 269 条转化型抢劫,第 277 条妨害公务罪,第 278 条煽动暴力抗拒法律实施罪,第 294 条组织、领导、参加黑社会性质组织罪;入境发展黑社会组织罪;包庇、纵容黑社会性质组织罪,第 307 条妨害作证罪,第 318 条组织他人偷越国(边)境罪,第 321 条运送他人偷越国(边)境罪,第 333 条强迫卖血罪,第 347 条走私、贩卖、运输、制造毒品罪,第 368 条阻碍军人执行职务罪;阻碍军事行动罪,第 426 条阻碍执行军事职务罪,第 451 条关于战时的概念等。

如果说人们对于上述刑法概念的不同解释没有争议的话，那么对于构成要件中的规范性要件要素的不同解释，则往往容易引起歧义。例如，强制猥亵妇女罪中的猥亵和猥亵儿童罪中的猥亵是否同一含义？刑法学理论一般认为，强制猥亵妇女罪中的猥亵，是指除奸淫以外的能够满足性欲和性刺激的有伤风化、损害妇女性心理、性观念，有碍其身心健康的性侵犯行为。猥亵儿童罪中的猥亵主要表现为对儿童鸡奸或者让儿童为其手淫等行为。[1] 据此，无论是强制猥亵妇女罪中的猥亵，还是猥亵儿童罪中的猥亵，都是排除异性之间的性交行为。[2] 换言之，如果成年男子强制与妇女之间发生性关系的，则依据《刑法》第236条的规定，以强奸罪论处。如果与未满14周岁的幼女发生性关系的，则同样定强奸罪。如果成年男子对男性幼童发生性行为，则属于上述观点中的鸡奸行为，认定为猥亵儿童罪没有问题。但问题是，猥亵儿童罪中的猥亵是否包括异性之间的性交行为呢？例如，对于成年女子强迫男性幼童与之发生性行为的，如何定性？方案有二：第一，如果认为猥亵儿童罪中的猥亵不包括性行为，则成年女子的行为不构成犯罪。第二，如果认为威胁儿童罪中的威胁包括性行为，则成年男子无疑构成猥亵儿童罪。

主张后者方案的学者认为，“猥亵行为本来是包括强奸行为的，只是由于刑法对强奸罪有特别规定，所以不将强奸行为认定为猥亵；但在刑法没有对其他不正当性交行为作出特别规定的情况下，其他不正当性交行为当然应包括在猥亵概念之中。在此意义上说，关于猥亵的规定与关于强奸罪、奸淫幼女罪的规定实际上是普通法条和特别法条的关系；特别法条没有规定的行为，就可能属于普通法条规定的行为”[3]。如此解释，的确可以将成年女子强迫男性幼童与之发生性关系的行为解释为猥亵儿童罪。仔细分析，就不难发现，上述观点的逻辑实际上是从法益的轻重比较出发的，即猥亵儿童罪侵犯的法益是儿童的身心健康权利，既然非性交的行为都可能构成猥亵儿童罪，那么成年女子强迫幼童与之发生性交的行为，按照举轻以明重的规则，当然也应当认定为猥亵儿童罪。否则，按照第一种方案，只能得出无

---

〔1〕 参见高铭暄、马克昌主编：《刑法学》，北京大学出版社、高等教育出版社2011年版，第472～473页。

〔2〕 如即便采取广义的理解，人们也认为猥亵是指除奸淫以外的所有有伤风化的色域行为。参见王作富主编：《刑法分则实务研究》（中），中国方正出版社2010年版，第770页。

〔3〕 张明楷：《罪刑法定与刑法解释》，北京大学出版社2009年版，第186条。

罪的结论,而这无疑会造成对幼童刑法保护不力,罪刑适用不均衡的恶果。但即便如此解释,仍然会存在问题,即在成年女子猥亵男性幼童的情况下,猥亵包括性交和非性交的猥亵。而在成年男子猥亵女性幼童的情况下,猥亵只能是非性交的猥亵。同样是猥亵儿童罪,对象的不同,猥亵的含义大相径庭。否定这种观点的人们可能认为,同是一个罪名的猥亵行为却做出了两种不同的解释结论,违反立法的初衷。但是,刑法规范本身并没有向人们告知究竟何谓猥亵。因此,即便采取第二种方案,会出现对男性幼童保护弱于对女性幼童保护的情况,甚至一定会带来罪刑适用上的不均衡,但这是刑法解释迫不得已的结果。这种不均衡是刑法立法本身条文设置造成的,具体而言是强奸罪与猥亵儿童罪之间的内在关联导致的,而不能苛责于解释者解释的结论。

二、规范用语含义“空缺结构”的现实存在

尽管立法力图通过成文化的刑法尽可能地调控现实社会中可能出现的犯罪,但是,文本的刑法不可能不存在空缺。承认法律空缺的现实性,是立法有限理性的体现。但是,这并不意味在面对法律空缺时,就排斥刑法的适用。逻辑上看,法律空缺分为如下情况:(1)真象空缺。所谓真象空缺,就是指法律拟不对此种情形予以调整。例如,民法就不调整基于施惠而形成的关系以及尚未进入婚姻阶段的恋爱关系。(2)假象空缺。所谓假象空缺,是指根据一般的解释观点或字面解释,似乎法律不会对此行为予以任何评价。但是,根据法律的目的,从解释论的角度可以将此种行为解释为特定条款适用的范围。真象空缺和假象空缺的判断,有的时候比较容易识别,而在有些情况下则充满诸多的争议。

某项法律事实究竟是刑法的真象空缺还是假象空缺,文义解释提供不了有效的判断标准,只能仰赖目的解释,在规范目的的视野下来讨论,才可能得出结论。

制定法的缺陷为刑法解释提供了作为的空间,“法律人的才能主要不在认识制定法,而正是在于有能力能够在法律的——规范的观点之下分析生活事实”[1]。例如,《刑法》第 171 条第 2 款规定金融工作人员以假币换取

---

[1] [德]亚图·考夫曼:《类推与事物本质——兼论类型理论》,吴从周译,台北,学林文化事业有限公司 1999 年版,第 87 页。

货币罪,实践中出现非金融机构工作人员以假币换取真币的行为,如何定性? 表面上看,由于金融工作人员以假币换取货币罪是身份犯,一般人员无法构成本罪,似乎这是刑法的漏洞,但是,如果认为行为人的行为系排除他人占有,以假币换取真币行为仅仅是制造虚象、掩盖犯罪事实的行为,就不能认为刑法对上述行为的规定是真相空缺,完全可以依据盗窃罪对之处罚。否则的话,则无助于对他人财产法益的有效保护。换言之,当一行为没有侵犯到法益 A,但同时侵犯到法益 B,此时就不能仅仅依据前者事实而认定行为无罪,而需要同时考虑当行为侵害到法益 B 时,如果符合相应犯罪的构成要件,就应当以法益 B 为指导,通过规范性的解释,认定行为构成其他犯罪。

真象空缺和假象空缺的不同处理方法,体现了解释论的不同路径。在真象空缺时,刑法解释无论如何不能仅仅以"危害性"为标准,而将行为解释为犯罪,否则就违背罪刑法定原则的基本要旨。但是,在假象空缺时,同样也不能认为只有将行为解释为无罪,才是符合罪刑法定原则。刑法解释的重要功能在于成文法的规定出现矛盾以及纰漏时,及时在解释学上寻找依据,尽可能地减少由于刑法立法的技术原因而出现的制定法上的问题。将假象空缺的情形解释为犯罪,是以刑法规范目的为导向的,构成要件的类型化对定罪具有型构和制约的功能。因此,不必过于忧虑面对假象空缺时必违背罪刑法定原则的可能现象。

第二节 通过目的解释弥补刑法规范适用中的不足

面对刑法规范适用中的困境,聪慧的司法者一定不会首先批判刑法立法的缺陷与瑕疵,反而会通过解释学的方法寻找弥补相应的补救之道,目的解释就是其中的一种重要方法。

一、一般正义转化为个案正义的解释学通道

"一般正义与个案正义的对立是法律利益调衡的永恒性问题。"[1]其

---

〔1〕 Philip P. Frickey, *Interpretative—regime Change*. Loyola of Los Angeles Law Review, Vol. 38:2, p. 38(2003).

实,二者并非在同一的立场上论述法律的价值。详言之,一般正义关注的是制定法的价值,而个案正义则关注的是法律适用中的价值。一般正义要求刑法立法在制定规范性文件时,不能夹杂有法律外的价值判断,如平等原则就是此类的宣喻。问题是一般正义具有抽象性,在刑法解释中,一般正义通常被具体化为解释的结论不能违背国民的预测可能性以及文义的可能射程。在司法视野中,裁判者往往更加关注个案的正义,这并不是说一般正义在司法裁判中不重要,而是指,即便是一般正义的理念,也可能是通过个案的裁判实现的。人们通常并不具体指责某一项刑法规则或刑法制度的问题,笼统的判断因不具有经验感官性而往往欠缺说理性。恰恰相反,规则的合理与否恰恰是通过对个案的关注而发现的。因此,就裁判的角度而言,刑法学应是司法刑法学。"司法刑法学是面向刑事司法而提供刑法知识与技术的刑法(科)学。因此,所谓司法刑法学,是刑法理论体系分化与分工的结果,是一个表征这种分化与分工的概念,尤其是一个相对于立法刑法学的概念。"〔1〕

一般的正义如果脱离司法的语境而讨论,将会沦为泛泛而谈。在司法刑法学中,规范的目的可以通过对个案的关注得以展示。尤其是对于具体案件的参与者而言,其对个案裁判结论是否正义的感受要比笼统的一般正义强烈得多。也因此,解释论上的分工是,一般正义青睐于刑法用语的日常化解释,其中,文义解释是通常采取的方法。例如,对拐卖的理解,日常化的理解是,将他人购买之后再予以出卖的行为。但是,这种日常化的解释却与刑法的专业性解释大相径庭。根据《刑法》第240条的规定,拐卖行为显然比上述解释宽泛得多。其包括拐骗、绑架、收买、贩卖、接送、中转等行为。之所以制定法意义上的拐卖要比日常化的理解宽泛,依赖于此款的规范目的。如果对拐卖行为的理解仅仅局限于日常化的理解,则保护妇女儿童人身不受买卖的法益目的将无法有效实现。可见,即便在制定法阶段,规范目的同样导向着刑法的正义,使人们对正义的理解区别于朴素的正义观。在司法刑法学视域中,一般正义必须通过解释论的有效途径转换为个案正义,规范的目的解释承载着这种正义转换。目的解释的引入区隔化了文本上的刑法与行动中的刑法,同时又勾连着二者。

---

〔1〕 刘远:《司法刑法学的视域与范式》,载《现代法学》2010年第7期。

二、修复文义解释可能的错讹

如上所述，在个案中，文义解释既可能存在多重解释的结论，也可能存在解释过程或解释结论的瑕疵。承认目的解释方法论上的合理性，可以适度修复文义解释的错讹。例如，行为人因在生产经营中不满合伙经营者将厂房抵押给第三人而强行拖走工厂设备的行为，在拖走工厂设备的过程中，告诫工厂工人不要阻碍其行为，并让他人跟随工人行踪，以防止他们打电话。实践中将此种行为称为“软暴力”。利用软暴力强行拖走他人财物的行为应如何定性？如果认为强行拖走工厂设备的行为属于暴力，那究竟属于什么性质的暴力。根据文义解释，可能得出此行为构成抢劫罪或抢夺罪的结论，但实践中通常认为，软暴力与两抢犯罪中的暴力是明显不同的，程度有明显的区分。[1] 可见，仅仅从文义上无法认定软暴力是抢劫罪中的暴力还是抢夺罪中的暴力。之所以如此，是因为对软暴力的行为解释缺乏规范性的指引。

根据目的解释的法则，在解释刑法时，首先考虑此种行为侵害的法益，以及行为是否违反了规范期许。尽管在字面上软暴力可能符合抢劫罪的暴力或抢夺罪的暴力，但实质地解释，则软暴力行为既未现实地侵犯他人的人身权利，也没有对他人的人身构成以伤害为内容的威胁。此外，从案情来看，行为人强行拖走设备的行为也仅仅是为了抗议或否定其他合伙人的抵押行为，也不具有不法占有的目的。因此，以抢劫罪或抢夺罪来论处存在规范适用上的障碍。行为的法益侵害主要是造成工厂正常生产秩序的紊乱，即通过强行拖走设备的行为，引起工人的恐慌和造成工厂无法继续正常生产。因此，软暴力的行为更宜界定为寻衅滋事中强拿强要、占有公私财产的行为，以寻衅滋事罪论处更为妥当。[2]

规范的目的解释还有助于进一步地界定个罪的行为构造。例如，绑架罪与抢劫罪的界分一直在理论和实践中存在诸多争议。行为人以绑架的行为实施暴力指向的对象为被害人，勒索财物对象仍为被害人，但被害人身边没有钱财，让不知情的第三人送来钱财的行为如何定性？如果仅仅用绑架或抢劫的刑法用语进行解释，势必难以得出合理的解释。因为在上述情形

---

〔1〕 参见湖北省大冶市人民法院刑事判决书，(2012)鄂大冶刑初字第00308号。

〔2〕 同上。

中,行为人可能符合绑架也符合抢劫。但是,抢劫罪侵犯的主要法益是财产权和人身权,绑架罪侵犯的法益则是人身权,并且绑架罪的内在结构是行为人通过控制人质,利用他人对人质的安危来勒索财产的。因此,由于第三人并不知人质被控制的事实,行为人获取财物的形式,不符合绑架罪的行为构造,应当以抢劫罪论处。

文义解释在犯罪形态认定上也难以提供有效的判断标准,例如,在结果的提前发生时,文义解释并不能告知我们行为是否着手。是否构成着手,只能从法益是否受到现实的侵害或紧迫的危险来认定。因此,在入户盗窃的场合,接近被害人的住所尚不能认定为着手。在强奸的场合,行为人进入单身妇女的住所地,并向被害人接近时,就应当认定为着手。此时如果机械地按照文义的解释,反而可能无助于法益的及时保护。

规范的目的解释由于倡导实质解释,可以对按照法益位阶实现与刑事政策的有效贯通。针对不同法益的侵害,源于刑事政策的区分功能,需要在解释论上作出不同的解释价值偏向。在战后的日本,目的合理主义的犯罪论以及刑事政策的刑法理论得以发展。刑法与刑事制度作为国家的一个政策手段,犯罪论不仅仅是依据犯罪的本质论与认识论来进行构建,同时也应该基于一定的政策目的来作为问题解决的有效手段。[1] 例如,对于暴恐犯罪,完全可以在处罚范围上适度前置化,这就意味着在构成要件的解释上,要以实质解释为载体实现刑事政策的目的。而对于一般犯罪而言,在处罚范围上则不宜一概地处罚诸如距离法益侵害尚有较大距离的犯罪预备、犯罪未遂等。

之所以目的解释有助于修复文义解释的瑕疵,缘由就在于:(1)目的解释坚守客观主义的立场,由于以法益的现实危害为评价起点,则可以将文义解释中诸多机械性理解而可能导致的处罚过宽或过窄的现象予以纠正。(2)目的解释由于始终坚守规范的解释立场,以构成要件为中心的类型化评价,只有在实质评价的立场下,才可能实现案件事实与刑法规范的有效对接和交互验证。(3)实质化的评价并不意味着解释可以不受制约,目的解释仍然具有内在的逻辑构造,这就是对犯罪的评价以法益侵害为基点,在构成要件可能涵摄的类型下,对案件事实予以规范性的检验。(4)目的解释正视司

---

〔1〕 平野龍一『刑法の機能的考察』(有斐閣,1984年)256~265頁。

法裁判中案件的多样性和复杂性,而不企图通过"一刀切"的方法来"建构"刑法评价的准则。目的解释不盲目数理化的建构。有学者主张建构法学理论体系的公理法,并认为严格遵守公理法就是要求法学论著或法典中的每一个命题都能从至少一个公理中推导出来。凡不能从公理中推导出的理论则须舍弃,否则就影响了法学理论或法典的严密性。[1] 在目的解释看来,上述论断过于奢望,理论的建构从来不可能是一个纯粹的可计算性的数学公理。以前述的避险的限度为例,法益种类的不同、避险手段的不同等决定避险限度不可能是纯粹的法益大小的数学衡量。制定法意义上的刑法文本,唯有通过目的解释的导入,才可能为案件的纠纷解决提供有效的知识补给。

三、消除规范用语的不确定性

作为规范的专业性表达,尽管刑法立法力图追求用语的精确性,但是基于词语的"空缺结构",[2] 刑法文本中不可避免地存在大量的不确定性用语。例如,情节严重、情节恶劣、其他等表述均是如此。刑法解释的重要功能在于明确刑法用语的适用范围,在对不确定的刑法规范用语解释时,如果不考虑规范的目的指向,解释不仅没有标准而且容易导致犯罪认定的不当扩大。以寻衅滋事罪为例,根据《刑法》第 293 条第 1 款的规定,随意殴打他人,情节恶劣的,以寻衅滋事罪论处。但问题是,何为情节恶劣,刑法典没有明确的规定。为此,2013 年 7 月 22 日最高人民法院、最高人民检察院发布《关于办理寻衅滋事刑事案件适用法律若干问题的解释》,根据该解释第 2 条第 6 款的规定,在公共场所随意殴打他人,造成公共场所秩序严重混乱的。司法解释显然力图进一步限定情节恶劣的范围,但仅从强调行为发生地为公共场所,造成公共场所秩序严重混乱的,仍然没有非常明确地界定《刑法》第 293 条第 1 款中的"情节恶劣"的范围。因为,司法解释中的"造成公共场所严重混乱的"依旧是不明确的表述。

甚至可以说,对于此类秩序犯而言,如果刑法立法设定罪量,则罪量的标准似乎不可能做到明确性的要求,诸多兜底性或不确定性的表述不仅是立法用语的有限性造成的,也与立法技术有一定的关联。当下社会进入"法

---

〔1〕 参见何柏生:《法律文化的数学解释》,商务印书馆 2015 年版,第 319 页。

〔2〕 [英]哈特:《法律的概念》,许家馨、李冠宜译,法律出版社 2006 年版,第 253 页。

定犯时代”,[1]法定犯的罪量表述往往不具有明确的计算性,秩序的紊乱不同于自然犯的危害标准,更多的是立法对行为危害的抽象性评价。既然如此,情节恶劣的范围就不可能通过列举性的或精细化的标准予以确定。上述司法解释的努力值得首肯,但问题是仍然没有为寻衅滋事罪中的情节恶劣提供充足有效的认定标准。

也因为上述认定的困境,就需要目的解释予以适度限定。例如,被告人因不满美容院医生的胡须移植效果而持菜刀对三名护士砍击,造成三人轻伤。根据上述司法解释第 7 条的规定,“实施寻衅滋事行为,同时符合寻衅滋事罪和故意杀人罪、故意伤害罪、故意毁坏财物罪、敲诈勒索罪、抢夺罪、抢劫罪等罪的构成要件的,依照处罚较重的犯罪定罪处罚。”行为人的行为究竟认定为故意伤害还是寻衅滋事,抑或构成两罪的想象竞合犯?由于行为人的内容是故意的,并且造成了客观的伤害结果,认定故意伤害罪几乎没有争议。但是否同时构成寻衅滋事罪呢?从客观主义立场考虑,首要考虑的问题是行为是否严重扰乱了公共秩序。从案情看,被告人追砍护士时,在候诊区排队等候做 B 超的数名患者立即逃离现场,案发后,医院立即组织抢救受伤的 3 名护士。那么,数名患者立即逃离现场以及医院的抢救工作,是否可以认定为情节恶劣,就是评价行为是否构成寻衅滋事罪的关键所在。刑法规定寻衅滋事罪,旨在保护公共秩序或社会秩序,但是,公共秩序与社会秩序是十分抽象的概念,保护法益的抽象化[2]必然导致对构成要件的解释缺乏实质的限制,从而使构成要件丧失应有的机能。应当联系具体行为类型确定本罪的保护法益,“随意殴打他人”类型的保护法益,应是社会一般交往中的个人的身体安全,[3]或者说是与公共秩序相关联的个人的身体安全。具体联系到本案,行为人的行为针对的是特定的美容医院工作人员,而非医院公共秩序交往中的一般人,即便造成了候诊患者的心理恐慌和增加了医院的诊治成本,但并影响到医院的正常运营,干扰医院的管理秩序。因此,尚不能认定为寻衅滋事罪中的“情节恶劣”。但是,如果行为人砍伤的是候诊走廊中的患者,因一般患者为出入公共场所的不特定人员,此时,行为所

---

[1] 李运平:《储槐植:要正视法定犯时代的到来》,载《检察日报》2007 年 6 月 1 日,第 3 版。

[2] 参见何荣功:《自由秩序与自由刑法理论》,北京大学出版社 2013 年版,第 49 页。

[3] 参见李永升主编:《刑事案例诉辩审评——绑架罪、非法拘禁罪》,中国检察出版社 2014 年版,第 49 页。

造成的法益侵害就应当是随意殴打他人类型的保护法益,应当以寻衅滋事罪论处。当然,行为人既砍伤了特定的护士,又随意殴打一般患者的,则因一行为同时构成故意伤害罪和寻衅滋事罪,宜按想象竞合犯从一重罪处罚。

可见,如果在刑法解释中,不考虑规范的目的指向,尤其是在抽象法益的判断过程中,就容易导致法益判断的泛化,甚至造成"构成要件的虚化"。[1] 而构成要件一旦虚化,则刑法圈就会不受节制地扩大,刑法的人权保障机能就岌岌可危。在抽象法益的判断过程中,通过目的解释的导入,可有效缓解上述基于立法中刑法用语的不明确性而引发的危机。也因此,目的解释并非完全诸如有学者所说:"越看重目的解释的刑法体系,在价值取向上就越偏向于社会连带主义"[2]的诟病。任何解释方法都存在适用的边界,关键的问题并不是指责何种解释方法的不当,而是解释的过程是否符合罪刑法定原则的基本旨趣。当目的解释在对法益判断中,力求进一步追求与贯彻明确性要求,并对抽象的法益进行具体化的限制和制约时,目的解释就不能笼统地被指责为是一种危险的解释方法。但是,如果目的解释脱离了规范,甚至将具体法益的内容抽象化、泛化,则解释的思路就出现了问题,解释结论的合理性自然要引起质疑。

构成要件以及刑法用语的解释和适用不可能是纯粹形式的理解,犯罪本身就是"价值评价的产物"[3]。如果联系到当下构成要件中罪量的模糊性、规范性以及刑法用语自身的不确定性等现实问题,目的解释和与之相关的实质解释似乎是刑法解释中不可避免的方法。从法学方法论上看,适时启动实质解释,正是基于以下考虑:一种情况是有法律规则,但根据法律规则适用的法律结论违背了法律的价值,从而不能直接援引这一规则,或者需要对这一规则的语义范围进行目的性扩张或限缩;另一种情况是,没有法律规则,或法律规则规定不明,而客观上具有处罚的必要性,即刑法立法存在着明显漏洞需要弥补。[4]

姑且不去讨论目的解释是否是法律解释中的解释方法之"桂冠",[5]仅

---

[1] 参见王俊:《犯罪论的核心问题》,北京大学出版社 2012 年版,第 80 页。

[2] 劳东燕:《刑法中目的解释的方法论反思》,载《政法论坛》2014 年第 3 期。

[3] 杨兴培:《犯罪构成原论》,中国检察出版社 2004 年版,第 475 页。

[4] 参见杨高峰:《刑法解释过程论纲》,光明日报出版社 2013 年版,第 55 页。

[5] 参见[德]汉斯·海因里希·耶赛克、[德]托马斯·魏根特:《德国刑法教科书》,徐久生译,中国法制出版社 2001 年版,第 193 页。

就目的解释对刑法规范困境的补足以及对文义解释的纠偏和修复功能，就不能断然完全否定目的解释存在的合理性。尽管“人们对于目的解释大体上是一种‘又爱又恨’的态度”。[1] 但在面对疑难案件时，哪一种解释方法又能屡试不爽呢？警惕目的解释蜕变为解释者个人的随意解释立场值得首肯，然而并不能因噎废食，彻底否定目的解释对于刑法规范补足的有益功能。或许，“在法律解释实践中，各种解释方法的效用尽管不能相提并论，但从总体上说，并没有哪一种解释方法是绝对有效的。各种解释方法总是相互为用，我们很难说哪一种方法总是处于独立主导的地位，而不具有辅助意义，哪一种方法（如果能构成一种方法的话）则完全处于辅助地位”。[2] 任何一种解释都是试图挖掘或阐明刑法规范的用语，以保障其精确适用。任何解释方法都不过是解释者的一种解释路径，无法从中判断哪种解释的优劣。所有的解释方法及其解释的结论都需要接受检验。同一种解释方法，在不同的案件中，都可能会出现不当扩大或缩小刑法规范含义的情况。包括目的解释在内的解释方法，都需要接受两个方面的制约，(1)解释者的逻辑控制。涉及解释者是站在什么角度解释法律的，解释者在解释的过程中是否有偷换概念或者置换概念的嫌疑。(2)解释的结论需要接受超法规的“自然法理念”的制约。[3] 当人们普遍认为这种解释结论是不正义的或者无法令人认同的，则需要返回到解释的原点重新解释。当然，这不意味着解释的结论唯公众的意见马首是瞻，公众意见也需要接受刑法基本精神的制约。例如，显然不能因为公众认为杀人者偿命，司法就认定所有的杀人者都应判处死刑。易言之，在适用刑法解释时，各种与解释有关的因素都需要在一定的标准过滤下融入解释过程中。刑法解释是优化各种解释方法和解释思路的系统性思维，当下最为关键的是如何确立优化的方法，这可能会和人们的刑法立场、思想以及经验等个体性因素相关。

目的解释的结论也并非最终的结论，它仅仅是一种解释的方案，同样需要接受诸如是否超出国民预测可能性、解释的结论是否会令公众产生强烈的突兀感，以及解释结论是否符合解释共同体的基本理念和价值判断等。但无论如何，目的解释对拓展刑法用语的可能含义，扭转司法实践中对刑法

---

[1] 周折：《刑事政策视野中的刑法目的解释》，载《中外法学》2007 年第 4 期。
[2] 张志铭：《法律解释操作分析》，中国政法大学出版社 1998 年版，第 107 页。
[3] 参见江山：《中国法理念》，山东人民出版社 2000 年版，第 419 页。

机械性的理解具有重要的意义。“所有人总是有一种天生的倾向，认为自己的生活、自己的习惯、自己的历史轨迹才是正常的。”[1]刑法解释中，不同观点的解释者都难以说服对方，在根源上或许也具有类似的倾向，承认实质解释的观点大多认可目的解释，而坚守形式解释的观点多是对目的解释予以提防。但是，成文的刑法体系是固定的，刑法文本中隐含的规范含义，却是需要永恒地去探知的。就此而言，目的解释也终将在众声喧哗的学派之争中日趋完善。

---

〔1〕 彭刚：《西方思想史导论》，北京大学出版社2014年版，第219页。

第六章 刑法目的解释的知识问题

刑法学中的目的解释宣称接受刑法文本的制约,但这种立场有时在具体罪名的解释中通常会走样。在客观解释的包装下,目的解释的确存在演化为随意解释的危险,解释的结论未必完全符合客观现实。主张目的解释的优先性可能会消解刑法用语的法律意义,突出体现在目的解释的运用会使刑法设定的个罪的构成要件失去行为规制的机能,进而导致不同罪名在刑法解释中的随意穿梭,解释结论突破国民的预测可能性。

第一节 检讨目的解释的前提交代

哲学解释学的勃兴引发解释论上的重大转向,目的解释方法在法律解释中日渐受到关注。早期的严格法治所力主的文本对刑法解释的限制作用在实质理性的高涨中开始受到不同程度的质疑——尽管目的解释论也表明解释必须受到罪刑法定原则的限制。但从论证的进路、方法以及解释结论上,有时却令普通公众甚至学科共同体产生强烈的突兀感。

一、目的解释在实质解释论中的地位

诚然,刑法文本制定的社会背景只是一种辅助或参考的解释材料,在流动性和变动性极强的现代社会,人们对于刑法规范的解释不可能仍然刻舟求剑式地遵循古老社会的生活习性。目的解释方法有利于释放刑法文本潜在的可能含义。刑法文本是通过语言表述的规范体系,既然如此,就不可避免地存在边缘语义的现实。当刑法规范遭遇复杂案件时,刑法文本的固有含义通常无法涵摄案件事实的法律意义。这就需要通过训练有素的人们提

供严密的论证来拓展——但不是对刑法用语“脱胎换骨”地解释。目的解释主张赋予规范别开洞天的意义，也受到现实主义法学的青睐。“我已渐渐懂得：司法过程的最高境界并不是发现法律，而是创造法律，所有的怀疑和担忧、希望和畏惧都是心灵努力的组成部分，是死亡的折磨和诞生的煎熬的组成部分，在这里面，一些曾经在自己时代服务过的原则死亡了，一些新的原则诞生了。”〔1〕创造性的成分注入刑法规范的语义，能够满足疑难案件的知识需求。目的解释论经常抛出的格言是“法律重目的，不重手段”。〔2〕当然，上述格言未免过于偏激，但却足以道出目的解释深受论者宠爱。

在刑法中，目的解释也不同程度地受到如此礼遇。有学者认为，在众多解释结论出现冲突时，应当作出符合刑法规范的目的解释。〔3〕但论者也认识到单独采取目的解释的方法未必正当，刑法解释应当受制于刑法文本的制约。即“正确的解释，必须永远符合法律的文言与法律的目的，仅仅满足其中一个标准是不够的。此外的各种解释理由中，不存在一种解释理由优越于另一种解释理由的规则”。〔4〕总体而言，论者的上述立场值得首肯，刑法解释无非在刑法文本的基础上探寻刑法目的的智力训练。脱离刑法文本制约的目的解释就如同脱缰的野马，可能踏破刑事法治的底线坚守。

但问题是，处理二者之间的关系并非易事。(1)在明确的刑法用语面前，没有解释者的空间。例如，重伤、轻伤，由于具有明确的标准和鉴定依据，故不可能将导致他人肢体残废的情形解释为轻伤。基于生理的明显区分而形成的诸如“妇女”“幼女”等刑法用语也没有解释者尽情发挥的余地。(2)只有在法律用语模糊的场合，即在面对复杂案件时，人们对刑法用语是否能够涵摄案件要素拿捏不准时才需要进行解释。例如游戏装备、电子币等网络空间的虚拟物品是否属于刑法中的财物，需要结合刑法总则关于财产的规定和具体侵犯财产罪的罪名予以认定。由于在这种情况下，法律语言本身是模糊不清的，所谓“符合法律的文言”本身可能就是一个解释者的自我感觉甚至自我辩护的理由。类似问题在刑法学研究中也经常存在。同样的情况套用到刑法用语的界定上，也必定会出现意见相左的人都会认为

---

〔1〕［美］本杰明·卡多佐：《司法过程的性质》，苏力译，商务印书馆 1998 年版，第 104 页。

〔2〕郑玉波：《法谚（二）》，法律出版社 2007 年版，第 84 页。

〔3〕参见张明楷：《刑法学（上）》（第 5 版），法律出版社 2016 年版，第 35 页。

〔4〕张明楷：《刑法学（上）》（第 5 版），法律出版社 2016 年版，第 35 页。

对方的解释超出了刑法用语的含义。与其说目的解释自愿接受刑法用语的限制,倒不如说这仅仅是目的解释的一种姿态。在具体的解释过程中,过度适用目的解释,挑战甚至颠覆刑法用语的做法值得反思。

二、检讨刑法目的解释的基本思路

基于上述分析,笔者力图通过对目的解释进行反思,以此来检讨刑法目的解释的若干偏颇。笔者认为刑法学中的目的解释尽管接受刑法文本的制约,但这种姿态在具体罪名的解释中有时会走样。目的解释非但没有成为进一步拓展刑法用语的辅助方法,反而可能因添加解释主体的个人成见(中立意义上的),成为解释者首选甚至排他性的解释方法。具体而言,(1)目的解释论者通常否定立法原意,认为立法机关作为整体的意图是不存在的,是乌托邦式的假象。目的解释论通常主张客观解释,即应当结合社会现实,重新解释刑法用语。但问题是,由于何为客观是一个仁者见仁智者见智的话题。这就产生了本书所忧虑的现实,在客观解释的包装下,目的解释可能会演化为解释者个人的随意解释,解释的结论同样是不符合客观现实的。(2)过度主张目的解释的优先性可能会消解刑法用语的法律意义,突出体现在目的解释的诸多运用会使刑法设定的个罪的构成要件失去行为规制的机能,进而导致不同罪名在刑法解释中的随意"穿梭"。

第二节　目的解释不当拓展刑法用语的问题

在面对疑难案件时,目的解释通常追问规范的客观意义。但是在客观目的并不清楚的情况下,目的解释可能会被置换为解释者个体的甚至随意的解释。通过在对个罪的解释中,也会发现目的解释可能存在突破国民预测可能性。

一、目的解释可能蜕变为任意解释

"目的是刑法的创造者,刑法是国家为了维护特定的目的而制定的,刑法的每个条文尤其是规定犯罪与法定刑的分则性条文(本条)的产生,都源于一个具体目的。刑法的最高使命,便是探究刑法目的。”[1]可见,在上述表述中,刑法目的是解释刑法的根本指引。任何刑法解释都力图展现刑法规范的本来含义,但能否将之一概归为探究刑法目的就值得商榷。[2] 与目的解释经常联系在一起的格言是“法律不是嘲笑的对象”[3]。当下中国刑法学主张目的是刑法创造者和最高使命的观点认为,刑法解释应当坚持客观解释的立场。“刑法一经制定与颁布,就是一种客观存在,与立法原意产生距离,这为客观解释提供了依据。”[4]如果将客观解释与目的解释联系在一起,就不难发现,在目的解释论中,刑法的目的本身是客观存在的范畴。既然刑法立法原意根本不存在,那么探索刑法的目的或通过客观解释挖掘刑法规范目的,就是解释主体的任务。但这种观点存在疑问。

客观的目的意指为何?其实并不清楚。例如,目的解释论将刑法目的分为整体目的和具体目的。认为,刑法的整体目的变异性很小,在任何时候,都可以将刑法目的归纳为保护法益。但是,具体目的会经常变化,对具体目的的评价比对整体目的的评价更困难。即使人们能够有根据地肯定法益保护的正当性,但由于法益并不是像人们的生命一样预先给定的,而是可以通过立法者创设的,所以,在有些情况下,对具体法益的认识与确定,亦即具体法益是否值得刑法保护,会产生困惑。[5] 如前所述,刑法解释所要解决的主要问题是疑难案件与刑法规范的有效对接。在分则解释中,整体性目的为疑难案件的诊断提供不了任何有效的信息和方法。真正对于解释产生影响的是具体目的。但具体目的认定并非易事,这就可能消解刑法目的在解释疑难案件时的功能。

例如,在能否将部分抢劫评价为盗窃,进而认定部分抢劫可以构成事后抢劫的问题上就会出现令人忧虑的事实。甲犯盗窃罪时(窃取现金5000元),为抗拒抓捕而当场使用暴力,导致被害人重伤。甲的行为无疑符合《刑法》第269条的规定,成立事后抢劫;根据《刑法》第263条的规定,其适用的

---

〔1〕 张明楷:《罪刑法定与刑法解释》,北京大学出版社2009年版,第164页。

〔2〕 因为,在刑法用语明确的情况尤其是与社会公众的理解之间不会有任何偏差时,其实就不用解释,更遑论进一步探究刑法的目的为何。

〔3〕 张明楷:《刑法格言的展开》,法律出版社2003年版,第1页。

〔4〕 张明楷:《罪刑法定与刑法解释》,北京大学出版社2009年版,第88页。

〔5〕 参见张明楷:《刑法分则的解释原理(上)》(第2版),中国人民大学出版社2011年版,第85页。

法定刑为“十年以上有期徒刑、无期徒刑或者死刑”。乙使用暴力抢劫他人现金5000元(暴力本身仅致人轻伤),为抗拒抓捕,而当场使用暴力,导致另一被害人重伤。倘若认为,不能将乙先前的普通抢劫评价为盗窃,进而不能对乙适用《刑法》第269条,就意味着乙的行为成立普通抢劫和故意伤害两个罪;数罪并罚的结局是,对乙可能判处的刑罚为3年以上20年以下有期徒刑。可是,任何人都不会认为,乙的行为的法益侵害性与有责性轻于甲。既然如此,就不能使乙承担较甲更轻的刑事责任。人们习惯地认为,乙的处罚轻于甲的处罚是法律问题,不是解释问题。其实这是解释问题,而不是法律问题,只有妥当地理解盗窃的含义,只要认为盗窃与抢劫不是对立关系而是包容关系,亦即抢劫中包含了盗窃,就能将乙的行为评价为一个事后情节,进而适用“十年以上有期徒刑、无期徒刑或者死刑”的法定刑。[1] 论者在其他场合中也就同样的案例做出解释,认为只有将乙的部分抢劫行为解释为盗窃行为,才能够实现刑法的公平正义。[2] 但上述观点值得商榷。

诚然,没有人会否认乙的法益侵害性要轻于甲的法益侵害性。因此,对乙适用更重的法定刑也不应该反对。但问题是,3年以上20年以下有期徒刑和10年以上有期徒刑、无期徒刑、死刑,这两种法定刑的比较,就宣告刑而言,是否一定意味着无法对乙的行为评价做出更重于甲的行为呢?显然不是,换言之,上述两种情形中,司法仍然可以对乙的行为作出更重于甲的行为的评价。例如,对甲的行为判处15年有期徒刑,而对乙的行为在15年以上20年以下做出判决。换言之,并不能仅仅从刑法规定上看就认为乙的处罚一定会轻于甲。

将乙的抢劫行为解释为盗窃行为,固然在一定程度上(仅仅在对甲可能被判处无期徒刑、死刑的情况下,)[3]实现不低于甲的处罚的结果。但令人疑惑的是,为什么只能将乙的抢劫行为解释为盗窃行为,而不将其解释为抢夺行为。根据《刑法》第267条的规定,抢夺公私财物,数额较大的,处3年

---

[1] 参见张明楷:《罪刑法定与刑法解释》,北京大学出版社2009年版,第147页。

[2] 参见张明楷:《刑法学(下)》(第5版),法律出版社2016年版,第979~980页。

[3] 况且司法实践中,对于抢劫致人重伤的,未必一定判处无期徒刑、死刑。尤其是坚持“少杀、慎杀”的死刑刑事政策下,单独抢劫致人重伤被判处无期徒刑、死刑的情况随着量刑规范化的实施越来越少。在司法实践中,仅仅抢劫致一人重伤的情形,刑罚量多在10年以上15年以下有期徒刑。参见广东省佛山市南海区人民法院刑事判决书,(2014)佛南法刑初字第272号。

以下有期徒刑、拘役或者管制,并处或者单处罚金。根据《刑法》第264条的规定,盗窃公私财物,数额较大的,法定刑也是处3年以下有期徒刑、拘役或者管制,并处或单处罚金。由此可见,在上述案例中,将乙的部分抢劫行为解释为盗窃行为或者解释为抢夺行为的结果是一样的。即将乙的部分抢劫行为解释为抢夺行为,同样可以根据《刑法》第269条的规定,以事后抢劫论处。但令人不解的是,缘何论者对于盗窃独有情种,而惘然抢夺。退一步而言,至少在解释的方案上,将乙的部分抢劫行为解释为盗窃不是一种理想的方案。

更为重要的是,将乙的部分抢劫行为解释为盗窃,虽然实现了论者所说的罪刑均衡,或者说实现了个案中的正义。但由此带来的后果是,人们对于盗窃和抢劫的界分会出现茫然不知所措的局面。在以实现处罚正义的引导下,目的解释论认为当下刑法解释最大的问题之一是司法者不敢解释,解释的能力不足。[1] 须知,解释是一项慎重的事情。对于关乎亿万国民重大福祉的刑法而言,尤是如此。“法律概念具有多意性,有其核心领域(概念核心)及边际地带(概念周边),其射程的远近,应依法律意旨而定,在边际灰色地带容有判断的余地,但不能超过其可能的文义。否则即超越法律解释的范围,而进入另一阶段的造法活动(法律续造)。”[2]将乙的抢劫致人轻伤的行为解释为盗窃行为,实际上已经完全超出了“盗窃”一词所能涵盖的范围,本质上是一种造法活动。我们难以设想,对于普通国民而言会接受将抢劫认定为盗窃的情形,至少对于此类自然犯,人们无法形成共识性的意见。“法律不单是法律人的法律,而且是普通人的法律。”[3]对于任何一个法律规范而言,“在解释过程中有两个方面的问题一直是人们所担心的:一是解释过程中添加过多的个人见解,使解释成为创造;二是过度拘泥于文字的含义使法律解释出现机械”[4]。而对于刑事法治初创的当下中国,我们要防止机械解释,但也要警惕创造性解释。因为,在创造性解释中,解释的方法以及解释的结果可能会完全脱离解释的基本规则,形成对刑法用语的彻底

〔1〕 2014年6月30日张明楷教授在南京师范大学法学院所作的“刑法学中的循环解释”的学术报告。

〔2〕 王泽鉴:《法律思维与民法实例》,中国政法大学出版社2001年版,第220~221页。

〔3〕 邓子滨:《中国实质刑法观批判》,法律出版社2009年版,第37页。

〔4〕 陈金钊:《法律解释学——权利(力)的张扬与方法的制约》,中国人民大学出版社2011年版,第6页。

改造乃至颠覆。

二、目的解释消弭刑法的国民预测可能性

刑法解释的任务在于明晰刑法用语的可能含义,而不是一项智力的猎奇游戏。刑法解释的基本面向需要向人们展示一种可以在接受的范围内实现对规则的期许,在个体行为的决策过程中,能够大体上预测到行为可能带来的后果。“国家的每一部法律中的刑罚都是一个为维护外在权利而构成的,对违法给予感官上(内心)的恶的法律后果。”[1]这并不意味着我们要认同费尔巴哈将心理强制作为刑法的最高准则,但并不妨害我们理解刑法解释的维度。刑法解释如若掺入过多的语焉不详的成分,那么,即便对于受刑人也可能在茫然不知所措中领受这份不明不白的“恩遇”,而对于普通国民而言,却是在一头雾水中日渐产生对刑法规定的离心力。孰轻孰重,无须赘言。对于刑法解释而言,最为令人困扰也是担忧的是解释的混乱以及由此引发的普遍不公正。“混乱与不公正使得司法界成了这个王国的最腐败的部分,遂成为革命所要摧毁的对象。”[2]对法律意义的追寻不是要彻底摧毁法律用语的固有含义,而毋宁被理解为是以固有意义为中心形成的涟漪结构。即便在刑法用语的模糊地带,都应当是固有意义的辐射。“解释者应在解释规则的帮助下寻求接近这种意义的内容,而不是任意解释它。”[3]

问题的本质还是出现在所谓的目的方面。人们之所以会超脱规范的解释对其加以批判,根本的原因是所谓目的是令人难以琢磨的。因为“目的本身是极不可靠的”。[4] 人们通常说:“目的解释方法将有助于法律更好地服务于那些他们当下所要影响的人们。法律联系着生活,如果未能理解法律与生活之间的联系,则将阻隔那些法律试图推动的人类活动。”[5]但在以续造法律为动机并被之裹挟的目的解释中,目的的确服务了解释者的理论预设并且可能以一种外在合理的形式出现,但却并未真正联系到生活,未考虑

[1] [德]安赛尔姆·里特尔·冯·费尔巴哈:《德国刑法教科书》(第14版),徐久生译,中国方正出版社2010年版,第31页。

[2] [美]埃尔曼:《比较法律文化》,高鸿钧等译,三联书店1990年版,第52页。

[3] 张汝伦:《意义的探究——当代西方释义学》,辽宁人民出版社1986年版,第84页。

[4] 邓子滨:《中国实质刑法观批判》,法律出版社2009年版,第73页。

[5] [美]斯蒂芬·布雷耶:《积极自由——美国宪法的民主解释论》,田雷译,中国政法大学出版社2011年版,第83~84页。

到生活在当下社会中人们真正的知识需求。这就意味着,刑法解释不能是过度开放性的。“成文法特点在于稳定,在于回溯式的描述。这种描述必然是抽象的、概括的。立法者不是不想预见未来,但未来可能发生什么,只有天知道”。[1] 这就至少说明人们不能因苛刻立法洞见能力的不足而主张对刑法规范进行符合目的外表下的随意解释。

从西方法治发展的历程看,“在西方法学界由于受到政治、经济急剧变化的影响,严格法治原则受到冲击,他们急需用解释的方法松动法律规则的严格性,于是打着司法需要解释、法官需要自由裁量的气质,用解释方法把法官的意志变为实际运行的法律,以适应社会变化的局势”[2]。其实,松动法律规则的严格性并非一概地可以适用于所有部门法中,对于具有可修复性的法律关系而言,松动法律规则尚且可以接受。例如,民法学界学者在批判绝对严格规则主义时指出,“在试图建立包罗万象的体系并宣称自己是终极真理的体现从而不再有发展的可能与必要等方面,绝对严格规则主义的法典法与黑格尔的哲学体系别无二致,完全有理由说,这种法典法是同时期黑格尔类型的哲学在立法上的投影”[3]。时至今日,即便放眼全部法典,严格规则主义也没有多少人完全赞同。真正的问题或许是如何在规则的框架下,拓展规则的可能意义,完成特定语境下法律规则的意义诠释。

反思刑法目的解释,不是舍弃或完全否定目的解释的合理性,而是以当下中国刑事法治初创为背景,警惕目的解释的变形与走样,使之能够为刑法解释提供尽可能合理的依据。但断然不能在预设刑法的目的甚至以笼统的罪刑均衡原则来破坏规则的既有含义架构。[4] 或许法理学界学者的论述对于刑法解释更有启示性的意义:“我们忘却了法治是形式与实质两个方面的共同建构,并且最主要的还可能是以形式为主的程序正义追求;仅仅追求实质正义也就用不着法治方法,或者用法治方法根本就追寻不到因立场不

---

[1] 邓子滨:《中国实质刑法观批判》,法律出版社 2009 年版,第 48 页。

[2] 陈金钊:《法律解释学——权利(力)的张扬与方法的制约》,中国人民大学出版社 2011 年版,第 5 页。

[3] 徐国栋:《民法基本原则解释》,中国政法大学出版社 2004 年版,第 217 页。

[4] 笔者经常听到周遭人们类似的抱怨,为什么刑法典中的某一罪名能够涵摄的行为会无端地以罪刑均衡的名义解释成重罪。这至少反映了罪刑均衡原则在解释学中的运用不能成为类似费尔巴哈在形容心理强制学说时候那样,将之奉为“最高原则”。

同而各有差异的实质正义。"[1]实际上,在众多刑法解释中,最难以令人把握、最为棘手也最为危险的解释方法(理由)就是目的解释,"如果对目的确定不当,反而会破坏法治原则。从目的解释在整个法律方法论体系中的地位来看,目的解释只是法律解释的辅助性方法,只有在经过充分论证的情况下,目的才能取代法律的文义"[2]。而当目的完全取代文义时,刑法解释实际上已经没有多少章法可循。如前所述,如果目的解释也主张接受罪刑法定原则制约的话,那么在文义解释已经面目全非的情况下,文本的存在只能是"皮之不存,毛将焉附"的结果。文义中透露的文理规则尚且不再,罪刑法定原则早已被目的解释抛掷九霄云外。法律的意义不是在文本涵摄之外,而正在文本之中。因为"法律文本本质上是一种解释规则"。[3]任何解释如果违反文本本身的内在结构,都是解释上的臆断,非但没有拓展文本的可能意义,反而为文本带来不良的解释后果。

第三节　不当因素融入目的解释之展示与解构

罪刑均衡原则是刑法中的基本原则之一,在目的解释的过程中,对行为的界定与刑法规范的最终选择,取决于不同定罪量刑方案的结论权衡。为了处罚的必要性,罪刑均衡原则在目的解释的运用中会被不当夸大。此外,在个罪的解释中,解释者也存在对构成要件要素的不当修改,这将会导致个罪构成要件的重构,与刑法规范的规定之间形成紧张的冲突。

一、罪刑均衡在目的解释论中成为最高的解释原则

目的解释论运用不当可能引发的后果已为人们所知。"目的解释已经被证明是一把双刃剑,它固然能赋予解释以相当的灵活性,并由此确保刑法体系的开放性,同时它也因赋予法官解释的自由而严重威胁与侵蚀法适用

---

[1] 陈金钊:《法律解释学——权利(力)的张扬与方法的制约》,中国人民大学出版社2011年版,第4页。

[2] 陈金钊主编:《法律方法教程》,华中科技大学出版社2014年版,第138页。

[3] 蔡道通:《刑事法治的基本立场》,北京大学出版社2008年版,第257页。

的统一性与客观性。”〔1〕在成文法传统越为深厚的国家，目的解释越能激起人们反思与批判的欲望。尽管刑法学界对目的解释的危险已经有了较为深刻的认识，但遗憾的是，人们并没有注意到目的解释转为任意解释的过程中，究竟是什么原因造成的？尤其是解释者在解释的过程中，融入了怎样的因素？其思维的基本模式又是怎样的？而这些问题其实是关系到反思目的解释论的根本之处，下文同样采取以个罪的论争为素材，辨别与剖析解释者是如何扩大目的解释甚至变为随意解释的思维历程。

为进一步展示目的解释论在论证上的问题，我们还是有必要对目的解释论的基本立场做一番轮廓性的描述。人们通常认为，为维护刑法典的稳定性，刑法典不应频繁修改。但社会又是在不断发展的。人们对刑法的意义理解不可能局限于曾经的解释。因此，客观的目的解释具有正当性与合理性。既然在新的社会环境中，刑法规范的固有语义可能要发生变化，那么就需要以当下的社会需求为导向，适度地松解刑法规范的严格意义，这本来无可置疑。姑且不论刑法用语会随着社会的发展发生变化，即便是普通的日常生活用语也会呈现发展的趋势。

但问题是，在解释的过程中不能不接受其他解释方法尤其是刑法用语的文理的制约。从解释的结论上看，目的解释既可能扩大，也可能缩小刑法的固有含义。例如，对故意杀人罪中的人的解释，目的解释论采取的路径必然是，首先明确故意杀人罪的规范目的，即任何人不得非法剥夺他人生命。自杀的行为不属于非法剥夺他人生命，因此，故意杀人罪中的“人”排除自杀者。但其实由于故意杀人罪属于典型的自然犯，人们的价值观念与刑法规范的目的承载之间几乎不会有太大的冲突。因此，对于此类情形其实刑法的规定是非常明确的。相对于目的限缩解释而言，我们更应该反省和警惕的是目的扩大解释。如前所述，在刑法目的解释中，解释者经常以罪刑均衡原则为支撑理由，进而得出诸多原本为刑法规范无法包容的行为进行处罚的结论。每当目的解释的结论难以为刑法文本固有含义涵摄时，目的解释论者经常会说这是维护刑法体系性的或协调性的要求，但其实解释的结论可能并不协调。目的解释的思维更倾向于通过入罪编织刑法法网。

联系到上文关于部分抢劫行为是否能够解释为盗窃行为的问题，我们

---

〔1〕 劳东燕：《刑法中目的解释的方法反思》，载《政法论坛》2014年第3期。

就不难发现解释者的解释思路。即为了满足人们朴素的正义感,罪刑均衡原则成为刑法的至高原则。其处理问题的基本程序是,如果A(事后抢劫行为致人重伤)构成犯罪甲(抢劫罪加重处罚事由),B(先抢劫数额较大,后致人轻伤)危害程度重于A。B的行为按照刑法规定应当构成乙罪(抢劫罪和故意伤害罪)。但是依据乙罪处罚比较轻,为了实现对B处罚重于A,则对B也以甲罪论处。可见,对B行为的定性已经完全超出了本应构成乙罪的构成要件制约。对B行为的定罪思路完全是为了满足民众所谓的正义感,罪刑法定原则的制约机能严重受损。

二、目的解释擅改构成要件要素的问题

在目的解释中,还存在不当增加构成要件要素的问题。例如,刑法规定了抢夺国有档案罪,但行为人以暴力相威胁抢劫国有档案的,如何定性?有学者认为,对以暴力相威胁抢劫国有档案的行为应认定为抢夺国有档案罪。[1] 但这种解释是存在疑问的。不能因为刑法规定抢夺国有档案罪的规范目的是保护国有档案,就可以一概地将有害国有档案安全的行为认定为本罪。因为,危害行为本身必须具有法定性,只有接受刑法规定的具体个罪构成要件的制约,才可以实现刑法对一般意义上危害行为的过滤。梳理上述观点,就可以看出其分析的基本思路:A的行为构成甲罪,甲罪的要素中有A,B,C三个要素。当出现D的要素时,自然是没有办法被甲罪所涵摄。但D的要素可能是比甲罪更重的构成要素。那么,D的要素就可以被解释为甲罪。理由就是当然解释。但是,当然解释也要接受具体个罪构成要件因素的制约。质言之,在抢夺国有档案罪中并没有威胁的行为要素,无论如何不能将以暴力威胁抢劫国有档案的行为认定为抢夺国有档案罪。

诚然,如果行为人以暴力的方法抢劫国有档案,因抢夺罪中有暴力的构成要素,自然认定为抢夺国有档案罪没有任何问题。但如果一概地将包括抢劫中的非暴力要素也认定为抢夺国有档案罪的构成要件要素,则势必是对抢夺国有档案罪构成要件要素的不当增加,解释结论着实难以令人接受。类似的情况还有盗窃、抢夺、抢劫儿童的行为定性。“刑法规定了拐卖儿童罪,那么与骗走儿童相比,盗窃、抢夺、抢劫儿童的行为更具有可罚性,就性

[1] 参见张明楷:《刑法分则的解释原理(上)》(第2版),中国人民大学出版社2011年版,第26~27页。

质相同的行为进行举轻以明重的解释,是实现刑法的协调进而实现刑法的正义的有效解释方法。"[1]与上述分析一样,解释者显然在以保护儿童人身权利的指导下,对拐卖儿童罪构成要件进行了不当增加。[2] 这种看似符合"举轻以明重"的解释方法,与其说是当然解释,倒不如说是目的性扩张。即便承认其是当然解释,当然解释也有其自身的规则。众所周知,当然解释包括事理上的当然和逻辑上的当然,前者可以用朴素的经验和社会一般的直观感觉来判断,但这种判断并不意味着在刑法解释论中获得了正当性。"只有在具有逻辑上的当然,即所分析的事项具有刑法规范中相应概念的核心属性时,才能适用,否则,仅仅根据事理上的当然,即危害性的大小来出入人罪,这在实行罪刑法定原则的今天,是不能允许的。"[3]如果脱离了罪刑法定语境中个罪构成要件的强有力制约,目的解释就可能成为所有非刑法意义上行为入罪的理由。通过展示与解构目的解释论的思维方式,不难看出,目的解释论所倡导的维护刑法稳定的姿态,在具体个罪解释中往往由于力图突破——而不仅仅是扩大文本的含义,进而实现保护法益的目的。但为此而牺牲的可能是人们对刑法用语的预测可能性。刑法解释的任务已经不再是为探求刑法用语的明确性,反而成为扩大处罚的理由。

第四节 刑法目的解释的法治压力

目的设定是解释者在解释刑法时的预先判断,对同一规范如果存在不同的目的设定,则解释的结论可能完全不一样。但是,目的设定也并非在解释之前是完全清晰的,它需要解释者在反复考量解释结论是否合理的基础上,不断地予以矫正。刑法解释中存在由于目的设定的偏差而导致其解释结论与刑法规范要旨相背离的情况。

---

〔1〕 张明楷:《刑法分则的解释原理(上)》(第2版),中国人民大学出版社2011年版,第107页。

〔2〕 当然,这不意味着盗窃、抢夺、抢劫儿童行为一概是无罪的,如果行为人在实施的过程中非法拘禁儿童,则可能构成非法拘禁罪等其他罪名。但是无论如何也不能将之认定为拐卖儿童罪。

〔3〕 刘志远:《刑法解释的限度——合理的扩大解释与类推解释的区分》,载《国家检察官学院学报》2002年第5期。

一、基于目的设定的偏差导致解释结论与刑法规范的冲突

刑法规范是文字的载体,从规范到案件的适用的确需要解释。有学者认为:“法律的制定者是人不是神,法律不可能没有缺陷。因此,发现法律的缺陷并不是什么成就,将有缺陷的法条解释得没有缺陷才是智慧。”[1]但问题是,在有些场合,刑法解释也可能将没有缺陷的法律解释成有缺陷的结论。以《刑法》第139条第2款不报、谎报安全事故罪为例。有观点认为,“在司法实践中,应注意本罪与不作为的故意杀人罪等罪的竞合。本罪的行为表现为不报或者谎报事故情况,在发生安全事故后,负有救助他人生命、身体职责的人员,故意不报或者谎报事故情况,也不履行救助义务,导致他人死亡、伤害的,应按照想象竞合犯,以不作为的故意杀人罪、故意伤害罪论处”[2]。但这种竞合论存在问题。理由为:不真正不作为犯在我国刑法中大量存在,如果承认上述情况可以构成不作为的故意杀人罪或故意伤害罪,则可以说刑法典中大量的罪名都存在论者所说的竞合问题。在交通肇事后为逃避法律责任的追究而逃逸(不包括将被害人丢弃山林等性质的行为)则显然也符合上述竞合论的基本思路,因为交通肇事后自然会产生救助义务,不救助就可能构成故意杀人或故意伤害罪。再如,按照上述解释者的逻辑,故意伤害也必然产生救助他人的义务,如果行为人没有履行救助义务,导致被害人死亡的,也可能认定为故意杀人罪。类似的情况还有重大责任事故罪等事故犯罪也存在上述问题,是否就意味着所有的事故类犯罪中都可能因竞合而以故意杀人罪或故意伤害罪论处呢?事实上,对于谎报、不报事故罪不能与故意杀人罪、伤害罪竞合的根本原因在于“行为人对于被害人并没有形成排他性的支配关系,因此,尽管其在客观上具有放任他人死亡的态度,但仍不构成杀人罪”[3]。换言之,上述情况并不像人们通常所列举的“投掷一颗炸弹同时炸死二人之时,尽管应成立两个杀人罪,但并非作为并合罪而是作为观念的竞合,按照一罪来处断”[4]。对于不真正不作为犯的

---

[1] 张明楷:《刑法格言的展开》,法律出版社2003年版,第6~7页。

[2] 张明楷:《刑法学(下)》(第5版),法律出版社2016年版,第733页。

[3] 黎宏:《不作为犯研究》,武汉大学出版社1997年版,第198页。

[4] [日]西田典之:《日本刑法总论》,刘明祥、王昭武译,中国人民大学出版社2007年版,第348页。

竞合问题判断,显然对刑法保护的法益的支配力没有作为的支配力较为明显,因此,舍弃实质性的支配力判断,而主张刑从一重处断的结论有失合理。

二、基于同一法益的指向对不同行为作出相同解释的瑕疵

刑法规范是人造之物,但"人类的深谋远虑和文字论理能力不足以替一个广大社会的错综复杂情形作详尽的规定"[1]。尽管近代启蒙运动以来,人们一直宣扬理性在认识世界中的强大功能。但对于浩瀚并且急剧变动的现代社会而言,人类的知识不过是沧海一粟。认识的局限性在一定意义上决定了刑法立法不可能完全做到预测到未来。既然如此,刑法规范与社会生活之间不免存在诸多的冲突,这种冲突亦即人们所说的刑法立法的缺陷。任何研习法律的人都深知被语言裹挟的法律在形形色色的社会现实面前往往表现出捉襟见肘的尴尬。问题是,不同的意见如何对待属于刑法立法的缺陷,应当采取怎样的控制或解决方案。

《刑法》第 237 条第 2 款规定猥亵儿童罪。从立法条文上看,第 2 款显然没有规定侮辱儿童的情形,那么侮辱儿童的行为应当如何定性?有观点认为,侮辱行为并不是独立于猥亵行为之外的一种行为。因为猥亵行为包括了侵害妇女性的决定权的一切行为,而侮辱行为不可能超出这一范围。如果坚持区分猥亵行为与侮辱行为,就必然造成两种结局之一:其一,猥亵儿童的是犯罪行为,但侮辱儿童的不是犯罪行为,这不合理。其二,猥亵儿童的是猥亵儿童罪,侮辱儿童的成立第 246 条的侮辱罪,这不妥当。[2] 从上述论断看来,似乎通过将侮辱与猥亵作同一解释,就可以圆满解决侮辱儿童构成猥亵儿童罪。但问题是,缘何侮辱儿童行为就不能认定为侮辱罪?论者没有对理由展开进一步的分析,可能的理由是:将侮辱儿童行为认定为侮辱罪,法定刑较猥亵儿童罪较轻,容易造成处理结果上的不正义。但这仍然没有办法打消人们关于立法为什么对待儿童却疏漏一个"侮辱"的疑虑。从立法过程看,"鉴于实践中经常出现猥亵儿童的案件,有的案件甚至是猥亵数十人的大案,因此 1996 年 8 月 31 日的稿本在 8 月 8 日稿本的基础上增设

---

〔1〕 [美]哈罗德·伯曼:《美国法律讲话》,陈若桓译,生活·读书·新知三联书店 1988 年版,第 20 页。

〔2〕 参见张明楷:《刑法学(下)》(第 5 版),法律出版社 2016 年版,第 878 页。

了一款，即'猥亵儿童的，依照前两款的规定从重处罚'"〔1〕。由此可见，在刑法立法过程中没有考虑到侮辱儿童的问题主要原因是实践中多是猥亵类案件，将侮辱和猥亵作同一解释不妥。

实际上，侮辱和猥亵妇女〔2〕虽然都与侵犯妇女的性权利有关系，但是二者之间的含义还是存在一定的差别。实践中一般认为，"强制猥亵妇女是指行为人为了追究性刺激，以暴力、胁迫或者其他方法违背妇女意志，强行对妇女实施接吻、搂、抱、抠、摸乳房或阴部的行为，其行为表现为侵犯妇女的性器官，行为的目标多与性有关。而强制侮辱妇女，是指并不直接侵犯妇女的性器官但有猥亵的淫秽类似的令妇女难堪的性骚扰行为，例如用淫秽语言调戏妇女、偷剪妇女衣裤、向妇女露性器官、强行让妇女抚摸男性生殖器官等"〔3〕。上述观点从行为人实施的行为是否直接侵犯妇女的性器官为标准将猥亵与侮辱区分，具有一定的意义。在侮辱的情况下，部分地与猥亵的内容一致。如上述的用淫秽语言调戏妇女、向妇女露性器官、强行让妇女抚摸男性生殖器等行为，在本质上与猥亵的内涵是一样的，只不过行为的对象并未直接针对妇女的性器官而已。但是，偷剪妇女衣裤的行为，却并不能被猥亵所包容。实践中，对于用缝纫针或医用针头扎被害人的臀部或者大腿的行为，认定为强制侮辱妇女罪，而非强制猥亵妇女罪。〔4〕此外，对于强制拍摄裸体妇女，并将照片传输互联网的行为，也无法认定为猥亵，而只能以强制侮辱妇女罪定罪处罚。由此可见，猥亵与侮辱仍在表现方式及其内涵上存在着诸多区别，认为猥亵与侮辱是同一含义的观点值得进一步探讨。沿此进路，如果行为人采取诸如前述的用针头扎伤儿童或将儿童裸照传至互联网的行为，显然不能认定为猥亵儿童罪，而只能认定为《刑法》第246条的侮辱罪。可能产生的忧虑是，对于这种行为以侮辱罪认定，法定刑过轻，难以实现罪刑均衡。但笔者认为，这是刑法立法的问题，而不是解释的问

〔1〕高铭暄：《中华人民共和国刑法的孕育诞生和发展完善》，北京大学出版社2012年版，第455页。

〔2〕《刑法修正案(九)》将强制猥亵、侮辱妇女罪修改为强制猥亵、侮辱罪，此处仅以妇女作为犯罪对象为例展开分析。

〔3〕王然主编：《刑事典型疑难问题适用指导与参考——侵犯公民人身权利、民主权利罪卷》(第4分辑)，中国检察出版社2013年版，第210页。

〔4〕参见黑龙江省七台河市桃山区人民法院刑事判决书，(2013)桃刑初字第78号；黑龙江省七台河市中级人民法院刑事裁定书，(2014)七刑终字第3号。

题。刑法解释不能随意对刑法用语进行哲学解释学(所有的解释都是自我理解)的解释,而必须接受刑法意义确定性的制约,由此带来的问题不是解释者能够解决的,而应是立法者所要考虑的问题。当刑法解释也包揽本来专属立法的问题时,刑法意义的确定性就开始被消解。“在法律规则的确定意义被普遍怀疑的情况下,法律解释就成了一件纯粹装饰性的外衣,法律的原本含义会被放逐,解释就成了释放个体自主意义的方式。所有的法律解释都隐含着对法律文本的自主性看法,这是事实,但不是法治论者追求的目标。”[1]对解释者而言,“解释者应在解释规则的帮助下寻求接近这种意义的内容,而不是任意解释它”。[2] 而基本的解释规则便是当刑法没有对某一行为规定时,通过关联性的意义追寻也不能用压窄轻罪(侮辱罪)的适用范围来扩张重罪(猥亵儿童罪)的方法,最终得出不利被告人的解释结论。

三、哲学解释学法学化倾向的忧虑

在面对刑法规范用语时,解释者总是认为,规范本身是僵硬的,只有通过解释者的智力运用才能够发觉刑法规范的真实含义。“法律文本最终只能通过法官的解释,才可能被赋予生命。”[3]即便在文义固定的刑法用语面前,解释者也通常会经过烦琐的论证,寻求意义的创新性。对此,法理学界有学者曾表达出对部门法中解释绝对化的忧虑和反思。“我国在法律解释问题上存在一种绝对化理论,而这些理论则影响着对法治或法律的态度。比如,现代法学理论在告诉我们的法官:所有的法律都需要解释,因而许多人打着解释的旗号篡改法律的意义。”[4]从哲学上看,任何解释的确是个体性的认知,但问题是,哲学上的解释理论就一定能够原封不动地套用到刑法学解释中吗?笔者认为,刑法解释泛化的根本原因之一就是哲学解释学在刑法解释中漫无目的地运用,似乎只有哲学运用解释学上的原理和方法才能够将刑法中的问题解释清楚,但最后的结局却通常是什么是解释本身就成为一个难以解释的问题。难怪乎,迈克尔·戴维特说:“如果有人再在你

[1] 陈金钊:《法律解释学——权利(权力)的张扬与方法的制约》,中国人民大学出版社 2011 年版,第 13 页。

[2] 张汝伦:《意义的探究——当代西方释义学》,辽宁人民出版社 1987 年版,第 83 页。

[3] 韩啸:《刑法解释的边界》,载《中国刑事法杂志》2012 年第 4 期。

[4] 陈金钊:《法律解释学——权利(权力)的张扬与方法的制约》,中国人民大学出版社 2011 年版,第 11 页。

面前提‘解释’,你就给他一枪。”[1]如同因果关系的研究,刑法学中的因果关系如果套用哲学上的因果关系理论,诸如将因果关系区分为必然的因果关系、偶然的因果关系等范畴,将永远无法展现出刑法中的因果关系的实体。这是因为哲学与刑法学的学科属性根本不同所致,哲学所探讨的问题是终局性的问题,所反映的是人们对自身及世界无限性地追问。但刑法学的问题却不能罔顾纠纷的解决而一味地追求所谓的终极性问题。

人们经常批评解释者不会解释,解释者解释技巧的拙劣阻碍了刑法学理论的发展。但人为地设置诸多烦琐的解释环节甚至循环论证是否能够有助于问题的解决同样令人质疑。刑法解释的确要求解释者具有良好的思维训练,但刑法解释却不仅仅是追求思维的训练,当“看上去很美”的解释结论对刑法用语及刑法规范的固有语义形成威胁甚至颠覆时,我们就需要格外注意这种解释。

四、以罪刑均衡理论为框架的解释结论不具有终局性

近年来,刑法解释泛化最为突出的表现就是在罪刑均衡包装下的竞合论。初学者甚至研习刑法多年的人们,越来越面临着一个巨大的疑惑。原本不存在任何关系的罪名,为何经过解释者解释之后反而最后都导向重罪的适用。并且,许多罪名在解释者解释之后,它们的关系可能更为混乱。如前述以生产、销售伪劣产品罪和诈骗罪为例,从罪名上看,刑法规定本罪的目的在于维护市场秩序的正常运行。既然行为对象是伪劣产品,那么生产、销售伪劣产品罪中自然会存在虚构事实的因素,如果认为二者存在竞合关系,由此带来的结果是,生产、销售伪劣产品罪被诈骗罪彻底架空了,生产、销售伪劣产品罪的基本犯罪构成在当下诈骗罪“数额巨大”的加重处罚事由中被弃之不用了。这种竞合论导致的结果是诈骗罪在生产、销售伪劣商品罪中“横行”,推而广之,生产、销售伪劣商品罪一节中的诸多罪名都可能最终以诈骗论处。《刑法》第三章第一节生产销售伪劣产品罪是否还有设置的必要就值得推敲了。

仔细分析竞合论的观点,不难看出,在有关生产、销售伪劣商品罪和诈骗罪的逻辑关系上,其基本的思路是,含有诈骗色彩的行为,就可能会与诈

---

[1] [美]迈克尔·戴维特:《解释的解释》,载美安德雷·马默主编:《法律与解释》,张卓明、徐宗立译,法律出版社2006年版。

骗罪竞合。如果是这样,刑法干脆直接在诈骗罪中规定系列性的罪名就可以了,为何还要规定生产、销售伪劣产品罪,岂不是多此一举?对上述观点也存在质疑的声音。有学者认为:“虽然生产、销售伪劣产品含有欺诈因素,但一般只限于产品质量方面,毕竟还是一种经营活动、经济行为,而诈骗罪行为表现为虚构事实或隐瞒事实真相的方法骗取他人财物,其本身不是经济行为。”[1]实际上,生产、销售伪劣产品罪和诈骗罪二者发生的“场域”或“情景”的根本不同,是区分二者之间的关键,而不能仅仅从行为是否有“虚构”的标准就径直得出竞合的结论。“在司法实践中,正确区分生产、销售伪劣产品罪和诈骗罪,关键要从主观上看有无真实的交易意图。生产、销售伪劣产品罪的行为人有真实的交易意图,从事真实的交易活动。行为人履行合同,只不过在产品质量上做了文章。诈骗罪的行为人根本没有真实的交易意图,交易只不过是其诈骗的手段。”[2]总之,从法益类型上看,生产、销售伪劣产品侵害的是正常的市场竞争,或者说其行为是一种不正常的市场竞争行为,诈骗则不是不正当竞争行为。

解释者过度解释的基本路径通常有一个解释性的框架设计,然后在此框架内,将问题引入到日常的公众正义体验中,并得出许多超出规范自身视域但又经常容易引起朴素人们认同的解释结论。具体而言,就是所有的刑法解释都受制于“危害——刑罚”适应的均衡立场,对危害行为能够处以更为严重的处罚,解释者通常会将原本属于A罪(轻罪)中的构成要素解释为同样适用于B罪(重罪)。如前所述,尽管表面上看解释是个体的智力活动,但人们在解释刑法时却不能忽略解释的基本面向问题,即解释是为了促成规范的反复实践和运用,而不是摧毁规则的有效性,解释的结论需要接受解释共同体以及法治理念的强力制约。[3] 不能认为不符合普通公众朴素的正义就可以对刑法规范进行迎合朴素情感的修正解释。就像解释者不能因公众“杀人者偿命”的情感诉求,就可以将所有杀人致死的情况都解释为“罪行极其严重”并适用死刑。即便在承认司法裁判者独立解释的英美法系中,

---

〔1〕 王作富主编:《刑法分则实务研究(上)》,中国方正出版社2010年版,第194页。

〔2〕 同上。

〔3〕 See Jerome Frank, *Are Judges Human? Part One: The Effect on Legal Thinking of the Assumption That Judges Behave like Human Beings*, University of Pennsylvania Law Review and American Law Register, Vol. 80:1, p. 17 – 53(1993).

裁判者也不能以个人的解释去毁损规则所承载的芸芸众生的福祉。“如果司法独立仅仅意味着法官听凭自己的喜好决定案件,不受其他官员的压力,那么,这样一个独立的司法机构显然并不会以公众利益为重;人民也许只是换了一拨子暴君而已。”[1]刑法解释应当有基本的法治底线,即尊重解释不能随意突破刑法用语的含义范围以及规范的体系性。将生产、销售伪劣产品罪中的虚假陈述认定为诈骗罪,就是突破了这种解释的底线。

试想一下,如果一个罪名可以在刑法典固有的体系内肆意穿梭甚至成为某个领域认定犯罪的“万金油式”的罪名,那么刑法体系早已成为一盘散沙,刑法规范就毫无规则可言。“语词意义至少被尊为解释的边界,通过解释所要考虑的意义,必须用某种方式‘表现在’制定法中。这就是根据刑法中占主导地位的学说,特别考虑到无法不罚原则语词意义要求的立场。”[2]刑法解释的过度运用现象其实就冲破了恩吉施所说的“表现在制定法中”的形式,经由解释者解释的刑法规范,可能就丧失了语词具有的稳定意义。社会语言学家 Shuy 指出:“法律文件、法律条文及官僚语言之所以难懂,最主要的原因是违反了我们使用语言的习惯。”[3]刑法解释过度运用现象中解释的逻辑乃至解释的结论也经常引人深思。熊培云教授在分析帝国与社会的关系时,曾经指出,“帝国就像是一筐鸡蛋,把一个国家装在一个篮子里显然是危险的”[4]。根本的原因是帝国对社会的治理没有章法可循。刑法解释同样不能如此,任何解释都会涉及对个人重大法益的限制乃至剥夺,刑法解释如果突破了刑法规范的逻辑设定与体系安排,则同样可以视为一筐危险的鸡蛋。“在概念和体系的构成方面,刑法教义学不仅需要形式上的法学逻辑,因为形式逻辑只提出了法学的一般规则,而且还需要一个从被保护的法益角度提出论据的实体上的逻辑,并因此而对制定和论证法规范起到推进作用。”[5]道理虽是如此,但我们切不可追究德国刑法学家表述中的“片

---

[1] [美]理查德·A. 波斯纳:《法理学问题》,苏力译,中国政法大学出版社 2002 年版,第 7 页。

[2] [德]卡尔·恩吉施:《法学思维导论》,郑永流译,法律出版社 2004 年版,第 96 ~97 页。

[3] 吴伟平:《语言与法律:司法领域的语言学研究》,上海外语教育出版社 2002 年版,第 76 页。

[4] 熊培云:《重新发现社会》,新星出版社 2010 年版,第 37 页。

[5] [德]汉斯·海因里希·耶赛克、[德]托马斯·魏根特:《德国刑法教科书》,徐久生译,中国法制出版社 2001 年版,第 54 页。

面深刻”,认为纯粹从法益以及法益轻重的角度就能够确定罪名的选择与适用。须臾不能忘却的是,法益只是为人们提供了大体的解释方向,以法益为中轴的刑法解释理论最终的落脚点仍然在于促进规范的实体内容,而不是基于对规范的偏好。在解释学中,对刑法最大的伤害莫过于肢解刑法的体系,而解释的过度运用不仅会扭曲刑法规范的可能意义,也与刑法的体系存在抵牾。

第七章

刑法目的解释的限制路径

由于目的解释存在前述的使用不当，则可能颠覆刑法用语的可能含义甚至冲击罪刑法定原则的问题。因此，对目的解释的警惕与限制，是刑法解释学中需要特别注意的问题。近些年来在刑法学界有学者开始有意识地反思目的解释，并提出了一些限制目的解释的方案。主要的路径为：(1)通过合宪性解释、司法程序以及增强判决书的说理性等方法对目的解释进行约束。[1] (2)通过后果考察理论来限制目的解释的随意性。[2] (3)通过刑法教义学与合宪性解释形成对目的解释的双重制约。有学者认为："为遏制随实质化而带来的企图摆脱文义约束的日渐强大的冲动，有必要借助一种二元性的制约机制，即通过法教义学的内部控制与合宪性的外部控制，来实现对目的解释的规制。"[3]上述观点值得首肯，因为教义学的内在逻辑可以在形式意义上约束目的解释的随意性，弗里希教授指出："在启蒙时期的哲学中，至少在某些方面，教义学的思想经常被视为一种不能批判思想的典范。这就表明，教义学是以自身已经确定而无须再作任何检验的信条为前提的，而且通过对这些前提的深入思考可以进一步认识教义学。"[4]而合宪性解释则从根本上为审查目的解释提供了合法性与否的标尺。与上述论者的理论关切一致，本书讨论的旨趣亦在于目的解释的合理规制。

与上述文献不同之处在于，(1)通过对合宪性解释的评述，可以发现合宪性解释对刑法目的解释限制的作用和范围是非常有限的。(2)后果考察

---

〔1〕 参见赵运锋：《刑法目的解释的作用、边界及规制》，载《北方法学》2011年第5期。

〔2〕 参见姜涛：《后果考察与刑法目的解释》，载《政法论坛》2014年第4期。

〔3〕 劳东燕：《刑法中目的解释的方法反思》，载《政法论坛》2014年第3期。

〔4〕 [德]沃尔福冈·弗里希：《法教义学对刑法发展的意义》，赵书鸿译，载《比较法研究》2012年第1期。

理论作为法律论证的重要内容,对于纠偏裁判的误区具有重要意义,但是,后果考察的运用是否有明确的认定标准,仍需进一步探讨。鉴于每一种解释方法都有其适用的边界,因此,对目的解释的限制不可能通过某一种解释方法或解释理论就得以奏效。在评述上述理论的基础上,笔者认为,大体而言,限制目的解释的方法可以分为规范内的限制方法和规范外的限制方法。在规范内,主要应当是刑法体系对目的解释的制约,"刑法中的体系解释方法,是指根据刑法条文在整个刑法中的地位,如根据其篇、章、节、条、款、项的前后关联位置,联系相关法条的含义,阐明其规范意旨的解释方法"〔1〕。任何一种解释方法,都不能脱离或游离刑法的体系,体系性的安排对于犯罪构成理论以及个罪的解释都具有根本性的制约功能。刑法在解释的过程中,必然会渗透到价值体系的选择,其表现为对规范目的的具体界定与衡量。因此,对规范的目的解释如何限定应当是刑法解释时需要注意的问题。〔2〕 体系解释是刑法教义学坚守的最基本的方法。正如德国学者在论述体系性刑法理论的优点时指出:"一个对犯罪构成的体系性处理方法的优点是什么?一个卓有成效、具有结构性的刑法理论排除了任意性,并且使得一个受规则引导的刑法适用成为可能。"〔3〕

目的解释除在刑法体系内需要考量关联规范之间的关系,还要考虑到与其他法律规范,尤其是宪法规范之间的关系,由此,涉及合宪性解释对刑法目的的制约功能。合宪性解释近些年来受到学界的特别关注,但是对合宪性解释本身以及合宪性解释与刑法的关联之间仍然存在诸多分歧。例如,有的学者认为合宪性解释是一种独立的解释方法,有的学者认为,刑法领域中的合宪性解释本身就是"合乎罪刑法定原则的解释"〔4〕。德国学者认为,合宪性解释本身就消溶于目的解释之中。司法者在解释刑法时,总是力图使宪法的价值融入进去,并使解释的结论尽量与宪法规范保持一

〔1〕 吴允锋:《经济犯罪规范解释的基本原理》,上海人民出版社 2013 年版,第 154 页。

〔2〕 参见周折:《刑事政策视野中的刑法目的解释》,载《中外法学》2007 年第 4 期。

〔3〕 [德]埃里克·希尔根多夫:《德国刑法学:从传统到现代》,江溯、黄笑岩等译,北京大学出版社 2015 年版,第 177 页。

〔4〕 苏永生:《刑法合宪性解释的意义重构与关系重建——一个罪刑法定主义的理论逻辑》,载《现代法学》2015 年第 5 期。

致。[1] 以至于“对于合宪性解释本身的含义、合宪性解释的地位以及合宪性解释与刑法解释方法之间的关系等问题，在我国刑法学界不仅存在很大争议，而且也显得很凌乱”。[2] 凡此种种，都需要在理论上予以澄清。但毫无疑问的是，刑法解释不能与宪法的基本要旨尤其是明确的宪法规范之间存在冲突，关键的问题是，宪法规范如何在对刑法解释中尤其是目的解释中发挥功能，则是需要特别关注的问题。

在上述规范性的制约机制之外，笔者认为，非规范性的因素对于目的解释也具有重要的功能。实际上，在刑法学中均有不同程度的体现，例如，人们通常所说的刑法解释不能违背国民的预测可能性。“国家的禁令、命令，内容是通过法条在语言学上的意义而传达给一般国民的，超过语言学上意思范围的解释就构成了超越国民预测可能性的法的适用。”[3]但是国民预测可能性显然是一个综合性的非规范要素，若对其内在进行体系性的元素分析，恐怕并非易事。也因此，有时人们也将国民预测可能性理解为“常识性判断”。[4] 有学者更为直白地指出：“常识、常理、常情是在一个社会中得到最普遍认同的是非观、价值观，是一个社会得到最广泛遵循的行为规则，当我们制定、适用、执行法律时是以这种是非观、价值观、行为规则作为基础时，就会得到普通民众在不违背自己本性的情况下自觉、甚至是自然地遵守。”[5]在解释刑法时，公众的认知已经作为一个重要的参量成为刑法解释中不能忽略的因素。非规范要素同样对于限制目的解释具有独特的功能。由此，形成了从规范内和规范外两个层面制约目的解释的双重机制。除此之外，鉴于刑事政策在我国刑事司法中表现为强大话语的现实下，需要特别提防功利性的刑事政策进入目的解释并进而对刑法规范可能产生的问题。

---

〔1〕 参见[德]汉斯·海因里希·耶赛克、[德]托马斯·魏根特：《德国刑法教科书》，徐久生译，中国法制出版社2001年版，第193页。

〔2〕 苏永生：《刑法合宪性解释的意义重构与关系重建——一个罪刑法定主义的理论逻辑》，载《现代法学》2015年第5期。

〔3〕 [日]西原春夫：《罪刑法定主义与扩张解释、类推适用》，载西原春夫主编：《日本刑事法的形成与特色》，李海东译，中国法律出版社、日本成文堂1997年版。

〔4〕 参见周光权：《论常识主义刑法观》，载《法制与社会发展》2011年第1期。

〔5〕 陈忠林：《刑法散得集（Ⅱ）》，重庆大学出版社2012年版，第19页。

第一节　合宪性解释对刑法目的解释的限定

基于宪法在法律体系中位阶的最高性，合宪性解释越来越成为处理宪法与刑法之间冲突的解决方案。在对待合宪性解释时，既需要关照宪法价值在刑法解释中的渗透与融合，同时，却不宜直接以合宪性解释为由来直接否定刑法规范的有效性，而应当经由刑法解释确认宪法中基本权利规范对个罪适用的制约功能。

一、合宪性解释的基本论断及其学说分歧

所谓合宪性解释(Verfassungskonforme Auslegug)，乃指当法律有多种解释可能性同时存在时，此时应该选择与宪法规定与精神相符合之解释，据以诠释法律。[1] 如前所述，我国大陆学者对于合宪性解释的研究存在不同观点。大体上体现在以下几个方面：

(一)合宪性解释是否是一种独立的解释方法

肯定说认为："合宪性解释本身是结合了体系解释和目的解释的一种法律解释方法。"[2]但是，从合宪性解释的具体分类来看，"合宪性解释存在两个层面：在违宪审查中的合宪性解释和在普通司法中的合宪性解释。前者是指在违宪审查中，对法律做合宪的解释。而后者则指在普通司法活动中，法官按照宪法的精神去解释法律，使得法律之含义与宪法相一致"[3]。对两个层面不同的合宪性解释在理论界也有争议，缘由在于学者们对当下宪法审查机制的认识不同，简言之，对违宪审查价值持乐观态度的论者通常会肯定前种意义上的合宪性解释，反之则更乐于"将合宪性解释限定于后者"。[4]

---

〔1〕 参见林书楷：《刑法总则》，台北，五南图书出版股份有限公司2010年版，第39页。

〔2〕 蔡琳：《合宪性解释及其解释规则——兼与张翔博士商榷》，载《浙江社会科学》2009年第10期。

〔3〕 张翔：《合宪性解释的两个面向》，载《浙江社会科学》2009年第10期。

〔4〕 参见张翔：《合宪性解释的两个面向——答蔡琳博士》，载《浙江社会科学》2009年第10期。

与此同时,学界也有关于合宪性解释的悲观态度。有学者指出:“将合宪性解释作为宪法解释或司法适用的通幽曲径的努力虽值得肯定,但未必行得通。”[1]

更有学者明确否定合宪性解释的独立性,“合宪性解释主要是一种规范控制的手段(保全规则),并非独立的解释方法”[2]。“一方面,合宪性解释虽然名称为‘解释’,但实际上其目的是‘护法’,即保护和尊重多数人代表的立法机关的立法;另一方面,合宪性解释又要履行‘护宪’这一基本的法治理念,即保护人民制定的宪法。这种摇摆于‘护法’与‘护宪’之间的合宪性解释,其界限并非可以在法教义学上寻找到固定的标准公式,在很大程度上毋宁是一种根基于谦抑主义的原则性要求。”[3]类似的观点也认为:合宪性解释包括法律解释和法律解释的合宪性审查两部分,但合宪性解释并非独立的法律解释方法,只是法律解释结果的一种选择标准或优先规则。[4] 笔者认为,在对待合宪性解释时,既不能笼统地认为解释理由合乎宪法,就径直认定某个具体刑法规范无效,亦不能否定宪法规范对于刑法解释的制约功能,应当树立关于合宪性解释的基本立场。

(二)理解合宪性解释时的基本立场

在理解合宪性解释时,需要把握如下问题:(1)在当下,合宪性解释不宜拔得过高,而毋宁把它理解为是一种解释的理由。(2)合宪性解释的操作的过程中,必须警惕简单地认为“合乎宪法的就是合法”的话语式判断,即便承认合宪性解释,也要对合宪性解释的具体规则进行证成。(3)合宪性解释所要解决的核心问题并不是宪法性专属问题,而是宪法与部门法等低效力位阶的规范性文件之间的问题,其宗旨在于维护“法秩序的统一性”。“以这种秩序蕴含着某种意义为前提,努力去发现其中的含义,才能明确其所蕴含的意义上的统一性。这一统一性虽然已经包含在法本身,但是,只有通过人们有

---

[1] 夏引业:《合宪性解释是宪法司法适用的一条蹊径吗——合宪性解释及其相关概念的梳理与辨析》,载《政治与法律》2015 年第 8 期。

[2] 柳建龙:《合宪性解释原则的本相与争论》,载《清华法学》2011 年第 1 期。

[3] 王书成:《论合宪性解释方法》,载《法学研究》2012 年第 5 期。

[4] 参见王锴:《合宪性解释之反思》,载《法学家》2015 年第 1 期。

目的的意识活动，才能把握其真实意图。”[1]（4）明确合宪性解释作为解释的技术处理手段或者解释理由，那就意味着不能在刑法解释中，动辄否定刑法某个条文或规范的效力，这不仅与当下法律解释机制存在冲突，而且可能会带来裁判者的职业风险问题。（5）当下法律解释学中所谓的合宪性解释应当仅仅是部门法适用过程中的解释理由，并且在裁判实践中也经常是以委婉的方式表达裁判者的意见。[2]

二、合宪性解释限制刑法目的解释的机制

（一）宪法制约刑法的相关论述及其评析

在刑法学界，就宪法与刑法关系在解释论上而言，多是从以下角度展开的：（1）宪法对刑法的制约。有学者认为：“现代法治国家的刑法应在宪法的维度内活动，宪法的原则和精神是刑法的重要参照系，可以成为刑法内容演进的助推器。但在我国，长期以来，宪法与刑法，似乎是井水不犯河水，两者并不搭界，无论是刑事立法还是刑事司法，都是我行我素，缺少宪法意识。”[3]（2）在个罪中主张宪法对刑法的制约。有学者认为，作为口袋罪之一的刑法中非法经营罪的兜底条款，隐喻着侵犯宪法确认的公民在市场经济条件下的经济自由权利，在宪法面前，刑法开辟的“合法的通道”也可能成为非法，只有在宪法面前，刑法的合法性才能得到价值层面的审视。[4]（3）主张将刑事法中的一些原则上升为宪法原则。例如，有学者在刑法的宪法化视野中，指出罪刑法定原则应上升为宪法原则。[5] 从上述文献不难看出，刑法学界对宪法与刑法的关系论述多是从应然层面上论述的，在具体的解释论中，宪法究竟如何制约刑法，或者说合宪性解释如何制约刑法解释，

---

[1] 京藤哲久「法秩序の統一性と違法判断の相対性」内藤謙［ほか］編『平野龍一先生古稀祝賀論文集』（上巻）（有斐閣，1990 年）197 頁。转引自郑泽善：《刑法总论争议问题研究》，北京大学出版社 2013 年版，第 133 页。

[2] 1955 年 7 月 30 日最高人民法院发布的《关于在刑事判决中不宜援引宪法作论罪科刑的依据的复函》中明确规定，在刑事判决中，宪法不宜引为论罪科刑的依据。尽管此司法解释已经失效，但是由此确立的司法惯例却并没有发生变化。

[3] 刘仁文：《死刑的温度》，生活·读书·新知三联书店 2014 年版，第 348 页。

[4] 参见夏勇：《从美国刑法看我国刑法的宪法制约》，载刘茂林主编：《公法评论》（第 1 卷），北京大学出版社 2003 年版。

[5] 参见卢建平：《刑事政策与刑法变革》，中国人民公安大学出版社 2011 年版，第 490 页。

并没有系统地论述。笔者并不否认上述学者的论断,也承认作为国家根本法的宪法对于刑法立法、司法、执法以及刑法解释活动均有制约性的作用。但问题是,这种制约需要化约为具体的操作性的标准,才可以实现。抑或,在当下释法成为法治建设的中心任务时,我们是否能够寻找到有效的制约刑法解释尤其是目的解释的方法。易言之,宪法对刑法制约的基本原理自然应当得到秉承与坚持。但是,对于限制的具体方法和基本准则,尚须进一步深入地研究。例如,在涉及言论自由时,刑法惩戒言论犯罪与宪法保护言论自由的范围和界限在哪里?在其他犯罪中也同样会涉及类似的问题。

(二)作为解释理由的合宪性解释对目的解释的制约

在确定法益内容时,应当考虑宪法的价值倾向。"在日本,一般认为,对于刑法所保护的法益的确定,应当结合战后制定的日本国宪法的内容和宗旨来加以探讨;如果不考虑宪法整体的价值倾向,就容易将国家或政府的所有利益都包括在法益之内,使得诸如对于政府不利的言论或游行示威均成为刑罚处罚的对象。"[1]法益在现代刑法中的批判功能已被首肯,刑法目的解释通常乐于将刑法的目的界定为保护法益。但是,对法益的质疑和反思声音也从未间断,尤其是近些年来,法益概念出现了精神化和抽象化、多元化的趋向,导致法益的批判功能在逐渐丧失,当出现了超个人法益的时候,在解释论上就有可能将行政机关单方面的意思解释为刑法中的公共法益。例如,在关于公共危险犯的"危险界定"时,行政规范性文件就存在将公共秩序置换为公共危险的做法,[2]如若将此理解为刑法的目的,则实有借目的之名行扩权之实。理由为:第一,行政规范性文件的主体是行政机关,因此,其规范性文件的属性是行政性规范文件,而根据立法法的规定,凡是涉及犯

---

〔1〕 刘树德:《政治刑法学》,中国法制出版社2011年版,第10页。

〔2〕 例如,2014年11月3日《国务院办公厅关于实施公路安全生命防护工程的意见》第18条规定,加快建立客货运驾驶人从业信息、交通违法信息、交通事故信息的共享机制,设立驾驶人"黑名单"制度。研究统一货车超限超载认定标准,严格落实违法超载驾驶人记分制度,积极推广重点货运源头运政人员巡查和派驻制度,坚决遏制货车超限超载违法运输。制定并落实治超责任追究办法,严肃追究货运源头、车辆生产或改装源头和监管源头相关单位、部门及企业的责任。加大对超限超载违法运输车辆驾驶人、车辆所有人、运营管理者及货物托运人的处罚,研究推动将车辆超限超载违法运输行为列入以危险方法危害公共安全行为,追究有关人员刑事责任。

罪与刑罚的应当由法律来规定，因此，上述行政机关的规范性文件不能直接作为认定公共危险犯的司法依据。第二，古典意义上的法益批判功能在今天仍然需要坚守。众所周知，现代刑法的基本体系仍然奠基于个人自由基础之上。尽管近些年来风险社会及风险刑法理念日益盛行，在日本，“近年的刑事立法，主要呈现处罚阶段的早期化与刑事规制范围的扩大两大特征”〔1〕。但是，这并不意味着古典刑法所建构的基本轮廓和以保障自由为宗旨警惕刑罚权肆意发动的格局会被颠覆。相反，“在当今时代明显朝着严罚主义与治安维持的方向发展的进程中，应当深刻感到再次提起是否发展拥护自由与人权的自由主义刑法思想这一问题的必要性”。〔2〕例如，在面对抽象危险犯的大量增加可能会使法益概念在刑法中衰退的论断时，有学者指出：“抽象危险这种极端的犯罪形式，对于保护法益的原则而言，不是淡化其意义，而是出于强化法益保护的考虑。”〔3〕

在个罪解释的时候，刑法规范所保护的具体目的如若与宪法的基本权利之间发生冲突时，则需要重新矫正规范目的。此时，“宪法中的权利规范对于刑法解释具有更为积极的指示意义：一是识别并揭示刑法所保护的利益内涵，二是识别并揭示通过刑罚剥夺和限制权利的性质、内容以及范围”。〔4〕就目的解释而言，它要接受宪法规范的制约，也需要遵循宪法权利规范对刑法解释的指导性意见，在个罪的认定时，仔细甄别刑法规范保护的目的是否与宪法的权利规范之间形成冲突，如果与宪法的权利规范之间存在冲突，则应重新检视刑法的规范目的。

就宪法权利规范制约刑法目的解释的具体操作而言，当刑法规范目的与宪法要旨一致时，不存在宪法对刑法解释的制约。例如，刑法规定任何人不得非法剥夺他人生命，这与宪法保护与尊重人权的基本规定没有任何冲突，自然不会存在问题。真正需要关注的问题是，当刑法规范目的与宪法要旨不一致时，就会在解释论上存在立场的选择问题。例如，真正无辜的人脱逃的，是否能够认定脱逃罪？此时，就需要充分考虑宪法权利规范与刑法规

〔1〕井田良「刑事立法の活性化とそのゆくえ」刑法杂志33卷2号(1992年)4頁。

〔2〕中山研一『佐伯・小野博士の“日本法理”の研究』(成文堂,2011年)214頁。

〔3〕黎宏：《法益论的现状与展望》，载赵秉志主编：《当代刑事法学新思潮：高铭暄教授、王作富教授八十五华诞暨联袂执教六十周年恭贺文集(上)》，北京大学出版社2013年版。

〔4〕时延安：《刑法规范的合宪性解释》，载《国家检察官学院学报》2015年第1期。

定脱逃罪的目的之所在。从宪法的宗旨看，刑法不得惩罚无辜的人，所以，无辜的人脱逃的，被认为是对司法机关不当行使权力的正当性反抗，自然无罪。在解释的时候，出现真正无辜者的利益和司法机关司法的秩序之间冲突的问题。承认宪法对刑法解释绝对性的制约性的观点，通常会采取这种解释方案。但由此也可能带来的问题在于：第一，这种观点推向极致，可能导致实定法的刑法的效力受到颠覆，在最高效力的宪法规范面前，刑法中"恶"的规定不再是法，是自然法理论"恶法非法"的自然延伸。第二，从程序上看，否定刑法的规范效力，在司法层面上至少需要有一个确认刑法规范无效的程序，如果仅仅笼统地以宪法效力的至高性来否定刑法的效力，未免仓促。因此，需要在解释理由上，至少可以作出某些刑法规范的效力无效的决定。但这些行为都是司法性的行为，在我国目前司法体制下，难度可想而知。由此带来的问题是，在没有及时有效的纠错体制的情况下，宪法对刑法解释的制约功能难以发挥。如果认为真正无辜的人脱逃行为应当以脱逃罪定罪的话，〔1〕则可能又会出现承认刑法规范而否定宪法规范效力的情况。换言之，那就意味着摒弃了效力位阶的判断，甚至否定了宪法规范效力的最高性。

从司法实践看，最高人民法院研究室 1983 年 8 月 31 日发布的《关于因错判在服刑期"脱逃"后确有犯罪其错判服刑期限可否与后判刑期折抵问题的电话答复》规定，对被错判徒刑的在服刑期间"脱逃"的行为，可不以脱逃论罪判刑。有学者认为："在行为人原本无罪，完全由于司法机关的错误导致其被关押的情况下，如果行为人只是单纯脱逃的（即没有使用暴力、胁迫、毁坏监管设施等方式脱逃，）可以认定为紧急避险或者缺乏期待可能性，不成立脱逃罪。"〔2〕有学者认为："在这种情形下，即便有关机关在适用强制措施或者自由刑的活动中在形式上是合法的，但实质上侵犯了公民的自由权利，因而公民以自力救济的方式维护自己的自由权利具有正当性，而政府为维护羁押场所的秩序对其进行监管也具有合法依据，两相冲突，后者应向前者进行利益'让与'，即不应认为这种情形构成脱逃罪。"〔3〕由此，在基本权利规范与公共秩序之间发生冲突时，公共秩序应当退让基本权利规范，这也

〔1〕 参见王作富：《刑法分则实务研究（下）》，中国方正出版社 2010 年版，第 1375 页。

〔2〕 张明楷：《刑法学（下）》（第 5 版），法律出版社 2016 年版，第 1108 页。

〔3〕 时延安：《刑法规范的合宪性解释》，载《国家检察官学院学报》2015 年第 1 期。

是基本权利规范矫正刑法目的可能带来的偏差的重要功能。亦即,违反基本权利规范的“司法秩序”在解释论层面上可以通过首肯基本权利而予以抵制。

刑法在惩戒涉及言论类犯罪时,需要以特定的法益构造为基准,而不能简单地将法益保护等同于社会保护。对此,我国学者曾予以区分,“社会保护与法益保护虽然所保护的对象是一致的,但在作用机制上存在较大差异。详言之,社会保护是借用了刑事政策的立场,以刑罚权的扩张为实现手段,是一种入罪判断;而法益保护是以刑罚权的紧缩为实现手段,是一种出罪判断”。[1] 笔者认为,上述理解是较为贴切的,不能因为刑法的目的是保护法益,就笼统地将法益置换为社会保护,而忽视了前述法益在近现代刑法中的批判功能。换言之,法益范围的界定,也具有遏制刑权力肆意扩张的功能。如果按照刑法的体系,某一类利益不是具体个罪构成要件中所要保护的利益,无论如何不能将之解释为此类犯罪。例如,实践中出现议论政府的行为也被认定为诽谤罪的做法。[2] 但是,这种做法是有问题的,《刑法》第246条规定的诽谤罪是在《刑法》分则侵犯公民人身、民主权利犯罪一章中,这就意味着诽谤罪所侵犯的法益只能是公民的或自然人的声誉,将非议政府的行为认定为诽谤,在案件处理的思维上是将“凡是对政府名声不好的行为,都认定为诽谤”。或许批评者会认为,这种解释的路数就是目的在作怪,但真正的问题是前述将行政机关的单方面需求被笼统地置换为个罪中的法益,显然已经超出目的解释的范畴。在认定诽谤罪中的“捏造事实”时,也需要区分事实和见解。由此可以将公民的批评、建议、申诉、控告、检举等行为[3]排除在诽谤罪之外。“对客观存在的事实进行评论或价值判断,属于‘意见表达’的言论,事关公民的言论自由和媒体的舆论监督权,只要未超越‘合

---

[1] 苏永生:《刑法合宪性解释的意义重构与关系重建——一个罪刑法定主义的理论逻辑》,载《现代法学》2015年第5期。

[2] 因在网上发帖披露老家河南灵宝当地政府非法征地,24岁的王某前不久被河南灵宝警方以涉嫌“诽谤罪”刑事拘留8日,后被取保候审。参见刘金林:《公民非议政府能构成诽谤罪吗?》,载《检察日报》2009年4月14日,第3版。

[3] 《宪法》第41条第1款规定:“公民对于任何国家机关和国家工作人员,有提出批评和建议的权利;对于任何国家机关和国家工作人员的违法失职行为,有向有关国家机关提出申诉、控告或者检举的权利,但是不得捏造或者歪曲事实进行诬告陷害。”

理评论原则’的范畴,就应受到宪法和法律的保护。”[1]

为此,需要建立双向的关于言论入罪的机制。在操作层面上,判断言语是否现实地造成了损害,应当采取一种客观性的标准,即实际地造成了危险或者实害,不能是笼统的秩序受到损害或者公共形象受到损害等类似含糊的措辞。同时,在司法认定中也需要考虑一些排除的情形,例如,行为人的言论是合乎逻辑的,甚至其是属于对公共事务的建言、批评等,均不能以犯罪论处。[2] 由此,言论行为不因笼统地“危害社会”而随意入罪,即便在倾向性的“有罪判断”中,也需要实质地理解关于事实与见解的区别,通过宪法规范内容的过滤,作出是否有罪的判断。合宪性解释的判断,为刑法解释提供了宪法价值的输入,从而使裁判理由更为合理。

第二节 刑法体系对目的解释的限制

日本学者平野龙一教授认为:“法官意图通过适用法律来控制社会生活,法解释学通过说服法官,进而对法官的行动进行控制。法律学被称为‘控制的控制’,法解释学不是科学,而是技术,说的就是这种意思。”[3]无论德国、日本抑或我国的刑法教义学都是以刑法典为中心进行解释,刑法典自身就是规范的体系化样本。“体系概念是教义学的形式性构成要素。”[4]体系解释,“乃是指依据个别条文与其他条文、个别条文在法典中或是该法典在整个法秩序中的体系关联,来解释法律的一种方法”。[5] 体系解释也是保障刑法分则解释适用的基本方法。“刑法之解释,乃系将形似独立、个别之法条,加以整理,而使成为一具有整体规范目的之刑法规范体系。刑法各论,经由解释刑法分则各个刑罚法规之规范内容后,须经总论之体系思维,

---

[1] 郑金火:《信守诽谤罪构成的法律底线——从“王鹏案”说起》,载《法学》2011 年第 5 期。

[2] 参见时延安:《刑法规范的合宪性解释》,载《国家检察官学院学报》2015 年第 1 期。

[3] [日]平野龙一:《刑法解释中的判例与学说》,黎宏译,载《国家检察官学院学报》2015 年第 1 期。

[4] [德]罗伯特·阿列克西:《法律论证理论》,舒国滢译,中国法制出版社 2002 年版,第 310 页。

[5] 林书楷:《刑法总则》,台北,五南图书出版股份有限公司 2010 年版,第 38 页。

始能形成统一之全体知识，否则，仅为松散、片段之知识已耳。”[1]

其实，体系解释不仅是一种解释方法，更是检验解释理由与解释结论的重要依据。例如，《刑法》第22条规定了犯罪预备，但是犯罪预备的处罚范围如何界定？如果只是静态地看本条，所谓“可以比照既遂犯从轻、减轻处罚或者免除处罚”。表明立法倾向于对犯罪预备的处罚。但是，如果体系地理解，就可以发现，对于预备犯的处罚范围应当有所限制。理由为：第一，《刑法》分则中对未遂的处罚都比较谨慎。以盗窃罪为例，根据司法解释的规定，盗窃未遂只有在特定情况下才处罚。[2] 第二，在刑法中有诸多将原本预备的行为实行化的规定，如《刑法修正案（九）》规定的准备实施恐怖活动罪便是如此。那么，是否意味着在预备行为实行化之后，还可以处罚所谓的“预备的预备”？有学者指出：“倘若刑法分则规定独立预备罪是为了限制预备罪的处罚范围，那么，对于分则没有明文规定的预备行为就不应当适用刑法总则关于从属预备罪的规定。”[3]通过体系解释，犯罪预备处罚的范围能够得以限缩。因此，就刑法的犯罪预备规定而言，不能仅仅根据保护法益的目的就可以寻找到处罚的依据，分则的具体规定对刑法总则中的制度构成了制约。

一、同一律在限制目的解释中的运用

有学者认为，体系性解释的适用规则主要包括但不限于同一律、排他律、同类解释。[4] 在逻辑学上，“同一律的基本内容是：在同一思维过程中，每一思想的自身性都具有同一性”。[5] 按照同一律的要求，在同一思维过程中，解释者对所解释的概念自身必须始终保持不变，在进行推理或论证某

---

〔1〕 甘添贵：《体系刑法各论》（第1卷），台北，瑞兴图书有限公司2010年版，第13页。

〔2〕 2013年4月2日最高人民法院、最高人民检察院《关于办理盗窃刑事案件适用法律若干问题的解释》第12条规定：“盗窃未遂，具有下列情形之一的，应当依法追究刑事责任：（一）以数额巨大的财物为盗窃目标的；（二）以珍贵文物为盗窃目标的；（三）其他情节严重的情形。盗窃既有既遂，又有未遂，分别达到不同量刑幅度的，依照处罚较重的规定处罚；达到同一量刑幅度的，以盗窃罪既遂处罚。”

〔3〕 张明楷：《论〈刑法修正案（九）〉关于恐怖犯罪的规定》，载《现代法学》2016年第1期。

〔4〕 参见吴允锋：《经济犯罪规范解释的基本原理》，上海人民出版社2013年版，第158～160页。

〔5〕 张广荣主编：《逻辑学》，山东人民出版社2013年版，第181页。

个问题时,所适用的判断,前后亦不能随便发生变化。[1] 在刑法中,理想上,最大限度保障国民预测可能性的方法就是刑法用语中的每一个概念在整个体系中其内涵和外延都是不变的。但是,作为类型化的刑法用语规定,不可能与现实世界存在物之间是完全对一的关系。类型化本身就意味着有一定的抽象性。"从事实到规范,再从规范到事实的循环是一种类型化的思维方式。"[2]这就意味着在刑法中一定会存在同语不同义或"一词多义"的情况。因此,同一律使用规则存在例外,即当刑法对所保护的法益作出区别对待时,即便是同样用语,则含义可能也有所不同。例如,前述的抢劫罪中的暴力显然不能等同于暴力干涉婚姻自由罪中的暴力。前者由于法定刑重表明在法益方面,刑法保护前者要重于对后者,因此,对暴力干涉婚姻自由罪中的暴力理解,在程度上一定要弱于抢劫罪中的暴力。

同一律在刑法解释中的运用,对于理解刑法法条之间的关系也具有重要的作用,可以防范基于目的解释而导致的条文之间的矛盾。《刑法》第238条第1款规定了"具有殴打、侮辱情节的,从重处罚"。那么,上述从重处罚的情况是否适用于《刑法》第238条第2款、第3款?有学者认为:"'具有殴打、侮辱情节的,从重处罚'是一项基本规定,应当适用于第2款和第3款。在行为人非法拘禁他人,使用暴力致人伤残、死亡的情况下,是否适用'具有……侮辱情节的,从重处罚',应当具体分析。如果侮辱行为表现为暴力侮辱,则应适用'具有殴打……情节的,从重处罚',不能再适用'具有……侮辱情节的,从重处罚'的规定,否则违反了禁止重复评价的原则。如果侮辱行为表现为暴力以外的方式,则应适用'具有……侮辱情节的,从重处罚'的规定。"[3]笔者认为,上述观点值得进一步探讨。理由为:(1)不能因《刑法》第238条第2款规定"犯前款罪"的,就认定为"具有殴打、侮辱情节的,从重处罚"是基本规定。即便从文义解释的角度看,犯前款罪的含义应当是指犯前款所规定的犯罪,是对罪状的表述,这是犯前款罪与依照前款规定处罚不同所在。因此,犯前款罪使用暴力致人重伤、死亡的,就应当按照相应的条款追究刑事责任即可,无须再适用第一款从重处罚的规定。(2)对于为索取债务非法扣押、暴力方法拘禁他人的,或侮辱的,应当适用第1款从重处罚

---

[1] 参见张广荣主编:《逻辑学》,山东人民出版社2013年版,第181页。

[2] 刘浩:《刑法解释方法论》,中国政法大学出版社2014年版,第168页。

[3] 张明楷:《刑法学(下)》(第5版),法律出版社2016年版,第884页。

的规定。因为第3款的立法表述迥异第2款“犯前款罪”而采取了“依照前两款的规定处罚”，因此，既包括了按照前两款罪之规定，也包括刑之规定。否则的话，就可能出现，使用暴力方法拘禁他人致人伤残、死亡，在构成故意杀人罪的情况下，仍然要从重处罚的不当结论。换言之，《刑法》第238条第2款已经对使用暴力致人伤残、死亡的行为按照故意伤害罪和故意杀人罪论处了，此时就直接按照《刑法》第234条和第232条的规定定罪处罚即可，无须再考虑《刑法》第238条第1款的处罚规定了。

二、排他律在限制目的解释中的运用

“体系解释中的一项重要规则就是排他规则，即明示其一排斥其他。”〔1〕在刑法解释中之所以要适用排他律，这是罪刑法定原则明确性的要求。“刑法明确性原则首先是面向立法的原则，要求立法者制定一部明确的刑法典。”〔2〕在解释刑法时也应当力求明确，亦即对一个刑法用语的解释不能采取双重的标准。例如，刑法学界讨论比较激烈的冒充军警人员抢劫的认定，即真的军警人员抢劫是否也属于冒充军警人员抢劫？有学者认为：“‘冒充’包括假冒与充当，其实质是使被害人得知行为人为军警人员，故军警人员显示其身份抢劫的，应认定为冒充军警人员抢劫。”〔3〕

但是，上述解释若从刑法体系的角度来看，可能存在问题。理由为：刑法中除了冒充军警人员抢劫的规定外，还有《刑法》第140条生产、销售伪劣产品罪中的“以不合格产品冒充合格产品”，第147条生产、销售伪劣农药、兽药、化肥、种子罪中的“以不合格的农药、兽药、化肥、种子冒充合格的农药、兽药、化肥、种子”，第279条招摇撞骗罪中“冒充国家机关工作人员招摇撞骗”和“冒充人民警察招摇撞骗”等规定。而在上述3个条文中，几乎没有争议的是，冒充是假冒，其基本含义是以假冒真。缘何在解释冒充军警人员时，就作出不同的解释？退一步而言，如果承认真的军警人员抢劫也理解为冒充军警人员抢劫，那么，同样地，真的国家人员或人民警察招摇撞骗的行为也可能要做同样的解释。但是，解释者却并未如此。

问题可能在于，这种解释在逻辑上是以被害人的立场来理解的。认为

〔1〕吴允锋：《经济犯罪规范解释的基本原理》，上海人民出版社2013年版，第192页。

〔2〕杨剑波：《刑法明确性原则研究》，中国人民公安大学出版社2010年版，第207页。

〔3〕张明楷：《刑法学（下）》（第5版），法律出版社2016年版，第722页。

对被害人而言,真的军警人员抢劫的不法性要重于假冒军警人员抢劫的不法性,但即便如此,同样也解决不了上述对招摇撞骗罪作出不同解释的矛盾。不能因裸的事实上感知真的军警人员抢劫要比假的军警人员抢劫要重,作事理上的推断。随着2016年1月6日《最高人民法院关于审理抢劫刑事案件适用法律若干问题的指导意见》第4条规定:"军警人员利用自身的真实身份实施抢劫的,不认定为'冒充军警人员抢劫',应依法从重处罚。"至此,关于冒充军警人员抢劫的理论纷争暂时平息。[1] 在明确了冒充是假冒的情况下,将真的军警人员也解释为冒充军警人员,显然违反了排他律,换言之,不能为了从保护被害人的法感觉出发而将本已在其他罪名中认定为假冒的"冒充"行为的含义予以改变。

三、同类解释规则在限制目的解释中的运用

同类解释规则,"是指当刑法列举了相关具体事项的同时又设置了概括性的规定,对于附随于确定性规定之后的概括性规定的涵盖范围,应当根据确定性规定所涉及的同类或同级事项予以确定"。[2] 同类解释规则在限制目的解释的功能方面具有突出的功能和意义。我国刑法中存在诸如以危险方法危害公共安全罪、非法经营罪、寻衅滋事罪等口袋性罪名,口袋性罪名的存在,极其容易导致以抽象的秩序或安全为理由将不符合具体罪名罪质的行为入罪。从这些口袋性罪名的类型上来看,有的是刑法根本没有对罪状的核心要素作出说明,如以危险方法危害公共安全罪,刑法并没有对何为以危险方法作出明确的界定,因此,需要进行限制解释,以防范所谓的"以危险方法"没有边界的限定。有的是在罪状中规定了"其他严重情节的"等类型,如非法经营罪和寻衅滋事罪就是如此。笼统地以所谓的法益保护来认定显然并不能贯彻对口袋性罪名限制解释的立场。同类解释的规则就可以为认定此类模糊性的刑法用语提供操作的标准。如刑法学界几乎争议的问题是,"对'其他危险方法'就必须理解为与放火、决水、爆炸、投放危险物质

---

[1] 当然,这并不意味着司法解释的规定是合理的。按照司法解释的规定,真的军警人员抢劫的,应依法从重处罚。即按照《刑法》第263条基本犯的规定,最高刑为10年有期徒刑。但是,此种情形的不法性实际上仍然按照基本犯的规定处罚,难免过轻。

[2] 顾肖荣主编:《经济刑法》(第14卷),上海社会科学院出版社2014年版,第14页。

的社会危害性相当，且《刑法》第114条、第115条没有明确列举的危险方法”[1]。上述理解显然是同类解释方法的个罪中的运用。

问题在于，实践中对于危险的理解通常是“结果导向”思维，以结果危险来认定行为是否构成以危险方法危害公共安全罪。被告人甲、乙二人于凌晨在市政府建设工地围墙外的道路上，先后盗窃标识有“中国移动通信有限公司”设置的井盖6个，共计4000元。实践中法院以危险方法危害公共安全罪定罪处罚。[2] 对此，有学者提出质疑的观点，认为上述判决错误之处在于“混淆了手段的危险性与结果的危险性之间的关系……就盗窃行为本身而言，则并不具有对公共安全的手段危险性，它与放火、决水、爆炸、投放危险物质等危险性之间的区分是极为明显的。如果过分地以结果危险性为考量，则会使许多普通的人身犯罪或财产犯罪被错误地认定为以危险方法危害公共安全罪”[3]。并且主张，“正确的方法应该是：先判断被告人的行为是否具有与放火、决水、爆炸、投放危险物质行为的相当性，然后才考量是否具有公共安全的危险性，即以上二者之间是否存在逻辑上的位阶关系”。[4]

鉴于同类解释规则在限制口袋性罪名的积极功能方面，应当首肯上述学者的观点。同类解释的应用应当贯彻于构成要件中的各个要素，而在个罪的构成要件要素中，行为与结果（广义的）因素是核心的客观性因素。因此，在解释以危险方法危害公共安全罪时，应当同时兼顾行为（手段）危险与结果危险，换言之，以危险方法的内涵应当同时具备上述两个危险特征，才可以认定为本罪。

同类解释规则有助于将危险方法的含义明确化，向人们提供了一个解释的方向。刑法解释本质上是“一种反复斟酌而不是简单演绎；它所关注的是在特定语境中的法律意义，而意义从来都不是被推演出来的或被发现，而

[1] 周光权：《刑法各论》（第2版），中国人民大学出版社2011年版，第141页；马克昌主编：《百罪通论》（上卷），北京大学出版社2014年版，第51页；王作富主编：《刑法分则实务研究（上）》，中国方正出版社2013年版，第64页等。

[2] 参见云南省昆明市中级人民法院刑事判决书，（2005）昆刑终字第515号。

[3] 陈兴良：《口袋罪的法教义学分析：以以危险方法危害公共安全罪为例》，载《政治与法律》2013年第3期。

[4] 同上。

总是被赋予的"[1]。在特定的语境中,就需要防范目的解释冲淡刑法规范的意义指向。实践中有的司法判决就明显意识到了这一点。例如,在认定以危险方法危害公共安全罪时,裁判要旨指出:"驾驶机动车在城市主干路或高速路,突然变速冲撞正常行驶的车辆'碰瓷',可能使快速行驶的其他车辆因突然受到撞击或紧急避让而失去控制,进而可能造成不特定或多数人的死伤或者公私财产遭受重大损失的,构成以危险方法危害公共安全罪。"[2]裁判要旨向我们展示的是,刑法规范用语如何在案件场域中获得特定的意义,并且需要注意的是,上述裁判在界定危险时极为谨慎,即需要满足如下条件的,才可以构成以危险方法危害公共安全罪的"危险":(1)行为限制,即驾驶机动车。(2)行为地点位于城市主干路或高速路。(3)行为具体方式为突然变速冲撞正常车辆。(4)潜在后果判断是可能使快速行驶的其他车辆因突然受到撞击或紧急避让而失去控制,进而可能造成不特定或多数人的死伤或者公私财产遭受重大损失的。当然,潜在后果判断其实是社会一般人的判断,亦即根据前三个要件通常可以递进式地判断出潜在后果存在的现实性与高概率性。当然,如果行为人有足够的理由可以反证潜在后果判断不成立的话,则由于在危险犯中存在反驳理由的反向制约,可以否定行为被认定为"危险方法"。

在非法经营罪的认定中,也存在类似的问题,涉及如何理解《刑法》第225条第4项"其他严重扰乱市场秩序的非法经营行为"。按照同类解释的规则,此处的其他经营行为应当在罪质上与明确列举的三种非法经营行为之间具有同质性,否则,就难以以本罪论处。例如,"行为人专门从事出资帮助他人办理公司注册的业务,注册完成之后,为了把注册资金套取回来,又注册了许多空壳公司,通过网银操作,把注册资金转入这些空壳公司,再将资金转入私人账户套现。法院认为,行为人的行为属于非法资金结算业务,构成非法经营罪"。[3] 其基本的理由为,上述行为人的行为逃避了金融监管,违反了金融管理法规,对市场经济秩序构成了严重的损害。但是,如果运用同类解释方法,则就会发现,上述行为不属于非法资金支付结算业务。因为《刑法》第225条非法从事资金支付结算业务行为与非法经营证券、期

---

[1] 周光权:《刑法学的向度》,中国政法大学出版社2004年版,第285~286页。

[2] 北京市第二中级人民法院刑事判决书,(2007)二中刑终字第02260号。

[3] 熊红文:《公诉人如何思考》,中国检察出版社2014年版,第217页。

货、保险业务并列作为第三项规制的内容。既然如此,非法从事证券、期货、保险业务的主体应当与非法从事资金支付结算业务的主体具有同类性,即都属于冒充专门性的从业机构而实施的上述行为,易言之,非法从事资金支付结算业务的主体应当是冒充具有支付结算业务的机构,如地下钱庄等。在本案中,行为人通过网银操作,进行账户套现的行为,就其主体身份而言,仍然是相对于银行的“客户”,而不是类似于具有银行功能的主体。因此,以非法经营罪论处不符合本罪的罪质。

第三节　经验知识对目的解释的限定

通过梳理刑法规范与经验事实之间的关系,可以发现经验事实对于作为体系内的刑法目的解释的制约具有重要的功能。

一、刑法规范与经验事实脱嵌的中国式表达

从技术层面上看,似乎经验事实与刑法规范的冲突的形成具有某种缘于二者属性不同造成的必然结果。经验事实是一种生活性的理念和行为模式,它表征了在长达几代甚至几十代人们生活传统积淀下来的祖宗之制。被现代化包装的刑法规范的形成则是建立在对纷繁复杂的经验事实予以过滤、筛选并且目的性极强的类型化知识。既然是为了创设类型化甚至普适性的格式化范畴,规则的创制者势必要在精心鉴别的过程中会忽略甚至有意摒弃一些经验事实的做法及其潜在的知识性贡献。但问题是,所谓的普适性知识,也仅仅是人们基于理性主义所追求的单向愿望。

实际上,任何知识的适用都有其边界性,在这个意义上可以说,所有的知识形态都是一种地方性的知识。因此,即便再为精密的刑法理论与刑法制度,都可能在面对具体案件时被搁浅。此外,在技术因素上还存在刑法解释的问题,从经验到规范再到规范适用的过程,不可能是机械的知识搬运活动。刑法规范中所隐含的逻辑运用、术语的专业性等问题,都需要人们对之予以价值化的判断之后,才可能大体上寻找到与案件事实相对应的解决之道。但无论是何种解释方法,解释者的生活历练、知识背景以及对解释技术娴熟的掌握程度,都可能会直接或间接地影响到解释结论的妥当性。即便是带有强烈官方色彩的立法解释与司法解释,也总是在许多活生生的案件

面前展示出左右为难、骑虎难下的窘迫格局。苏力教授由此得出一个基于社会科学分析进路的功能性结论："所谓'解释'，就其根本看不是一个解释问题，而是一个判断问题。司法的根本目的并不在于搞清楚文字的含义是什么，而是在判定什么样的决定是比较好的，是社会可以接受的。"〔1〕接下来面临的问题是，我们应该以什么的心情来理解当下刑事法治建设中的经验事实，以及经验事实对于刑法制度设计和刑法规范可能具有怎样的智识贡献。在方法论意义上，经验事实是反思现代刑法治理社会中行动策略偏差的工具。

二、从经验事实反思刑法现代化的策略

所谓"认知理性"，即运用于人的认识领域里的理性，也即人们所说的"科学理性"。一般地讲，它是指人类以外部自然为其把握对象、以严格的因果必然性为其内容形式的一种试图对世界作出合理化解释的思想和信念。〔2〕刑法作为合理反应犯罪的利器，对于社会秩序维护的功能异常受到主权者的青睐。近些年来刑法立法的犯罪化历程，〔3〕无不和这种认知理性有关联。

尽管认知理性在后现代民族国家的兴起中曾经甚至今天仍然发挥着重要的理念先导功能。但用"科学理性来把握人必然造成对人的认识的阙失。因此，我们就不难理解为什么基于科学理性的现代社会的技术统治总是和'人的遗忘'这一人的异化联系在一起，以至于社会愈是理性化，人愈是发现自己是非合理的东西；社会愈是技术化，人愈是充满了对非技术的原始社会的美好向往和回忆"。〔4〕认知理性所引发的人类知识偏差就在于将异己视

〔1〕苏力：《解释的难题：对几种法律文本解释方法的追问》，载梁治平编：《法律解释问题》，法律出版社1998年版。

〔2〕参见张再林：《"交往理性"与仁学》，载《陕西师范大学学报（哲学社会科学版）》1997年第3期。

〔3〕尽管刑法学界对犯罪化与非犯罪化的关系作出了清晰的界定，即犯罪化与非犯罪化应该是当下中国刑法改革中并行不悖的两条路。但令人吊诡的是，自1997年刑法颁布至今，犯罪化却是我国刑法立法的绝对主导方向。而在目前的八个刑法修正案中，尚未出现非犯罪化的情形。

〔4〕张再林：《"交往理性"与仁学》，载《陕西师范大学学报（哲学社会科学版）》1997年第3期。

为客体,人在社会关系中的角色意识被客体化、工具化了。基于认知理性的固守,国家在行动模式上更多地采取以主攻的姿态来改造被主权者认为是传统、落后甚至糟粕的经验事实与知识。但这种策略在根本上存在着方向性的偏差。就社会规则而言,其对社会成员的强化途径无外乎两种模式:内在化强制与外在化强制。所谓内在化强制,即自觉性强制,即人们的行动是按照其长期生活的传统行事,并且尤其值得注意的是,在内在化强制中,这种自觉通常表现为不假思索的或者顺其自然的心态。换言之,源自生活体验的内生性规则以及由此所形成的内在化强制无外乎是长期社会经验所积聚的诸如道德、自律等知识谱系的外在表征。与之相对的是,外在性强制则是以政治组织体所确认的主流或权威价值灌输到人们理念世界中的改造性活动,在形式上侧重于“知识统一化运动”。

然而,刑法司法裁判需要考虑社会的反馈。任何司法运作,都是一种技艺。尤其对于裁判者而言,某些时候,处理裁判之后所带来的附随效果以及在此问题上所付出的精力与心血甚至比裁判本身的代价要大得多。在笔者看来,作为刑法规范运用的刑法司法裁判,其无论对于司法者而言还是对于案件双方当事人而言,都不外乎是一种生存性的智慧。尽管我们可以说这些羌族的习惯与传统不免过于野蛮与粗糙,但事情总不是想象得那么简单。尤其是对于少数民族的司法裁判,其牵扯到国家制定法与少数民族习惯、风俗以及国家对待少数民族的民族政策等一系列的考量。如果生硬地以“决断于法”的模式来理解,在加剧民众对于刑法规范离心力的同时,还可能由于裁判的后续事端为裁判者带来职业上的风险。由此看来,以认知理性为基础的这种文本上标示有现代性的刑法规范在适用中并不是毫无边际的。刑法作为外在化强制措施至少不会与内在化强制发生严重冲突的情形,甚至需要向非正式规则妥协下,才可能维持刑法规范在适用过程中的妥当性。当然,这并非意味着要对习惯作出漫无边际的妥协。试想,如果刑法司法裁判过程中,听取了被害人以及村寨长老的建议,并且充分考察了民族特有的纠纷解决方式。笔者深信完全可以在刑法规范和民族习惯之间做出合理的变通。例如通过加重刑期、增加被告人对被害人的赔偿,责令其可以按照民族习惯中其他可以认罪的方式予以处理,至少在社会效果上可以降低被害人的情绪化表达程度。

三、刑法规范与经验事实的交融

(一)刑法规范与经验事实不对称的法理学叙说

刑法规范与经验事实的脱嵌,在法理层面上被学者表述为“事实与规范关系的不对称”。“所谓事实与规范关系的不对称,是指预设的规范不能满足事实的需要,通俗地讲,指无合适的法可依。因事实总是在规范之后发生,债务人不是在读了民法后才去借钱,罪犯也不是按刑法来犯罪,立法者的预识世事的能力总是有限的,故称之为认识论上的不对称性。社会生活变幻无常,法律的调整不可能毫无疏漏。立法史表明,主要基于过去经验的立法者,不可能全部预见到法官可能遇到的法律颁布之后的问题。”〔1〕笔者认为,即便是曾经发生的事情,在规范适用中也会存在事实与规范关系的不对称,“在法的有效性与应用的范围上,存在着很大的异样性。例如,尤其是同一民族分成许多部族,诸多国家统一或分裂,因此,同样的法必定有时是多个独立的国家共同拥有的,有时在一国的不同部分,除了与法的共同原则有关之外,还关系到具体规定的巨大差异”〔2〕。当然这种情况较之规范生成后出现的新事实相比较可能较为缓和。基于规范与事实不对称的关系出发,形成了规范法律观和事实法律观两种截然不同的对立性观点。

规范法律观指以预设和发现的规范尤其是制定法为判断准据,即便不免削足适履也在所不惜,因其重外在形式标准,也称形式法律观。而事实法律观认为形成判断要考虑诸多非规范因素,如未包含在规范中的道德的、政治的、经济的、社会的和文化的因素,甚至还有法官的经验、是非感、心理状态等,故称事实法律观。〔3〕 在笔者看来,规范法律观和事实法律观之间的基本分歧关键就在于如何看待经验事实的态度。当法律规范完全摒弃经验事实的合理性,则法律规则势必会成为机械性的体系,这种体系最大的特点就是封闭性,即依靠法律概念或术语的逻辑演绎来推导,但这种逻辑严谨或

---

〔1〕 郑永流:《实践法律观要义——以转型中的中国为出发点》,载《中国法学》2010 年第 3 期。

〔2〕 [德]弗里德里希·卡尔·冯·萨维尼:《历史法学派的基本思想(1814—1840)》,郑永流译,法律出版社 2009 年版,第 9 页。

〔3〕 参见郑永流:《实践法律观要义——以转型中的中国为出发点》,载《中国法学》2010 年第 3 期。

推理则同样存在合理性与否的质疑。

换言之,以纯粹理性作为工具来分析刑法规范术语有时会得出难以令人信服的结论。例如,刑法学界对于正当防卫限度的把握标准存在客观需要说、基本适应说等观点。前者主张以防卫行为制止不法侵害的实际需要,作为必要限度;后者主张以防卫行为与不法侵害行为在性质、手段、强度、后果上基本相当,作为正当防卫的必要限度。[1] 笔者认为,上述各种观点仍然立足于刑法规范所作的演绎推理的结论,在方法论上具有同质性,因此,无论哪一种学说都无法说服对方。但如果跳出这种演绎推理的局限性,以经验性的或务实性的观点来观之,则理论的视野可能更为宽阔。从制度的事实根据来看,正当防卫实际上是国家理性与个人理性的博弈,在制度侧重的心态上,体现了国家采取的态度是激励性的,体现了国家控制犯罪的急切心理。但与此同时,国家有可能在心态上并不放心甚至担忧个人可能假以防卫的外衣实施复仇。因此,制度体现出国家的矛盾心理。通过推测制度背后的国家情感,笔者更加肯定客观需要说的合理性。因为它既印证了国家对正当防卫制度设定的情感特征,更为重要的是,也符合公民个体在行使正当防卫时的极其复杂甚至来不及做出明晰的限度判断。“法律的应用和实施在现代法律科学中被认为是核心的问题。”[2] 而应用和实施的前提则首先是必须对法律作出符合大众心理习惯与文化底蕴的诠释,刑法规范以及刑法学知识面向的是普通的国民以及他们基于生活积淀的价值理念。法理学界学者所主张的实践法律观[3],其基本要义也是要善待乃至挖掘经验事实对法律规范的智识贡献。由此,我们甚至可以得出如下基本知识观:刑法规范的适用是一项观察性、理解性的诠释活动。

(二)经验事实与刑法规范交融的基本策略

1. 对社会达尔文主义残迹的清算

自达尔文基于对生物变迁的观察提出物种进化论后,社会科学理论也开始自觉地以进化论为分析工具,试图以此来展开对同一社会的发展历程

[1] 参见赵秉志、鲍遂献主编:《现代刑法学》,湖南师范大学出版社 1995 年版,第 182 页。

[2] [美]罗斯科·庞德:《普通法的精神》,唐前宏等译,法律出版社 2001 年版,第 93 页。

[3] 参见郑永流:《实践法律观要义——以转型中的中国为出发点》,载《中国法学》2010 年第 3 期。

以及不同社会样态之间的比较研究，这一研究规模化的学术思潮即社会达尔文主义。在社会达尔文主义看来，社会的发展也是遵循着如同物种变迁一样的因果律。社会总是从一个野蛮的、未开化的阶段进入到较高智识的阶段。之所以他们坚守这样的观点，并将之视为人类社会必然性的规律，在根源上是因为受到理性主义与达尔文进化论的双重刺激。社会达尔文主义以此作为理论假设，对人类社会发展作出了自己的理论规划。尤其是在人类社会的物质文明日渐丰富、社会产品日渐充实之后，社会达尔文主义更加坚信这种理念。

社会达尔文主义是将达尔文学说硬性引入人类社会，用生物进化规律解释人类社会的发生、发展及一切社会现象。它的主要内容包括两部分：一是人类社会遵循生物进化规律向前发展的社会进化论；二是人类社会的结构如同生物有机体的社会有机体论。[1]

从思想渊源上看，社会达尔文主义深受孔德的社会有机体理论和斯宾塞的功能主义影响。孔德在达尔文的生物进化理论问世之前，就提出了社会有机体的思想，并使用了社会系统或体系的概念。[2] 从此社会不再被认为是一盘散沙，而是由各个部分所共同组成的一个整体性存在体。及至斯宾塞，他更是鲜明地提出以功能主义来理解社会的结构。关于功能主义的基本精义，美国的社会学家戴维·波普诺做了非常贴切的论述，他认为斯宾塞提出功能主义的基本原则：第一，社会与生物有机体一样都具有结构；第二，与生物有机体一样，一个社会要想得以延续就必须满足自身的基本需要；第三，社会系统中的各个部分也需要协调地发挥作用以维持社会的良性运作。[3] 而将社会达尔文主义引入到中国的贡献者是严复。其中最为突出的当推其翻译的赫胥黎的《天演论》，无论是从译著的名称斟酌还是从内容上看，都具有极强的社会达尔文主义色彩。最具标签意义性的理论是广为人知的“物竞天择、适者生存”的社会法则。我国社会学者在分析《天演论》的内容之后，认为《天演论》一书“主要不是一部介绍达尔文学说的著

---

〔1〕 参见白云涛：《社会达尔文主义的输入及其对近代中国社会的影响》，载《北京师范学院学报(社会科学版)》1990 年第 4 期。

〔2〕 参见贾春增主编：《外国社会学史》，中国人民大学出版社 2000 年版，第 27 页。

〔3〕 参见[美]戴维·波普诺：《社会学》，李强译，中国人民大学出版社 1999 年版，第 109 页。

作,而是一部宣传社会达尔文主义的著作"[1]。此后,无论是在社会变革还是革命中,社会达尔文主义都成为改革者与革命者主张的理论依据。例如,近代革命的代表性人物之一的蔡和森就曾经以此为依据,宣扬社会革命的必胜。蔡和森首先以自然进化为理论铺垫,认为:"自生物学昌明以来,吾人始指人类不过哺乳动物之一种,和猿类同出生于一个共同的祖先。人类达到现今这样的程度,也如同其他各种动物一样,完全由于过去亿兆年载之历史的演进。……由此可知社会革命必然要一天一天扩大,一天一天成熟。不仅在各大工业国内有农人阶级中等阶级及资产阶级的落伍分子和进步分子为之呼应,而且有全世界殖民地和半殖民地的国民革命运动为之呼应。世界革命的革命,只是时间迟早的问题。"[2]社会达尔文主义思潮涌现之后,尽管在一定程度上澄清了人们对于社会发展因果律的迷思,但与此同时也带来了不少质疑的声音。在美国,甚至一度出现了对社会达尔文主义的批判之声。

2. 文化相对主义的基本立场

在新康德主义的知识论引导下,人类学开始反思进化论,进入一个"历史具体主义"(historical particularism)和"文化相对主义"(cultural relativsim)的时代。在具体民族志研究上,美国人类学特别注重语言和物质文化的研究,深受德国传播论和人文地理学的影响,对进化论中包含的"物质决定论"和种族人类学中包含的"生物决定论"持怀疑的态度。为了反对西方中心主义的物质和生物决定论,这个时期的美国人类学家大多采纳"认识决定被认识的事实"的观点,由此延伸开来,他们也主张不同文化共同的语言——观念体系决定了文化共同体存在方式。[3] 此后在人类学领域中诞生并对后世产生重大影响的功能主义学派、结构功能主义学派等都是建立在这种对社会达尔文主义批判的文化相对主义的基础上的。

易言之,"人类学的文化相对论正是对一种线性的文化观进行批判的产物"。[4] 毕竟,人类社会的发展并不可能是基于主观臆断而作出的直线性

---

〔1〕 王铭铭主编:《西方人类学名著提要》,江西人民出版社2004年版,第6页。

〔2〕 蔡和森:《社会进化史》,东方出版社2012年版,第214页。

〔3〕 参见王铭铭主编:《西方人类学名著提要》,江西人民出版社2004年版,第9页。

〔4〕 叶舒宪、彭兆荣、纳日碧力戈:《人类学关键词》,广西师范大学出版社2004年版,第130页。

结论。发展本身就暗含着各种文化以及利益冲突,因此,从这个意义上讲,社会达尔文主义的观点不免有些机械,以至于陷入哈耶克所说的“致命的自负”[1]。在文化相对论看来,对于任何一种社会结构与制度的安排,观察者应该树立体验性的角色意识。这就需要首先剔除观察者基于自己所生活的文化、知识背景作为主要判断依据或者唯一标准的成见。文化相对论者认为,每一个文化必须以“那个文化”的立场来理解,这就是说,没有比之更好的文化也没有更劣的文化,只是文化不同而已。相对主义是文化人类学发展的基本需要。它使我们理解在社会中为什么出现独特行为,即这一行为违背了我们自己的道德意识。[2]

笔者认为,文化相对论的知识贡献就在于其打破了自启蒙运动以来人们一直高扬的“我思故我在”的笛卡尔式的唯理主义以及在此基础上所设想的人类完全可以经由自身的认识能力来充分建构理想的社会制度的偏执。文化相对论尤其注重强调对文化类型境遇的不同理解,以尊重并理解的心态来感知他者世界的生活法则与生存智慧。如功能主义论者认为,人类学研究的目的并非求索“野蛮人”的文化丧失其现实存在理由的过程,而是为这些文化形态存在于当今世界的合理性提供解释。文化无所谓“先进”与“落后”之别,文化的意义在于它作为满足人的基本需求的工具而存在的理由。所有的文化形态之所以存在,是由于它们满足了不同的人群对于生存、社会团结和尊严的需要。[3] 这无疑撕开了唯理主义的神秘面纱,经验主义甚至非理性主义开始进入人们的眼帘。时代所急是如何能够为经验事实或经验理性开通一条登入知识殿堂的门道。而基于这样思维视角转换并带来的思想在近代社会科学中并不鲜见。意大利社会学家帕累托就是其中不能绕过的一位智者。帕累托认为,人类的知识来自两个完全不同的领域:科学的领域和情感的领域。科学的领域使用逻辑、观察、实验;情感的领域是完全自由的。并且想象地将科学领域概括为“逻辑——经验”的思维,而将情感领域解释为“非逻辑——经验”的思维。同时,在二者的关系上,他确认,科学法则不是别的什么,只是经验的均一性。一种学说的传播几乎并不取

---

[1] 参见[美]艾伦·艾伯斯坦:《哈耶克传》,秋风译,中信出版社 2014 年版,第 311 页。

[2] 参见[美]尤金·N. 科恩、[美]爱德华·埃姆斯:《文化人类学基础》,李富强编译,中国民间文艺出版社 1987 年版,第 90 页。

[3] 参见王铭铭主编:《西方人类学名著提要》,江西人民出版社 2004 年版,第 8 页。

决于这种学说的逻辑价值。而认为根据这种学说所具有的逻辑价值就能判断它的社会效果的人,显然犯了多么大的错误。[1] 在后唯理主义时代,经验重新获得了知识上的尊重,成为诠释某一文化类型的分析工具。

3. 刑法规范如何回应"主义之变"

在法学领域中,亦发生了如此上述的变换。法律的进化以及法律进化的规律一直是法理学和部门法解释性的论据。而对于这种法律演变规律的解释,由于在思维上方式上的迥异,大陆法系的法学家们,相较于英美法系学者而言,似乎表现出更为强烈的学术志趣。从大陆法学者的观点中,可以发现其受社会达尔文主义的深刻影响,如日本学者牧野英一教授秉承穗积陈重先生的观点,认为,法律进化之法则由不文法而成文法律、由秘密法而公示法、由义务本位而权利本位、由公法而私法。[2] 而穗积陈重先生的基本理论假设则是,"法现象因实践之经过而相为变迁,然其变迁,绝非无秩序偶然的事件之连续,在千态万状法现象之变迁中,必有普遍的通素之存在。法律进化论,即阐明此普遍之规律"[3]。上述论断的"普遍之通素""普遍之规律"皆是社会达尔文主义在法学领域内的血脉延伸。而所谓规律,其实在一定程度上意味着评价某一特定历史时期或阶段的一国的法律抑或对不同国家法律的对比,也抑或对一国法律的发展过程评述的所谓"真理性标准"。但问题是,这种规律的解释所描绘的内容先天带有对某种被评价为"落后的、原始"的法律文化的偏见,在价值上仍然不可避免地带有"我族中心论"的有色眼镜,而忽视了某种法律文化以及发展的模式其实是人们自觉的选择与调适的结果,忽略了制度与生活之间的适应性,一味强调以某种模式作为标尺的做法,不免有些专断。

其实,对于规律的把握,人们往往是基于经验事实并在此基础上的分析,法律进化论这一判断亦是如此。问题是,从规律的产生上看,所谓规律或趋势,在方法论意义上都或多或少有"以偏概全"之弊病。易言之,发觉规律的方法仅仅是基于有限的经验事实所作出的预测性判断。但作为历史的

---

[1] 参见王养冲:《西方近代社会学思想的演进》,华东师范大学出版社 1996 年版,第 156、167 页。

[2] 参见[日]牧野英一:《法律上之进化与进步》,朱广文译,孟详沛点校,中国政法大学出版社 2003 年版,第 82 页。

[3] [日]穗积陈重:《法律进化论》,黄尊三等译,中国政法大学出版社 1997 年版,第 2 页。

已有经验,既不能穷尽过去的所有事实,更不可能想象化地认为可能事实也必然会按照已有事实的进路发生。在这个意义上,实际上所谓的规律其实是人们短暂性、阶段性的认识,饱含着对历史的眷恋,希望以一种过去时、习惯性的生活方式能测今后的生活。法律如若要保持稳定,注定是保守性的知识。它在形式上表现为一种历史叙事,尽管法律也必须要和社会发展保持同步。但对于将来的可能事实的预测,法律的前瞻性实际上是有限的。尽管在今天,学者们总是力图做到"前瞻性与稳定性"的有机统一,但其实也仅仅是对于良好制度的期许以及对于自身认知能力的过于乐观,人们经常说的"老革命遇到了新问题"就是这种道理。

近年来,刑法理论和实践一再表现出这种强烈的信号,在刑法学知识形态上,有学者通过对我国刑法学进行历史性的梳理,认为:"我国刑法学经历了一个从没有教义的刑法学到具有教义的刑法学的演变过程。教义之于刑法学,是一种学术性、理论性与方法性的内容,而没有教义的刑法学只不过是对刑法规范的简单注释。""现在,我国刑法学又来到了一个关键的时刻:刑法知识面临着重大转型。只有完成刑法知识的当代转型,我国刑法学才能突破瓶颈,进入到一个繁荣昌盛的发展阶段。"[1]在论断思维上受到了与社会达尔文主义一脉相承的"文化决定论"的影响。其基本理论是先选择一种文化或理论体系作为一个范式,并将之树立为标杆性的衡量依据,然后在标杆的支配下去考察各种文化与理论,与之相同的,则被归为一种知识的暗合。

相反,与之不同的,则应当予以同质性的改造。对此,政治学领域内的学者有明确的警惕性认识,"这种由支配自然和社会的理性意图而产生的动力和行动还会导致重要的价值性后果,即文化的世俗化与同质化。这些最终会使理性个体迷失生活目标,换言之,个体与社会纽带的完全脱离会导致社会关系的商品化和非人性化,以及由此而产生的共同价值观的蜕化和共享道德空间的萎缩"[2]。需要澄清的是,本书并不是否认乃至拒绝我国刑法学与域外刑法学之间的对话,以及从中汲取有益的知识补给。只是在问题的论证思路上,应当区分对话与选择的不一致性。对话是一种开放性的知识交流,但选择的进路却可能完全不受对话的影响。就如同两个作者就

〔1〕 陈兴良:《刑法学:向死而生》,载《法律科学(西北政法大学学报)》2010年第1期。
〔2〕 李路曲:《经验理性及其分析方法的演进》,载《政治学研究》2010年第6期。

针锋相对的观点进行辩论,辩论最后的结果常常是双方谁也说服不了谁。

在笔者看来,当下中国刑法学知识以及刑法所面临的日渐复杂的社会现象与刑法规则之间如何适应的问题,以及由此所引发出的刑法规范有效性问题。“刑法之适应性机制所要解决的核心问题,就是如何使个案中的正义要求能够既合法又合理地得到满足。所以,在被具体化的场合,适应性就是妥当性。”〔1〕如果被置换为有效性的话,则是刑法立法和刑法司法如何从经验事实中获取规则以及运用规则的问题,在规范适用中尽管不可能获得每个公民的赞赏,但却不至于出现国家的治理规则与普通民众生活规则之间激烈对抗的窘迫局面。在思路上,对理性主义的顶礼膜拜自然不足可取,盲目以经验事实为理由则完全可能是推卸责任的借口。有政治学学者提出了超越二者的可能性分析路径。理性主义倾向于尽可能地拥有决定论,以使自己的规则和解释明确而有效力,而文化分析强调的则是特殊性和模糊性,并不要求广泛的决定性。叙事性分析则试图通过综合这两种方法来缓解理性分析的内在矛盾,它既鼓励因果性推导,又鼓励关系点或选择点的充分而精细的展示,把因果关系与多重相关因素及背景结合起来进行解读。同时,只有在阐明相关案例的细节时才能对这种路径依赖和结果做出更加完满而有说服力的解释,才能不被其他可能性所左右。〔2〕叙事性分析在刑法学中的运用具体可以展示为如下历程:通过对经验事实的描述与相关因素的揭示,把握经验事实中可能存在的与一般性知识或理论不同的资源,在此基础上,选择合理的分析工具并由其考察制度与理论的内生变量与外在变量的关系,提炼出可能具有特定适用边界和解释力的理论范畴与制度设计。即有学者所说的,将经验研究上升为因果律。“所谓将经验研究上升为因果律,是指从一个国家法制的经验事实中提炼出概念,解释大量经验事实发生的原因。当一个概念、理论能够解释大量的现象发生的原因时,这就是一种能够揭示因果律的理论。”〔3〕在立足于对客观现象的因果律揭示中,经验事实所潜在的智识贡献才可能被激发,并由此形成带有中国标签的刑法学理论命题。

任何文化的进化都不可能是单线性的,刑法学的发展亦不可能是以先验性的纯粹理性为价值指引。需要强调的是,这并非对经验主义极力推崇

〔1〕 周少华:《刑法之适应性及其法治意义》,载《法学》2009年第4期。

〔2〕 参见李路曲:《经验理性及其分析方法的演进》,载《政治学研究》2010年第6期。

〔3〕 陈瑞华:《论法学研究方法》,北京大学出版社2009年版,第162页。

的理论宣示,而只是表达了如此的事实与观念:在社会转型是当代中国最大的实际语境下,刑法现代化乃至法律现代化,都应该是一种经验事实与规范事实相互磨合的过程,刑法规范的生成演示了经验事实与刑法规范之间充满了渗透与反渗透、同化与异化式的艰难历程,对于当下而言,如何及时弥合经验事实与刑法规范之间的断裂,不仅是制度设计者需要关切的实践,更是理论研究提炼刑法学中国命题的丰富资源与可能路径。

四、经验知识在限制目的解释中的运用

刑法目的解释倾向于全面保护法益的立场,在解释个罪构成要件要素,尤其是规范性构成要件要素时,需要充分发挥裁判者的经验知识,对目的解释形成必要的限制,否则可能会得出不适当的结论。

(一)公共信用的常识性解释:以伪造货币罪为例的分析

《刑法》第170条规定了伪造货币罪,但对于伪造的货币是否包括并不存在与之对应真币的行为,如伪造面额为200元的假货币行为是否构成伪造货币罪?学界有不同观点。刑法学主流教科书认为,伪造货币罪必须是仿照真货币而制造假货币。[1] 有学者认为:我国刑法理论通常只承认前一种行为(仿照真货币制造假货币的行为。——笔者注)是伪造货币,但这种观点可能人为地缩小了伪造货币罪的成立范围。事实上,行为人完全可能设计制作一种外观上足以使一般人误认为是货币的假货币,特别是可能设计出所谓外国货币以侵犯货币的公共信用,因此,不能排除后一种情况(仿照并不存在真币制造假货币的行为。——笔者注)也是伪造货币。[2] 笔者认为,上述观点值得商榷。

首先,按照上述观点,伪造货币罪的法益是公共信用,而所谓公共信用,无外乎就是在操作标准上人们能够非常容易地鉴别货币的真假。那么,对于面额200元的假货币,公众是否能够识别清楚呢?如果认为公众能够识别清楚,并且很容易地分辨,则显然无法危害到货币的公共信用。反之,如果公众无法甚至要花大力气去识别,则显然危害到货币的公共信用,应当定

[1] 参见高铭暄、马克昌主编:《刑法学》(第5版),北京大学出版社、高等教育出版社2011年版,第400页。

[2] 参见张明楷:《刑法学(下)》(第5版),法律出版社2016年版,第767页。

伪造货币罪。但面额200元的假货币,显然对于具有常识的人而言,都可以非常容易地识别其就是假币。因此,伪造面额200元货币行为,不可能危害到公共信用。如果坚持伪造货币罪的法益是公共信用的话,则无论如何不可能将这种行为评价为伪造货币罪。

其次,关于设计出并不存在对应的外国货币的行为定性。按照前述观点,应当定伪造货币罪。但这种观点也是有问题的。在我国目前的金融管理体系下,外国货币并不能直接兑换人民币,因此外币的使用需要经过银行的兑换。当行为人手持并不存在对应真实货币样态的假货币到银行兑换时,对于银行人员而言,显然是比较容易识别的。易言之,根本没有达到论者所说的足以混淆真币和假币的程度,显然也没有任何使用的可能性。故笔者认为,即便是坚守公共信用说,也应该需要把握两个方面的问题,一方面,危害公共信用在性质上应该达到难以识别的程度;另一方面,也应该具有充当真币使用的可能性。就设计出并不存在对应的外国货币的行为,在我国现行的金融体制下,其不可能径直进入到流通领域,显然无法危害到公共信用。因此,对于行为人设计出并不存在对应的外国货币的行为,按照公共信用说难以认定为犯罪。当然,行为人在设计出此类的外国货币后用于使用的可能涉及使用假币罪或诈骗罪,则另当别论。

最后,上述观点对公共信用的理解实际上采取的是扩张解释,已经将公共信用范围解释成货币发行。例如,在伪造货币罪的罪责认定上。一般认为,如果采取货币发行说的话,则不需要主观上具有使用的目的;如果采取公共信用说的话,则可会采取以行使为目的。但令人疑惑的是,论者在法益上采取的是公共信用说,但在责任认定上否定本罪以行使为目的。“我国刑法没有要求行为人主观上具有特定目的。国外刑法一般规定本罪为行使目的。从刑事立法学的角度考虑,或许要求‘以使用为目的’较合适,但我国刑法鉴于伪造货币行为的严重法益侵害性,没有做出类似要求。而且,对仅仅伪造货币并不使用伪造的货币的行为,也以本罪论处。事实上,不以使用为目的而伪造货币的行为,也会侵犯货币的公共信用。因此,从解释论上而言,没有必要将本罪确定为目的犯。但是,在不将‘以使用为目的’作为本罪的责任要素的情况下,要求行为人明知行为的内容、社会意义与结果,并且希望或放任结果的发生。”[1]

---

〔1〕 张明楷:《刑法学(下)》(第5版),法律出版社2016年版,第768页。

易言之,单纯伪造货币的行为就是侵犯货币的公共信用。但实际上,单纯伪造的行为如果要界定为犯罪的话,所侵害的法益却只能是国家的货币发行权。即便将公共信用理解为普通国民对货币的信赖性,这种信赖也应该具有现实性。如前所述,伪造200元人民币的行为,是否侵犯了公众对货币的信赖性呢?显然不可能。因此,将这种行为纳入犯罪,意味着论者已经将公共信用置换为货币发行说。有时刑法学精致的理论论证,对于并不具有深厚刑法背景也不谙熟精细化的刑法体系的普通人而言,也许可能轻易地得出结论。德国学者在分析德国刑法学理论时也意识到了这一点,“德国刑法理论第一个缺点在于,对教义学的细节分析有时进行得过火了,使得这种分析对于实践而言没有任何意义。第二个缺点是,虽然刑法教义学在法学中得到了极高的认同,但是,公众和政治家经常不能领会它的核心思想,这导致公众捍卫刑法法治国的决心涣散”〔1〕。以常识作为判断的方法,背后暗含着正义图像对认识和解释的指导功能。由此,对于部分过度追求体系化的做法而言,其实是一种绕着常识的曲线路径,解释的结论却可能因经不起常识的检验而陷入客观化的“知识陷阱”。

(二)认真对待常识在刑法解释中的意义

在精细化的刑法体系面前,公众的常识可能因完全不具有规范意义上的属性,而被视为粗鄙的知识。习惯法在近代刑事法中的尴尬地位就是例证,在被奉为法治国铁则的罪刑法定原则面前,习惯法以及其所代表的非正式性知识都没有资格与颜面登上刑事立法和刑事司法的舞台。“‘成文法主义’仍然构成罪刑法定主义的核心,是刑法底线中的底线。由此,习惯法在刑法上仍然只能是被驱逐和拒斥的对象。”〔2〕当代以来,罪刑法定从绝对的原则转向相对的原则之后,习惯法才开始引起关注。但无论如何,在当下甚至可预见的未来,习惯法只能被作为例外的知识。从知识的发展进路观察,法律是习惯、民俗、生活的规则化体现。“立法者应该把自己看作一个自然

〔1〕[德]埃里克·希尔根多夫:《德国刑法学:从传统到现代》,江溯、黄笑岩等译,北京大学出版社2015年版,第181页。

〔2〕杜宇:《重拾一种被放逐的知识传统——刑法视域中“习惯法”的初步考察》,北京大学出版社2005年版,第18页。

科学家。他不是在制造法律，不是在发明法律，而仅仅是在表述法律。”[1]这一马克思主义经典作家的命题，即便是在西方也以不同的口吻叙说。如社会法学派代表人物埃利希说：“法律的发展重心不在立法、不在法学、也不在司法判决，而在社会本身。”[2]中外各种版本的理论叙说都在诠释着规则来源于生活这一个基本的定律。但缘何从生活经验中提炼、抽象出的法律规则，却在今天以一种背叛的方式挑战着常识性的生活经验。

在知识发生学上，生活经验所隐喻的知识应当是另一种知识类型，但在人类步入以规则为生活指南的现代社会后，规则反而将其根本性的依赖——社会生活例外化。凝结着人们生活经验的做法与沉淀着数百年乃至更为悠久历史的知识传承，统一地以贬义的“传统”被边缘化，即使在今天仍然有活力，也被正式规则贬低乃至嘲讽。周光权教授分析得透彻：“脱离常识必然会带来的一个问题是：在刑法学中内耗严重，共识越来越少。有人会说，共识少了，说明理论争论比较繁荣，是好事情。抽象地讲是这样。但是，刑法学的发展，毕竟是需要有一些共识的。因为它要运用于司法实务去处理为数众多的案件。碰到一个疑难案件，理论上当然可以有数十种观点，但是，最后一定要寻求一种相对说得通的观点，相对讲得有道理的观点。此时，有一些起码的共识是需要的。刑法理论如果过于脱离常识，就注定不容易形成共识。这样，就导致刑法学的整体发展受到很多限制。”[3]其实，在更早的时候，周教授就发出了“建构理解的、沟通的刑法学”的喟叹。[4]面对日渐陌生的刑法学，如何沟通事实与规范之间的鸿沟，矫正刑法公众认同的偏差，或许才是转型期刑法知识最为关键的命题之一。

不能否认，刑法规范不可能完全是生活语言的书面化，否则刑法以及刑法学就没有独立存在的空间和意义。“刑法的语言有两个面向：第一，作为刑法规范的表述，它服务于刑法规范的目的，其内涵应该在刑法意义的脉络中确定；第二，刑法的语言与日常生活用语、私法的概念有一定的相通性。刑法概念内涵的确立应该考虑到日常的面向，更应该独立思考其作为刑法

---

[1] 《马克思恩格斯全集》（第1卷），人民出版社1956年版，第183页。

[2] [美]博登海默：《法理学法哲学及其方法》，邓正来、姬敬武译，华夏出版社1987年版，第134页。

[3] 周光权：《论常识主义刑法观》，载《法制与社会发展》2011年第1期。

[4] 参见周光权：《刑法学的向度》，中国政法大学出版社2004年版，第14页。

规范的面向。”[1]即便是独立思考刑法的规范面向,规范的中立性也无法完全做到。因为规范的目的是达致规范与国民之间的交互性理解,脱离了这一点,规范即便获得了实定法意义上的认可,仍然可能在实践中走样。典型例证如我国现代刑法剔除传统法律文化中的“亲亲相隐原则”,即便窝藏、包庇获得了立法的首肯。但问题是,这种立法本身是否能够获得公众的理解,值得质疑。在普遍人性的基础面前,以国家强力做保障的刑法规范也可能在实践中瞬间崩塌。原因就在于它没有“群众基础”。如前所述,刑法规范的建构,自然需要过滤日常生活语境中的语言,但在建构的“去熟悉化”[2]刑法规范中,解释者解释的结论却不能明显违背常识。“规范对象以事实、价值、规范为认识要素;规范方式是法学理论关乎人的自由与权利的保护及实现,关于社会秩序的建立与稳定,故只能紧紧围绕法律规范进行规范化的严格的解释,无论采用何种方法解释法律规范,都必须考虑规范的应用与发展目的,接受一定的解释原则的制约。”[3]制约解释非合理性的最大原则就是常识。“从古到今,法官适用法律包括刑法,从来都不是仅仅依据规则就能够得出判决结论,而始终是立足于规则至上,同时求助于实质正义、社会经验和当下情景来形成判断。”[4]即在设定同样语境下的人们是否会对解释的结论明显感觉不妥当,如果得出的结论是否定的,则可能要重新回归并且反思解释的路径、方法尤其是解释的前提性假设问题。

在被型构的不同概念语境中,刑法解释或许永远难以寻找到共识性的结论。因此,需要倡导理解性的刑法学。倡导理解性的刑法学可能会面临的最大批评是常识是什么?究竟谁的意见才是常识?如果说在熟人社会中尚且有常识的话,在今天流动性很强的陌生人社会,常识究竟是否存在尚有问题。对于上述问题的讨论,笔者试图作出回应。以常识为媒介理解刑法规范与刑法学,并不是消解刑法概念,而是更有助于辨明刑法用语的边界。

---

[1] 吴学斌:《刑法适用方法的基本准则》,中国人民公安大学出版社2008年版,第156~157页。

[2] 社会科学的目的就在于通过对现实世界的分析与观察,按照一定的逻辑甄别具体生活中的个别知识,并由此通过模型建构完成对现实世界的抽象化提炼。刑法学也同样如此,刑法理论中诸多概念或范畴的建立,都是对生活实践抽象化的产物,反映了学科建设与发展中“去熟悉化”这一不可否认的历程。

[3] 曾粤兴:《刑法学方法的一般理论》,人民出版社2005年版,第63页。

[4] 刘艳红:《实质刑法观》,中国人民大学出版社2009年版,第233页。

在这点上,正如李斯特对刑事政策的意义评价一样,“刑事政策是在赋予现行法以价值判断的基准,以便发现更妥当之法律”[1]。刑法规范的建构与理解不同于自然科学,其蕴含着人们特定历史时期的价值判断。“自然科学的中心,是在追求自然界存在事实的理解,属于一种经验的事实研究,与价值无甚攸关。反之,社会科学,则着重于价值之判断或价值关系的探究。”[2]从这一点上也可以看出刑法学理论去熟悉化之原因,即力图通过建构的体系和类型化的操作为行为提供一个尽可能量化的直观模式中。但这种过程不能“舍本求末”,遮蔽乃至摒弃人们对于无法认同行为的否定性评价。刑法规范的判断一定是关联性的理解。价值评判者尽管可能甚至在一定程度上会受到其知识背景、生活历练等个体因素的影响。但人类社会之所以能够形成社会,并且成为涂尔干所说的“团结社会”[3]就在于人们之间形成的集体感情,尽管在涂尔干的语境中,这种集体感情由于社会分工的日渐精细化,而有所松弛。

从历史上看,民族的形成、国家的形成,其实又何尝不是集体情感的形成?民族、国家的概念,说到底无非就是人们统一化精神世界的客观化产物。通过这些被建构的概念,第一,人们获得了特定时空下的认同,建立其与同类之间的竞争与协作。第二,更为重要的是,个体在这种被型构的共同体中找到了归属感,个人获得了社会的认可以及法律上的庇护。这也可以用来解释侨居他乡的人们为什么经常产生乡愁的现象了,这种解释对于刑法(学)同样适用。日本学者在论及法之起源与进化时,就表现出对西方学者虚构的所谓基于理性的原初景象的不屑。“人类现象,绝非如近代欧洲学者所想象:其原始状态为自由自主毫无束缚,亦绝非由不羁之独立生活突然移至整齐之国家生活;盖一团体进化发展而为国家的组织,以致其团员之分子皆营法律的生活,必亘数百年或数时代之长岁月与许多之准备,而其准备中最重要者,服从之习性是也。”[4]无论对于古代人还是对于现代人而言,人们不可能将法律的要旨完全融入生活之中,更不可能日日生活在法律的指挥棒下。

---

[1] [德]李斯特:《德国刑法教科书》,徐久生译,法律出版社2006年版,第13页。

[2] 苏俊雄:《刑事法学的方法与理论》,台北,环宇出版社1974年版,第25页。

[3] [法]涂尔干:《社会分工论》,渠东译,三联书店2000年版,第35页。

[4] [日]穗积陈重:《法律进化论》,黄尊三等译,中国政法大学出版社1997年版,第415页。

刑法作为社会治理中的重要部分,其对人们的规范诱导的力量是有限的,不宜过于高估。通常情况下,在正常的社会中,法律即使经常被人提及但人们并不会在任何行动决策之前,都按照法律的预先规范设置行动方案,精细化地安排自己的生活(除非犯罪人为了提高自己的反侦查能力)。即便是在法治化程度再高的社会,仅仅依据外生型规则来强化人们行为的统一性的做法多半难免要落空。社会生活以及人们的行为限制,更多仰赖于成员基于常识的内生性规则以及在此基础上形成的内生化控制。而内在化控制"是社会文化通过各种影响,在其成员内心建立起来的控制机制"。[1] 真实的生活是基于常识的自主、自由生活。"法律解释要依赖生活经验。不尊重生活经验所作出的解释,会悖逆人民的法律情感,这可能造成社会不安。但尊重经验之外,解释法律还不可避免地要做价值判断。"[2] 当人们面对许某被判处无期徒刑的司法判决时,与其说公众宣泄的是对刑法司法权威的不信任,倒不如反过来说是刑法司法触及了公众最普通同时在刑法领域中又可能是最敏感的神经——常识。学者们针对从无期徒刑改为5年有期徒刑的解释,总是可以找到诸如"特别减轻事由""期待可能性"等理论予以叙说。但这又何尝不是对常识的规范化演证。"法律解释是一种以实践理性乃至商谈理性为主的社会活动,科学性意义上的客观性对其只具有次要的意义。"[3]

姑且不论以哈贝马斯所谓的沟通理性或商谈理性是否妥当,承认法律解释的实践理性就足以证明精密体系建构的规范知识需要向常识妥协。妥协并非贬义的语词表达,毋宁说是一种生存性智慧。刑法规范与刑法解释须向常识妥协,并接受常识的检验。当人们还在针对在空旷的夜晚醉驾是否构成危险驾驶罪,以及是否需要但书作为出罪理由时,其实,只要把常识性的判断融入规范解释中,即可告知。危险驾驶罪侵犯的是公共安全,刑法规制此罪的目的在于维护公共安全不受危害。上述情形的醉驾显然无法构成对公共安全的危害,因此,自然不再需要对但书与《刑法》分则中的罪量关系、但书是否可以直接运用于刑法司法之中等问题进行预设性的烦琐论证。

---

〔1〕 庄孔韶主编:《人类学通论》,山西教育出版社2002年版,第376页。

〔2〕 林东茂:《一个知识论上的刑法学思考》,台北,五南图书出版股份有限公司2002年版,第51~52页。

〔3〕 黄奇中:《刑法解释的沟通之维》,中国人民公安大学出版社2011年版,第233页。

从社会系统的角度来看,社会系统功能的协调与维持的精神纽带其实就包括常识以及在常识指导下存在于各个领域中的规则有机体,而谁又能否认这种精神纽带不是规范呢?通常人们会认为,传统社会中的礼与现代社会的法在属性上有根本的区分,礼是不成体系的、散在并且多少被意识形态包裹的概念。但实际上,礼是社会公认合适的行为规范。合于礼的就是说这些行为是做得对的,对是合适的意思。如果单从行为规范一点说,本和法律无异,法律也是一种行为规范。礼和法不相同的地方是维持规范的力量。法律是靠国家的权力来推行的。国家是指政治的权力,在现代国家没有形成前,部落也是政治权力。而礼却不需要这有形的权力机构来维持。维持礼这种规范的是传统。[1]

常识同样如此,它也有其内在的细致规则并且在整体上呈现独树一帜的规范体。"一旦社会的成员认为作孽的行为所带来的恶果可能波及整个群体,而不是仅限于作孽者本人时,通常那种作孽的行为便也成了犯罪。"[2]与现代法律不同之处在于常识并没有以书面的格式化形式展现给人们,但这并不能够否认现代刑法规范的价值判断及刑法解释可以弱化甚至摒弃常识对刑法规范的补强功能。"必须以生活经验为基础,全面呼应生活经验的立法,可以实践法治国的理念,约束国家权力的随意发动。还要尊重当代人的生活经验。立法上交代不清的,同样要借助生活经验来解答。"[3]在规范林立的现代刑法领域,真正能够引起我们兴趣并保证我们不脱离时代语境的应然之举或许是本着认真对待常识的立场,去重新理解包括刑法解释在内的刑法学的知识谱系。

第四节　经由目的解释实现刑事政策司法化的问题及其防范

刑事政策司法化与刑事司法观念的嬗变有密切的关联,基于不同的刑

---

〔1〕参见费孝通:《乡土中国　生育制度》,北京大学出版社1998年版,第50页。

〔2〕[美]霍贝尔:《初民的法律——法的动态比较研究》,周勇译,中国社会科学出版社1993年版,第292页。

〔3〕林东茂:《一个知识论上的刑法学思考》,台北,五南图书出版股份有限公司2002年版,第71页。

事司法观，刑事政策的地位、功能均会出现相当大的差异。对刑事政策司法化的探讨，立足于司法观的嬗变，可以粗略地窥见现代刑事政策发展的大致轨迹。刑事政策在实践中可能会通过目的解释进入司法领域，但却可能因价值立场上偏重社会秩序的保护而损伤刑法规范的体系性。对此，在刑法解释中应有必要的反思。

一、刑事政策司法化的历史叙事

（一）司法克制与边缘化的刑事政策

在司法克制语境中，刑事政策始终处于边缘的地位。在古典时期，理性主义以其巨大的号召力成为人们认识与理解世界的重要分析工具。在以“人是万物尺度”的价值驱动下，国家刑权力因被视为“异物”受到了人们鞭辟入里的批判。启蒙思想家们在反思罪刑擅断的封建司法基础上，主张采取各种方法极力限制国家刑权力的肆意发动。基于这种理路，近代司法通常被人们描述为立法的传声筒或法律的嘴巴。尤其是在刑事司法中，因其攸关普通国民的重大法益，人们极力防范司法的自由裁量权的发挥。司法经常被比喻为“自动售货机”，即只要按照制度设计的模式和程序，将法律规范、案件事实按照三段论的模式，就可以直接生产出裁判结论。不可否认，这种司法观念反映了人们在理性主义感召下无限拓展人的认识能力的设想。为保障刑法规范的安定性，需要排斥各种可能冲击刑法规范安定性的因素。其中，作为国家治理犯罪的刑事政策长期以来都牵动着人们敏感的神经。尤其是在当代中国，制度缺位而仰赖政策治国的范式以及由此造成的历史沉痛，一直在警醒着人们始终要防范刑事政策对刑法规范的吞噬。

正是缘于此，在相当长的历史时期，刑法理论和实践一直将李斯特所说的“刑法是刑事政策不可逾越的樊篱”视为铁则，在排斥刑事政策的学术努力与践履中，力求实现刑法规范内在的自足性和体系的完整性是刑法立法的重要任务之一。法国刑法学家安塞尔认为：“传统的法学家阵营对于犯罪学、刑事政策学的介入一直有一种戒备心理。因为法学家是在对法律的顶礼膜拜中成长起来的，用刑法术语来说，他所感兴趣的就是犯罪的法律特征，而不太考虑犯罪人的个体条件和犯罪的社会背景。”[1] 如此，刑事政策

---

〔1〕 卢建平：《刑事政策与刑法关系论纲》，载《法治研究》2011 年第 5 期。

被作为一种规范外的知识游离在刑事司法的边缘，享受着与刑法规范天渊之别的礼遇。

但问题是，案件事实本身需要按照一定的规则予以提炼，刑法规范也必须依凭一定的方法予以解释。裁判者并非理性主义者所设想的位于司法舞台上的木偶，案件本身的复杂性、刑法术语的专业性，以及刑法规范与案件事实之间形成的张力，都需要首肯裁判者的能动性。在这种情况下，近代司法观发生了历史性的变革，即从严格限制司法裁量权的司法克制转向适度允许扩张司法裁判权的司法能动。

（二）司法能动语境下刑事政策的激活

在司法能动的语境中，刑事政策开始作为一种重要的参量日渐发挥其重要的影响作用，不断形塑着刑事司法的话语。作为公共政策在刑事法领域内的彰显，刑事政策（学）从出场之时就被称为“批判的学科”，带有对刑法规范浓厚的反思意识。尤其是在面临刑法规范、裁判结论与社会的需求之间所可能形成的冲突与矛盾时，这种反思尤为强烈。20 世纪初的西方社会，在面对累犯的高居不下、社会治安的稳定系数下降等现实情况时，传统的刑法体系在应对上述问题时表现出无力应对的疲惫，刑事政策开始从司法舞台的幕后走向台前。知识论上的解释理由是，随着社会分工的日渐精细化，刑法规范的体系日渐庞大。但作为现代性的刑法规范设计的基本理论仍然没有摆脱概念法学的影响。以演绎、归纳等论证思路为主要分析工具的刑法在面对日渐纷繁复杂的社会面前，显得封闭有余而开放不足。从知识进化的理路上看，一旦刑法规范的体系性达到某种高度的缜密状态时，也可能是刑法知识备受体系限制的时期。刑法体系的发展需要从体系外寻找新的血液，刑事政策正是在此种情势下被人们重新认识。人们试图通过刑事政策的融入来纠偏刑法规范可能存在的问题。

德国的刑法教义学，其实就强烈地表现出了试图与刑事政策“贯通”〔1〕的学术努力。如罗克辛教授认为：“刑法教义学必须以刑事政策为指导方向，这意味着，在构建理论体系时，要考虑刑法教义学的主要研究对象方面

---

〔1〕 参见陈兴良：《刑法教义学与刑事政策的关系：从李斯特鸿沟到罗克辛贯通》，载《中外法学》2013 年第 5 期。

的目标设定,刑法教义学应当满足刑事政策的效用。”〔1〕并且认为:“在德国刑法学理中占据主导地位的见解,不再是以存在事实(比如,因果关系或目的性)为导向的体系了,而是以刑法的任务和目标作为指导的体系。”〔2〕尽管这种理论宣示可能过于夸大刑事政策的可能意义并且因有失客观而引发争议。但在知识演进路径上,这种现象指明了在现代社会治理中公共政策与法律规范互动渗透的趋势。在刑事司法中,刑事政策正在以全新的知识话语,改变着传统刑事司法的生态。作为一种独特的知识系统,刑事政策为合理地组织对犯罪的反应,在资源整合层面提供更为丰富也可能更为有效的策略与方式。刑事政策与刑法规范关系的日渐交错,对于刑法规范的知识增量生产以及增强刑事司法的技术操作,回应社会实践的需求提供了智识的保障。

二、司法视野中刑事政策的功能阐释

刑事政策司法化对于刑事司法任务和刑事司法运行机制具有较强的导向性,科学合理的刑事政策,可以促使犯罪治理形成多元化的格局,并可以整合与优化刑事司法的资源分配。

(一)刑事政策对刑事司法任务的导向功能

传统理论一般认为,刑事司法的主要任务是保证刑法规范的适用。但问题是,刑法规范及其适用过程充满着诸多规范性与非规范性、内在及外在因素的交融,不可能是简单的知识搬运活动。也由此,追求刑法规范适用的妥当性以及有效性成为刑法司法的重要意向。刑事政策作为犯罪治理的策略,表达了包括政党、国家以及社会群体乃至普通公民参与犯罪治理的集体努力,是国家对犯罪态势评估以及在此基础上作出的回应型策略。刑事政策的变动,在实践上会影响刑事司法的工作策略甚至会导致工作重点的转移。其传递的信息因具有宏观的指导性,而为刑事司法奠定基本的基调。例如,关于死刑的前后刑事政策就明显体现这一点,在从“不杀不足以平民

〔1〕 谢焱:《刑事政策考量下的刑法教义学应何去何从——本体论亦或规范论?》,载《中国刑事法杂志》2012 年第 11 期。

〔2〕 [德]克劳斯·罗克辛:《刑事政策与刑法体系》(第 2 版),蔡桂生译,中国人民大学出版社 2011 年版,第 15 页。

愤”到“严格控制和慎重适用死刑”的司法政策导向之下,[1]死刑的规范适用和审判作业都会发生一系列深刻的变革。刑事政策对不同犯罪的分类式治理集中体现了国家在特定时空语境中的犯罪治理策略。在刑事政策的话语表达实践中,这种治理策略通常采取实质性的标准,国家根据特定时期犯罪态势作出具体的回应。通过运用犯罪分层理论[2],可以使刑事打击对象理性化、固定化,避免刑事决策的情绪化,提高决策科学性。实现从动态治理到日常治理的转变以及实现刑法效益最大化等优点。[3] 就此而言,我们不难理解宽严相济政策的合理性了。自宽严相济刑事政策问世以来,其带给刑法司法最大的信号是应当从传统的对待一切犯罪“零容忍”以及“眉毛胡子一把抓”式的治理策略转向区分化的策略。而这种区分化的策略转型,在实践中也迎合了社会发展的趋势,进而使得刑事司法能够在最大限度内与社会发展交相辉映。

刑事政策对刑事司法的运行机制亦会产生强烈的导向功能。亘古以来,刑事司法的运作都是一种仪式性的实践活动,在这种仪式活动中,国家对于犯罪人的态度以及刑权力支配的范围和支配形式的变迁,直接反映出了刑事政策的价值评判与信息导向。在将国家与极端蔑视社会统治秩序的个体关系视为改造与被改造的语境中,犯罪人在刑事法律关系中所扮演的角色永远是作为权力支配的客体。国家刑权力展示的方式更多地会选择以运动式的宣扬甚至不惜以对个体的羞辱来反衬其力量的威猛。作为个体应当具有的尊严,在喧闹的市井之中被无情湮没。此时的刑事司法不是一场技术性的裁判活动,更像是从法庭走向广场的政治运动。对于犯罪人和国家而言,都是一场尊严和文明如何被羞辱的戏剧化表演。而当刑事政策从政治运动转向“和风细雨的常规预防法”[4]时,刑法司法更多地成为理性对话的平台,犯罪人的角色亦开始从权力客体的境地中逐渐转为刑事法律关

---

[1] 参见王勇:《超越复仇:公众舆论、法院与死刑的司法控制》,载《吉林大学社会科学学报》2015 年第 4 期。

[2] 参见叶希善:《犯罪分层研究——以刑事政策和刑事立法意义为视角》,中国人民公安大学出版社 2008 年版,第 60 页。

[3] 参见卢建平:《刑事政策与刑法变革》,中国人民公安大学出版社 2011 年版,第 156 ~ 160 页。

[4] 参见周建达:《转型期我国犯罪治理模式之转换——从“压力维控型”到“压力疏导型”》,载《法商研究》2012 年第 2 期。

系的主体,成为可以与代表国家刑权力的指控者和裁判者据理争辩的独立角色。这种角色的转向,表征了现代刑事司法在宏观上实现从“主客体”转向“主体间性”模式的转向。一种在既有制度框架下以说理性为核心的论证格局正在成为现代刑事司法的显著特征。概言之,刑事政策的话语变迁,对刑事司法的仪式运作以及策略选择都会不同程度施以影响,并促使其作出适当的调整。就此而言,刑事政策是刑事司法走不出的背景,其强烈的意向指导性,无不深深地渗透于刑事司法具体制度的实践中。

(二)刑事政策对刑事司法资源的整合与优化

国家治理犯罪需要投入巨大的资源,然而这种资源投入并非像经济生活中的生产一样可以实现预期的财富增值。尤其是在特定时期内犯罪数量激增的情况下,刑事司法资源甚至会陷入“捉襟见肘”的困境。尽管现代刑事政策一直宣示合理地组织对犯罪的反应。

国家治理犯罪具有自身的优势:(1)近现代国家在组织结构上采取科层化的管理模式,使其在分工明确的同时,又可以随时组成联合行动组[1],强有力地推进犯罪的治理;(2)刑法司法通过运用惩罚性措施,经常以一贯正确的道德话语为外衣,向人们宣示对被标签化的犯罪人的否定评价。正如福柯所说:“对于犯人来说,刑罚是一种关于符号、利益和时间的机制。”[2]在通过仪式性的展示后,刑事司法可以更加强烈地刺激人们对犯罪及其危害的认识,更注重强化公众对行为的罪感文化认识。

但在多元化的现代社会,国家治理犯罪的劣势也日渐出现:(1)现代社会是一个流动性很强的动态社会,国家对社会成员信息的掌控并不及时和全面,再加上科层化的国家组织体系存在权力运用中的边际效应,国家治理在特定的犯罪治理场域中甚至表现出强弩之末般的无奈。(2)国家刑事司法的运作需要大量的资源消耗,这可能为其带来经济上的负担,导致在宏观上对社会资源分配上的偏差。(3)在治理犯罪的效能上,通过仪式化的司法展示,犯罪人成为司法权关于如何规训肉体,以及在此基础上培育与建构面

---

〔1〕 参见蔡道通:《刑法的理性与宽容:面对联合行动权的行使》,载《政法论坛》2006 年第 1 期。

〔2〕 [法]米歇尔·福柯:《规训与惩罚》,刘北成、杨元婴译,生活·读书·新知三联书店 1999 年版,第 122 页。

向普通公众“规范化训练机制”[1]的媒介，可能会进一步（尤其是在熟人社会中）增强犯罪人及其家属对国家和社会的离心力，这无疑会使得对犯罪人的矫正效果大打折扣。

历史地看，“人类发展史，一定程度上可表述为国家与社会此消彼长、相互博弈的历史”。[2] 刑事法治视域中的国家与社会的关系尤其需要剔除国家包办的思想误区。人们关于犯罪的认识应当改变唯技术理性为中轴的单一式治理模式，“社会管理制度的高度技术化以及对民众的区隔化使得社会碎片化严重，阻碍了公共性的生长”[3]。犯罪治理公共性的缺失，致使犯罪治理在模式上体现为一种“线性力量观”。国家与社会组织、公民之间的协作关系无法形成，犯罪治理被理解为官员们带有政治性考核的作业。因此，在加大犯罪治理成本的同时，也忽视了社会本身对于犯罪治理的可能贡献。在犯罪治理是一项公共事业的语境下，国家需要与社会、公民之间达成一种协同的合作关系。“它把民主建立在合作的基础上，鼓励公民和政府在政治生活、经济生活和社会生活的各个方面进行建设性的合作。”[4]刑事司法在犯罪治理中担纲着重要使命，应当展现出一种开放性的格局。实际上，现行刑法已经在制度上为这种格局提供了制度性的保障。例如，《刑法修正案（八）》对缓刑适用条件的修改，将原先缓刑适用的实质条件“适用缓刑不致再危害社会”具体量化为“没有再犯罪的危险”“宣告缓刑对所居住社区没有重大不良影响”等标准。在刑罚裁量过程中，对于上述条件的把握和理解，不可能按照规范的演绎逻辑达致。从缓刑适用条件的语词表述上看，对犯罪人是否要适用缓刑，需要裁判者对犯罪人的个人情况予以评估和审查。但在我国当前的司法体制下，单纯依靠国家为主体的犯罪治理模式不可能对具体犯罪人的实际情况了如指掌。对犯罪人个人信息的调查，离不开作为社会力量的基本单位——社区予以配合。与国家机关相较而言，社区因在地缘上的优势对于犯罪人的有关情况更为周全。从这个意义上可以说，在刑事司法适用的过程中，社会已经开始以正式的制度形式进入司法裁量

---

[1] 参见周光权：《刑法学的向度》，中国政法大学出版社2004年版，第172页。

[2] 曾楠：《国家与社会关系模式演变中政治认同的图式变迁》，载《南昌大学学报（人文社会科学版）》2015年第2期。

[3] 李友梅：《构建社会建设的“共识”和“公共性”》，载《中国社会科学报》2013年6月14日，第A08版。

[4] 俞可平：《增量民主与善治》，中国社会科学文献出版社2003年版，第161页。

的视野。这对于推动国家与社会的深入合作，形成治理犯罪的互济合作模式裨益良多。

三、刑事政策进入目的解释的限制方法

尽管刑事政策司法化为理解和转变犯罪治理提供了新的智力支持，但是，其法治危险同样不容低估。尤其是在将政策性需求被作为目的进入刑法解释学中，这种危险尤其值得提防。为防范刑事政策司法化的法治危险，需要坚守有限理性的基本立场，并通过价值判断的规范化为刑事政策司法化建构合理的疏导机制。

（一）有限理性：刑事政策司法化的基本立场

刑法政策在司法运用中由于摄入了政策的功利性需求因素〔1〕，势必会冲击刑法规范的稳定性。刑事政策较刑法规范而言，功利指向性较为强烈，并可能表现出不稳定性。在刑事政策司法化的过程中，不免会显示出可能吞噬刑法规范甚至搁置刑法规范的危险。实际上，即便崇尚在解释论中考虑刑事政策的机能主义论也认识到这一点，平野龙一所倡导的问题解决志向的解释论与机能主义的刑法学，将赋予解决一定问题的基准的提示作为目的。但是，同时强调，作为社会统治手段的刑法的作用，应当由其补充性、谦抑性、片面性来支持，特别是原本委任于民事以及行政规制的领域刑法不应当进行不必要的介入。〔2〕

如前所述，在刑事政策的语境中，刑事司法的目的出现由贯彻规范的适用到寻求妥当纠纷处理方案的转变。由此，诸如刑事和解、量刑建议等一些新的纠纷解决模式迎刃而生。但采取“用私下协议、犯罪者和受害人之间可以讨价还价的调解以及类似的做法来代替政府刑事诉讼，也加剧了‘规范侵蚀’(Norm erosion)和可疑的‘共识取向’趋势”。〔3〕 尤其应当关切的是，刑事政策可能在政治话语的推动下成为推行与宣扬政治理念的工具，并以宏

---

〔1〕 当刑法规范的体系无法容纳这种功利性需求时，即便如何强调也不能将之视为目的解释的目的。也因此，目的解释对于防范政策入侵刑法规范具有批判意义上的功能。

〔2〕 平野龍一『刑法総論Ⅱ』(有斐閣，1975 年)47 頁参照。

〔3〕 [德]哈贝马斯：《在事实与规范之间》，童世骏译，生活·读书·新知三联书店 2003 年版，第 570 页。

大叙事甚至轰轰烈烈的形式直接损伤刑法规范司法适用的明确性与逻辑性，极端的情形则会导致刑事政策成为司法适用的直接标准。而这对于刑法规范而言，不啻为一种灾难。刑事政策尽管以其独特的知识谱系大有“再造刑法”之势，但其活动边界应该有约束。“这是因为，刑事政策本身是政治的产物……尤其是政策的需要遵奉的是一种纯粹功利主义的逻辑，它总是会想方设法地摆脱一切可能构成束缚的东西，包括突破旨在保障个体自由的传统法治国原则与具体的刑事责任基本原则。”[1]面对刑事政策的强势话语，必须给予高度的警惕。基本的思路应当是承认刑事政策司法化的有限理性[2]，保持这种应有的谨慎与警惕是法治国的应有之义。这是因为，“国家尽管是必要的，但必定是一种始终存在的危险或者罪恶”。[3]

刑事政策司法运用的逻辑思路与刑法规范适用有着本质的区别。刑事政策对刑法立法和司法的渗透导致一种全新的论证进路——政策性论证进路的产生。“政策的论证尽力显示，如果特定的计划得以实行，则共同体整体的利益将受到促进。”[4]迫于社会效果的追求以及可能因违背社会效果所带来的职业负担及风险，裁判者更偏向大众化的情绪反应，以避免被卷入话题争辩的危险境地。明确了这一点，我们就不难理解为什么经常在本是法言法语领地的裁判文本中会出现“不杀不以平民愤”的通俗性表达。但这种论证无疑会使刑法规范在实践运用中的效力大打折扣。实现刑事政策有限理性的基本进路则是应当建构一套过滤性的机制对刑事政策予以规范化。

（二）价值判断的规范化：刑事政策渗透刑法规范的具体实践

1. 刑事政策弥补刑法供给不足的两条路径

在急剧变迁的社会现实面前，刑法与社会之间的不适应情况屡屡出现，刑法会出现供给不足的现象。[5] 应对刑法供给不足主要有两条路径：一是

---

〔1〕劳东燕：《罪刑规范的刑事政策分析——一个规范刑法学意义上的解读》，载《中国法学》2011 年第 1 期。

〔2〕参见陈兴良：《刑法的刑事政策化及其限度》，载《华东政法大学学报》2013 年第 4 期。

〔3〕刘军宁：《善恶：两种政治观与国家能力》，载《读书》1994 年第 5 期。

〔4〕劳东燕：《罪刑规范的刑事政策分析——一个规范刑法学意义上的解读》，载《中国法学》2011 年第 1 期。

〔5〕参见付立庆：《刑罚积极主义立场下的刑法适用解释》，载《中国法学》2013 年第 4 期。

通过刑法立法修改相应的刑法规范,严密刑事法网。例如,《刑法》第302条规定了盗窃、侮辱尸体罪,但实践中出现盗窃骨灰的行为,显然因为骨灰不同于尸体,不能将之认定为盗窃尸体,如若将盗窃骨灰行为犯罪化,只能通过立法而不是类推的方式,将之纳入刑法调整范围。[1] 二是通过刑法解释,明确刑法用语的外延。例如,《刑法》第358条规定了组织卖淫罪,一般而言,卖淫行为是异性之间色情交易的行为,同性之间的卖淫与卖淫的语词核心含义不尽符合。但是,将同性之间卖淫解释为卖淫并没有超出国民的预测范围,因为在逻辑上可以将卖淫从对象上区分为同性卖淫和异性卖淫,并且从1991年9月4日《全国人民代表大会常务委员会关于严禁卖淫嫖娼的决定》和现行刑法中也并没有看出刑法仅仅处罚异性卖淫。但是,如果将提供手淫服务也解释为卖淫,在刑法上就可能有问题。尽管2001年1月28日《公安部关于对同性之间以钱财为媒介的性行为定性处理问题的批复》中明确规定了不特定的异性之间或者同性之间以金钱、财物为媒介发生手淫的行为属于卖淫嫖娼的行为。但是,这并不意味着刑法中的用语必须要保持与非刑事法律之间的一致性,不能为一概满足国家严厉打击卖淫嫖娼的刑事政策,而将手淫行为也认定为刑法中的卖淫。否则会出现如下问题:由于刑法用语的扩张而导致行政法律无法适用。易言之,进入刑法调控范围内的行为,均应当与非刑事法律中的行为具有一定的区隔化。这就需要在刑法解释中必须做出符合刑法规范要旨的解释。

2. 构成要件类型化对价值判断的制约

价值判断规范化的另外一个要求,则是刑事政策渗入刑法规范,必须要接受构成要件类型化的指导与约束,亦即在刑事政策转化为具体的司法解释时,必须考量所意欲规制的行为是否能够为刑法罪名的具体构成要件所涵摄。具体的刑事政策一旦超脱或游离了构成要件的范围,则无论如何以被置换为刑法的规范目的,成为定罪的直接依据。否则,构成要件限缩刑权力、保证刑法规范预测性的应有功能将消失殆尽。以非法经营罪为例,众所周知,非法经营罪是从1979年《刑法》中的投机倒把罪中分离出来的罪名,刑法立法的修改在向公众传达一种信号,即非法经营罪的设立是为了防范口袋罪的滥用。但令人遗憾的是,今日非法经营罪俨然正在朝向口径日渐

---

[1] 《刑法修正案(九)》第34条规定:"将刑法第三百零二条修改为:'盗窃、侮辱、故意毁坏尸体、尸骨、骨灰的,处三年以下有期徒刑、拘役或者管制。'"

宽大的口袋罪演变,变成了刑罚过剩的"恶罪"〔1〕。而造成这种现象的原因之一,就是刑法司法解释在变相地对"其他严重扰乱市场秩序的非法经营"作与非法经营罪罪质严重不符的泛化解释。在刑法学界对这种僭越立法权限的"创设性刑法规范解释"〔2〕口诛笔伐时,最高司机关对非法经营的认定非但没有丝毫的收敛,反而进一步张扬。2013 年 9 月 4 日最高人民法院、最高人民检察院发布的《关于办理利用信息网络实施诽谤等刑事案件适用法律若干问题的解释》第 7 条规定,"违反国家规定,以营利为目的,通过信息网络有偿提供删除信息服务,或者明知是虚假信息,通过信息网络有偿提供发布信息等服务,扰乱市场秩序,具有下列情形之一的,属于非法经营行为'情节严重',依照《刑法》第二百二十五条第(四)项的规定,以非法经营罪定罪处罚。"通过司法解释,最高司法机关将促进特定行业稳定的刑事政策任务以"准法律"的方式,对非法经营罪作了"最有利于国家"的彻底改造。以司法解释作为载体,刑事政策明火执仗地大肆吞噬刑法规范的完整性。面对刑事政策如此雄赳赳地入侵刑法规范的气势,必须对之予以强有力的防范。造成上述现象的原因之一,在于司法解释以及司法实践对"其他严重扰乱市场秩序的非法经营"的泛化规定,没有考虑刑事政策司法化必须接受个罪构成要件的判断。根据同类解释的规则,"其他严重扰乱市场秩序的非法经营"除了符合"违反国家规定"之外,行为还需要与前三项的经营对象具有相当性,即经营对象均是国家限定的特殊行业物品。脱离构成要件束缚的刑事政策司法化,终究会导致刑法规范被束之高阁,罪刑法定原则的司法实践难免会流产。

3. 价值判断规范化在刑事裁判中的彰显

在刑事司法裁判中,非规范的评价因素应当受制于规范评价。司法裁判蕴含着对包括纠纷当事人乃至社会大众之间的利益平衡,充满着法律文本无法揭示的精巧。刑法司法的面向是具体的案件纠纷决定了裁判者自身的经验、智识、阅历等因素以及普通民众对于司法基于不同目的的态度表示都会无形地影响裁判活动。刑事政策的出台往往是对这种压力的缓解或缓冲的减压器。例如,当人们在特定历史时期的社会不安感增强时,决策者通常会以"专项整治"的活动形式,运动性地开展对某类降低公众安全感的犯

---

〔1〕 参见欧阳本祺:《对非法经营罪兜底性规定的实证分析》,载《法学》2012 年第 7 期。

〔2〕 参见李翔:《论创设性刑法规范解释的不正当性》,载《法学》2012 年第 12 期。

罪集中治理。但这种非规范评价通常较之实定法意义上的规范评价而言，具有泛化的特征。诚然，在刑事司法实践中，非规范性评价是裁判者裁判不能回避的问题。在错案追究、绩效考核等复杂的体制性因素影响下，完全以居中的身份来定分止争的情况着实有些过于理想。“如果统治政权对被统治者的利益漠不关心，换言之，如果统治政权倾向于不顾被统治者的利益或者否认它们的正统性，那么它就是压制性的。其结果是，国民的地位既不安稳，又很脆弱。”〔1〕但如果过度地关照非规范评价，则也可能会消解刑法规范的意义指向。毕竟，非规范性评价在案件裁判中的作用实际上是无法真正把握的。因此，以刑事政策为载体的非规范性评价，一定要受到刑法规范的有效制约。“基于罪刑法定和现代刑事法治的基本要求，非刑法规范在刑事案件的裁判过程中，不具有独立裁判功能。其裁判价值只能依附于刑法规范，才能彰显。”〔2〕

为防范上述情况的发生，应当使刑事裁判真正成为一种协商性的论证，以使政策的贯彻与执行真正符合人们的期许。“社会的组成，是由于人类的生活有组织起来的必要才慢慢实现的，人类结合在一起，是由于人类的生活环境有公共生活的必要，而不是由于天性”〔3〕。既然如此，那就必须承认个体在刑事司法乃至普遍意义上的独立性与自主性，使之能够被政治国家以充分尊重的角色和地位参与到刑事政策论证的过程中。这就意味着，这种论证应当与法律论证保持思维上的同质性，即追求政策制定的正当性和可接受性是其出发点和最终归宿。政策性论证的过程应该是围绕这一目展开的说理过程。论证需要以交流的姿态得以进行，既不是一种独断性的决定也不是独白，它应当是“商谈”“对话”与沟通，它强调不同主体之间的交互作用过程。〔4〕例如，在推定问题上，刑事推定方法在很大程度上是国家基于控诉便利而降低对犯罪人主观罪过认定难度的功利做法。“刑事推定是基于经验法则或论理法则而来，一般具有合理性和确定性，但其可靠性只能达到高度盖然性的程度，不具有绝对性。”〔5〕推定只是一种例外的知识，并

〔1〕［美］P. 诺内特、P. 赛尔兹尼克：《转变中的法律与社会：迈向回应型法》，张志铭译，中国政法大学出版社2004年版，第29页。

〔2〕张心向：《死刑案件裁判中非刑法规范因素考量》，载《中外法学》2012年第5期。

〔3〕［法］埃米尔·迪尔凯姆：《社会学方法的规则》，胡伟译，华夏出版社1999年版，第87页。

〔4〕参见陈航：《刑法论证方法研究》，武汉大学出版社2008年版，前言第6页。

〔5〕贺平凡：《论刑事推定规则》，载《政治与法律》2003年第2期。

且适用的结果并不具有唯一的正确性。刑事司法极有可能以此作为制度的借口，过度运用推定的方法，以实现社会保护的效果。从衡平纠纷利益的角度看，既然推定是一种功利性的司法技术，则势必应当引入合理限定推定事实的规则。令人欣慰的是，在新近出台的部分司法解释中〔1〕，都在不同程度地规定了犯罪人对推定的“反驳权”，这种程序性的设置对于防范以刑事政策为名的推定风险具有积极的功能。此外，司法解释对行为人罪过（如明知）的认定过多地罗列了基础事实，而对于基础事实如何具体运用却语焉不详。对此，笔者认为，在运用推定事实认定时，至少应当设立如下几方面的规则：一是次优规则。即凡是能够通过基础事实直接认定“明知”的，应优先适用直接认定方式；只有在根据已有事实无法直接认定或者认定困难时，才可以采用推定事实认定方式。二是保守性规则。即运用推定事实认定“明知”应采取克制和保守的态度。具体来说，基础事实必须具有真实性，基础事实与推定事实之间必须具有常态联系。〔2〕 三是公开适用规则。即运用推定事实认定“明知”的过程和结果必须向犯罪嫌疑人、被告人公开。总之，推定事实认定方式所具有的后置性、补充性特点，决定了对推定事实不宜过于宽泛地适用，从而为刑事政策进入规范领域内的目的解释设定了程序性的限制。

〔1〕 值得注意的是，对于“反驳权”的规定，单纯从司法解释公布的实践上看，最高人民法院司法解释对此问题的认识仍然没有统一的标准。

〔2〕 参见张云鹏、徐静：《论事实推定的规制路径》，载《当代法学》2007年第2期。

结 语

“我们进行认识和理解的世界主要存在两种形式:一种是文本所描摹的世界;一种是我们所生活的经验世界,而理解的实质就是将两个不同的世界进行沟通和调和。”[1] 文本世界和经验世界存在着相当的异质性,具体而言,文本世界是预设的逻辑规则构成的系统,而经验世界则是由诸多诸如生活历练、知识场域、个体理解预判乃至成见构成的系统。两个不同维度的世界相互交叉,互相缠绕。令解释者无不困顿,但却又是任何解释者面临的基本现实。解释者必须乐此不疲地往返于两个异质世界之间,在穿梭中寻找到融通二者的可能性路径。经验世界偏向超法规的目的,但容易因人们的亲历性、直观性而直接诉诸扩大的目的解释。[2] 换言之,基于生活世界做出的无论是目的扩大解释抑或目的限缩解释都不能成为终局性的解释结论。同样的道理,文本世界中单纯的规则演绎亦不能充当最后有效性的解释结论。需要在甄别的过程中,运用其他解释方法以及素材予以综合性检验。即基于文义中心的解释系统与基于规范目的的解释系统是相互并存的初步解释立场。

其实,二者的关系形容为交互检验关系,而非完全排斥。这是因为经验世界的智力系统可以为文本世界提供辅助性的解释材料和理由。在法律解释中,可以将价值导向元素融入司法中,并对基于现代形式理性的法律予以

---

〔1〕 付玉明:《刑法的规范解释序论——刑法解释的诠释学论说》,载《云南大学学报(法学版)》2011 年第 3 期。

〔2〕 近些年来这种思维痕迹在刑法立法中非常明显。主要体现在新罪的增设中,人们的理由经常是诸如此类危害行为严重危害民生,影响社会稳定等。姑且不论理由是否成立,诸如此类理由存在立法的场域可以不受质疑,因为立法所处理的是应然性问题。但如若将之运用到以实践性为导向的刑法司法,则由于场域的变化而不能不加拒绝地适用。

衡平与协调。衡平本身就有矫正机械甚至偏执的意义。如果在刑法解释中仅仅为了迎合处罚的必要性、协调性而采取不当增加或减少构成要件要素的话,则基于处罚的目的解释通常会因突破文义的射程而令人惊讶。其根本原因是所谓的客观目的探求经常在解释的过程中成为实质的入罪主张。当今的法律解释学从来没有否认法律解释应当与社会的发展合拍,寻求与展示法律规范的当下内涵。即便在法治化程度较高的社会中,也不能忘却"在教义学中维护乃至发扬刑法的法治国性"的使命。[1] 解释者的目光应当在历史与现实的多重维度中寻找反思性的平衡。"法律解释的最终目标只能是:探求法律在今日法秩序的标准意义(其今日的规范性意义),而只有同时考虑历史上的立法者的规定意向及其具体的规范想法,而不是完全忽视他,如此才能确定法律在法秩序上的标准意义。"[2]

各种解释方法最后的目的无外乎是寻找逻辑上的合理性与事理上的合理性的协调之道。良善的解释结论或许应当是合逻辑的事理或合事理的逻辑,但通常是难以达成的。每一个法律体系都是有缺陷的、有空白的,因而要在现有法律规则的基础上,通过逻辑的推论得出令人满意的决定不总是可能的。这就要法官善于发现法律规则的目的,通过创造性的、合理的解释去平衡互相冲突的利益。[3] 比较务实的做法是,适当开放教义学的体系,使能够符合教义学解释基本要旨或方向的目的成分进入解释系统之中,否则可能制约刑法用语的拓展空间。解释刑法规范不是单向地对文本意义的静态开掘,而是刑法文本与现实世界的链接。唯有在面对现实世界的疑难问题,才可能逼问解释者继续前行去解释可能本来感觉并不存在争议的刑法用语。因此,刑法解释是面向实践问题的具体的规范解释问题。"规范性在后实证主义阶段被视为'结构化的过程',即规范性并非规范文本的内在属性,而是法规使用到具体案件的结构化过程。"[4]刑法用语正是在结构化的过程中围绕着固有含义为引力中心不断调整边缘语义的范围,其间充满着无限循环性的形式与实质的交互解释。

---

〔1〕 参见[德]贝恩德·许乃曼:《中德刑法解释语境下的罪刑法定原则》,载梁根林、[德]埃里克·希尔根多夫主编:《中德刑法学者的对话——罪刑法定与刑法解释》,北京大学出版社2013年版。

〔2〕 [德]卡尔·拉伦茨:《法学方法论》,陈爱娥译,商务印书馆2003年版,第199页。

〔3〕 参见张文显:《二十世纪西方法哲学思潮研究》,法律出版社2006年版,第110页。

〔4〕 李忠夏:《中国宪法学方法论反思》,载《法学研究》2011年第2期。

解释作为系统,材料来源形式不同,各种知识的汇集都无不在填充与丰富解释的内容。解释的判断依据之间也存在交互解释的空间,抛却逻辑或形式意义对目的解释的验证与制约功能既不可能也不现实。即便在目的及其关联的实质解释中也存在不同知识之间的交互检验问题。例如,在刑法中,前理解是否会对解释产生影响?法官的“前理解”应该是对案件的事实、社会的反映、判断可能出现的后果作一个大概的预先判断,但这种前理解式的“法感”并不能完全支配法律判决,尚需要严格的规范推理以及一种法律体系化的思考。[1] 实际上在构成前理解的子系统中,也会有诸多知识因素会对前理解构成制约。例如,常识可能就是深嵌在前理解中构成前理解要素但同时也会对整体的前理解形成一种牵绊。刑法解释承载着价值观念的沉淀,融透着向社会及公众传递的官方评价的信息。“公民们如果知道什么事情要罚,并知道这些事情是在他们可做可不做的能力范围之内,他们就可以相应地制定他们的计划。一个遵守已公布的法规的人不必害怕对他的自由的侵犯。”[2]刑法的理解不能不顾及解释的后果是否会对普通人的生活构成伤害或者在解释中是否克减了公民的基本权利?有学者认为:“只有超出最基本常识范围的观点,才可能具有价值。”[3]但问题是,规则是社会生活的秩序化凝练,除非以改造社会主导性价值理念为己任,完全超出公众普遍感受——常识——的刑法解释是否真的有助于促进社会观念的整合乃至社会的进步意义,至少在法学领域内如此高估可能并不乐观。“法学关注的可以说是一个国度内整个社会的相对长期的稳定秩序,是这种稳定秩序中体现出来的人类合作活动的规则。”[4]诚然,刑法解释不是仅仅根据日常经验就可以感知的,也不能赖凭查阅字典可以完成。但至少在解释结论上不能产生强烈的突兀感,保守性的、谨慎性的解释应当是解释者的基本姿态。刑法“所涉及的目的并不是任何人的目的和利益,而是涉及那些依法应被追求之目的。这些目的的实现对于特定人类生活而言,是正义、是有意的,甚至是必要的”。[5] 刑法解释是智识探险的历练,解释者无不在设计各种解

---

〔1〕 参见李忠夏:《中国宪法学方法论反思》,载《法学研究》2011 年第 2 期。

〔2〕 [美]约翰·罗尔斯:《正义论》,何怀宏等译,中国社会科学出版社 1988 年版,第 231 页。

〔3〕 张明楷:《学科内的争论与学科间的协力》,载《法学研究》2011 年第 6 期。

〔4〕 苏力:《制度是如何形成的》,北京大学出版社 2007 年版,第 150 页。

〔5〕 [德]英格博格·普珀:《法学思维小学堂》,蔡圣伟译,北京大学出版社 2011 年版,第 65 页。

释方法探求文本背后类似宝藏似的可能语义。解释者在运用目的解释时，可以充分想象但不能随意解释，解释的结论须接受来自各方排除合理怀疑的相互质问与检验，包括刑法体系在内的教义学、合宪性解释等方法的限制和外部的非规范性知识限制，方能形成较为合理的解释结论。

参考文献

中文著作类

1. 张文显:《二十世纪西方法哲学思潮研究》,法律出版社2006年版。

2. 陈金钊:《法律解释学——权利(权力)的张扬与方法的制约》,中国人民大学出版社2011年版。

3. 郑永流:《法是一种实践智慧》,法律出版社2010年版。

4. 姚建宗主编:《法理学》,科学出版社2010年版。

5. 陈金钊主编:《法律方法教程》,华中科技大学出版社2014年版。

6. 陈金钊、谢晖主编:《法律方法》(第11卷),山东人民出版社2011年版。

7. 谢晖、陈金钊:《法律:诠释与应用》,上海译文出版社2002年版。

8. 苏力:《阅读秩序》,山东教育出版社1999年版。

9. 苏力:《制度是如何形成的》,北京大学出版社2007年版。

10. 蔡枢衡:《刑法学》,中国民主法制出版社2011年版。

11. 高铭暄:《中华人民共和国刑法的孕育诞生和发展完善》,北京大学出版社2012年版。

12. 高铭暄、马克昌主编:《刑法学》,北京大学出版社、高等教育出版社2011年版。

13. 马克昌主编:《犯罪通论》,武汉大学出版社1999年版。

14. 马克昌:《比较刑法原理》,武汉大学出版社2002年版。

15. 赵秉志主编:《当代刑事法学新思潮:高铭暄教授、王作富教授八十五华诞暨联袂执教六十周年恭贺文集(上)》,北京大学出版社2013年版。

16. 赵秉志主编:《新刑法教程》,中国人民大学出版社1997年版。

17. 赵秉志:《刑法分则要论》,中国法制出版社2010年版。

18. 赵秉志、张军主编:《中国刑法学年会文集(2003 年度):刑法解释问题研究》(第 1 卷),中国人民公安大学出版社 2003 年版。

19. 赵秉志、鲍遂献主编:《现代刑法学》,湖南师范大学出版社 1995 年版。

20. 王作富主编:《刑法分则实务研究》(上、中、下),中国方正出版社 2010 年版。

21. 卢建平:《刑事政策与刑法变革》,中国人民公安大学出版社 2011 年版。

22. 张志铭:《法律解释操作分析》,中国政法大学出版社 1998 年版。

23. 刘艳红:《实质刑法观》,中国人民大学出版社 2009 年版。

24. 邓子滨:《中国实质刑法观批判》,法律出版社 2009 年版。

25. 许发民:《刑法的社会文化分析》,武汉大学出版社 2004 年版。

26. 蔡墩铭:《刑法总则争议问题研究》,台北,五南图书出版股份有限公司 1988 年版。

27. 张明楷:《刑法学(上)(下)》(第 5 版),法律出版社 2016 年版。

28. 张明楷:《刑法的私塾》,北京大学出版社 2014 年版。

29. 张明楷:《外国刑法纲要》,清华大学出版社 1999 年版。

30. 张明楷:《结果无价值与行为无价值论》,北京大学出版社 2012 年版。

31. 张明楷:《刑法分则的解释原理》(上、下),中国人民大学出版社 2011 年版。

32. 张明楷:《刑法格言的展开》,法律出版社 2003 年版。

33. 张明楷:《罪刑法定与刑法解释》,北京大学出版社 2009 年版。

34. 梁慧星:《民法解释学》,中国政法大学出版社 2003 年版。

35. 黄茂荣:《法学方法与现代民法》(第 5 版),法律出版社 2007 年版。

36. 段匡:《日本的民法解释学》,复旦大学出版社 2005 年版。

37. 徐国栋:《诚实信用原则研究》,中国人民大学出版社 2002 年版。

38. 徐国栋:《民法基本原则解释——以诚实信用原则的法理分析为中心》,中国政法大学出版社 2004 年版。

39. 李国如:《罪刑法定原则视野中的刑法解释》,中国方正出版社 2001 年版。

40. 徐光华:《刑法文化解释研究》,中国政法大学出版社 2012 年版。

41. 王尚新主编:《最新〈中华人民共和国刑法〉释解与适用》,人民出版社 2011 年版。

42. 陈兴良主编:《刑法方法论研究》,清华大学出版社 2006 年版。

43. 陈兴良主编:《刑法学》,复旦大学出版社 2003 年版。

44. 陈兴良:《本体刑法学》,商务印书馆 2001 年版。

45. 陈兴良:《刑法的价值构造》,中国人民大学出版社 1998 年版。

46. 陈兴良:《罪刑法定主义》,中国法制出版社 2010 年版。

47. 冯军:《刑法问题的规范理解》,北京大学出版社 2009 年版。

48. 韩忠谟:《刑法原理》,中国政法大学出版社 2002 年版。

49. 吴庚:《政法理论与法学方法》,中国人民大学出版社 2007 年版。

50. 吴庚:《宪法的解释与适用》,台北,三民书局 2004 年版。

51. 何秉松主编:《新时代曙光下刑法理论体系的反思与重构——全球性的思考》,中国人民公安大学出版社 2008 年版。

52. 唐德刚:《胡适杂忆》,广西师范大学出版社 2005 年版。

53. 刘仁文:《刑事一体化下的经济分析》,中国人民公安大学出版社 2007 年版。

54. 刘仁文:《死刑的温度》,生活 · 读书 · 新知三联书店 2014 年版。

55. 杨仁寿:《法学方法论》(第 2 版),中国政法大学出版社 2013 年版。

56. 黄仲夫:《刑法精义》,台北,元照出版有限公司 2006 年版。

57. 周光权:《刑法各论》(第 2 版),中国人民大学出版社 2011 年版。

58. 黄朝义:《罪刑法定原则与刑法之解释》,载林山田等:《刑法七十七年之回顾与展望纪念论文集(一)》,台北,元照出版有限公司 2001 年版。

59. 高金桂:《利益衡量与刑法之犯罪判断》,台北,元照出版有限公司 2003 年版。

60. 王泽鉴:《民法总则》,北京大学出版社 2009 年版。

61. 王泽鉴:《法律思维与民法实例》,中国政法大学出版社 2001 年版。

62. 林山田、许泽天:《刑法要论》,台北,元照出版有限公司 2006 年版。

63. 林山田:《刑法通论》(上),北京大学出版社 2012 年版。

64. 林书楷:《刑法总则》,台北,五南图书出版股份有限公司 2010 年版。

65. 黄建辉:《法律阐释论》,台北,新学林出版股份有限公司 2000 年版。

66. 余振华:《刑法深思·深思刑法》,台北,元照出版有限公司 2005 年版。

67. 甘添贵:《体系刑法各论》(第 1 卷),台北,瑞兴图书有限公司 2010 年版。

68. 苏俊雄:《刑事法学的方法与理论》,台北,环宇出版社 1974 年版。

69. 沈志先主编:《法律方法论》(第 2 版),法律出版社 2014 年版。

70. 杨高峰:《刑法解释过程论纲》,光明日报出版社 2013 年版。

71. 齐文远、周详:《刑法司法解释立法化问题研究》,中国人民公安大学出版社 2010 年版。

72. 梁治平编:《法律解释问题》,法律出版社 1998 年版。

73. 郑永流:《法是一种实践智慧》,法律出版社 2010 年版。

74. 陈航:《刑法论证方法研究》,武汉大学出版社 2008 年版。

75. 严强:《国家治理与政策变迁——迈向经验解释的中国政治学》,中央编译出版社 2008 年版。

76. 梁根林主编:《刑法方法论》,北京大学出版社 2006 年版。

77. 梁根林、[德]埃里克·希尔根多夫主编:《中德刑法学者的对话——罪刑法定与刑法解释》,北京大学出版社 2013 年版。

78. 范进学:《美国宪法解释方法论》,法律出版社 2010 年版。

79. 田宏杰:《刑法中的正当化行为》,中国检察出版社 2004 年版。

80. 俞可平:《增量民主与善治》,社会科学文献出版社 2003 年版。

81. 徐友渔等著:《语言与哲学》,生活·读书·新知三联书店 1996 年版。

82. 陈子平:《刑法总论》(2008 年增修版),中国人民大学出版社 2009 年版。

83. 许章润主编:《萨维尼与历史法学派》,广西师范大学出版社 2004 年版。

84. 杜宇:《重拾一种被放逐的知识传统——刑法视域中"习惯法"的初步考察》,北京大学出版社 2005 年版。

85. 葛洪义:《法律方法讲义》,中国人民大学出版社 2009 年版。

86. 劳东燕:《罪刑法定本土化的法治叙事》,北京大学出版社 2010 年版。

87. 徐岱:《刑法解释学基础理论建构》,法律出版社 2010 年版。

88. 吴伟平:《语言与法律:司法领域的语言学研究》,上海外语教育出版社2002年版。

89. 熊培云:《重新发现社会》,新星出版社2010年版。

90. 张汝伦:《意义的探究——当代西方释义学》,辽宁人民出版社1986年版。

91. 蔡道通:《刑事法治的基本立场》,北京大学出版社2008年版。

92. 黎宏:《不作为犯研究》,武汉大学出版社1997年版。

93. 张成法:《受贿罪若干疑难问题研究》,中国人民公安大学出版社2010年版。

94. 陈朴生、洪福增:《刑法总则实例研究》,台北,五南图书出版股份有限公司1992年版。

95. 郑玉波:《法谚》,法律出版社2007年版。

96. 江山:《中国法理念》,山东人民出版社2000年版。

97. 杨兴培:《犯罪构成原论》,中国检察出版社2004年版。

98. 林维:《刑法解释的权力分析》,中国人民公安大学出版社2006年版。

99. 李希慧:《刑法解释论》,中国人民公安大学出版社1995年版。

100. 王俊:《犯罪论的核心问题》,北京大学出版社2012年版。

101. 张军主编:《刑法基本原则适用》,中国人民公安大学出版社2012年版。

102. 李永升主编:《刑事案例诉辩审评——绑架罪、非法拘禁罪》,中国检察出版社2014年版。

103. 何荣功:《自由秩序与自由刑法理论》,北京大学出版社2013年版。

104. 吴允锋:《经济犯罪规范解释的基本原理》,上海人民出版社2013年版。

105. 陈忠林:《刑法散得集(Ⅱ)》,重庆大学出版社2012年版。

106. 魏东主编:《刑法观与解释论立场》,中国民主法制出版社2011年版。

107. 郑泽善:《刑法总论争议问题研究》,北京大学出版社2013年版。

108. 刘树德:《政治刑法学》,中国法制出版社2011年版。

109. 刘志强:《人权史稿——兼论罗隆基人权思想》,中国民主法制出版社2014年版。

110. 田耀主编:《影响美国历史进程的经典案例》,天津大学出版社 2009 年版。

111. 王守田、沈国琴主编:《宪法学教学案例研析》,中国人民公安大学出版社 2013 年版。

112. 余先予主编:《国际法律大辞典》,湖南出版社 1995 年版。

113. 张广荣主编:《逻辑学》,山东人民出版社 2013 年版。

114. 杨剑波:《刑法明确性原则研究》,中国人民公安大学出版社 2010 年版。

115. 顾肖荣主编:《经济刑法》(第 14 辑),上海社会科学院出版社 2014 年版。

116. 熊红文:《公诉人如何思考》,中国检察出版社 2014 年版。

117. 蔡和森:《社会进化史》,东方出版社 2012 年版。

118. 王铭铭主编:《西方人类学名著提要》,江西人民出版社 2004 年版。

119. 叶舒宪、彭兆荣、纳日碧力戈:《人类学关键词》,广西师范大学出版社 2004 年版。

120. 王养冲:《西方近代社会学思想的演进》,华东师范大学出版社 1996 年版。

121. 陈瑞华:《论法学研究方法》,北京大学出版社 2009 年版。

122. 吴学斌:《刑法适用方法的基本准则》,中国人民公安大学出版社 2008 年版。

123. 曾粤兴:《刑法学方法的一般理论》,人民出版社 2005 年版。

124. 庄孔韶主编:《人类学通论》,山西教育出版社 2002 年版。

125. 黄奇中:《刑法解释的沟通之维》,中国人民公安大学出版社 2011 年版。

126. 费孝通:《乡土中国　生育制度》,北京大学出版社 1998 年版。

127. 吴英姿:《法官角色与司法行为》,中国大百科全书出版社 2008 年版。

译著类

1. [德]埃里克・希尔根多夫:《德国刑法学:从传统到现代》,江溯等译,北京大学出版社 2015 年版。

2. [美]戴维・波普诺:《社会学》,李强译,中国人民大学出版社 1999

年版。

3. [德]李斯特:《德国刑法教科书》,徐久生译,法律出版社 2000 年版。

4. [德]弗里德里希・卡尔・冯・萨维尼:《历史法学派的基本思想(1810—1840)》,郑永流译,法律出版社 2009 年版。

5. [德]魏德士:《法理学》,丁晓春、吴越译,法律出版社 2005 年版。

6. [法]埃米尔・迪尔凯姆:《社会学方法的规则》,胡伟译,华夏出版社 1999 年版。

7. [德]卡尔・拉伦茨:《法学方法论》,陈爱娥译,商务印书馆 2003 年版。

8. [德]伽达默尔:《真理与方法》,洪汉鼎译,上海译文出版社 1999 年版。

9. [日]牧野英一:《法律上之进化与进步》,朱广文译,中国政法大学出版社 2003 年版。

10. [美]霍贝尔:《初民的法律——法的动态比较研究》,周勇译,中国社会科学出版社 1993 年版。

11. [美]赫尔曼・奥博迈耶:《最高法院的"掌舵人":威廉・伦奎斯特首席大法官传》,中国法制出版社 2012 年版。

12. [日]木村龟二主编:《刑法学词典》,顾肖荣等译,上海翻译出版公司 1991 年版。

13. [美]斯蒂芬・布雷耶:《积极自由——美国宪法的民主解释论》,田雷译,中国政法大学出版社 2011 年版。

14. [美]约翰・D. 泽莱兹尼:《传播法——自由、限制与现代媒介》(第 4 版),张金玺、赵刚译,清华大学出版社 2007 年版。

15. [美]波斯纳:《法理学问题》,苏力译,中国政法大学出版社 1994 年版。

16. [德]汉斯・海因里希・耶赛克、[德]托马斯・魏根特:《德国刑法教科书》,徐久生译,中国法制出版社 2001 年版。

17. [俄]奥・符・特拉赫坦贝尔:《西欧中世纪哲学史纲》,于汤山译,中国对外翻译出版公司 1985 年版。

18. [德]鲁道夫・冯・耶林:《法学的概念天国》,柯伟才、于庆生译,中国法制出版社 2009 年版。

19. [德]鲁道夫・冯・耶林:《为权利而斗争》,郑永流译,法律出版社

2012 年版。

20.［美］罗斯科·庞德:《法律史解释》,邓正来译,中国法制出版社 2002 年版。

21.［美］罗斯科·庞德:《普通法的精神》,唐前宏等译,法律出版社 2001 年版。

22.［美］诺内特、赛尔兹尼克:《转变中的法律与社会:迈向回应型法》,张志铭译,中国政法大学出版社 2004 年版。

23.［德］阿图尔·考夫曼:《法律哲学》(第 2 版),刘幸义等译,法律出版社 2011 年版。

24.［英］弗里德利希·冯·哈耶克:《自由秩序原理》,邓正来译,三联书店 1997 年版。

25.［美］尤金·N. 科恩、［美］爱德华·埃姆斯:《文化人类学基础》,李富强编译,中国民间文艺出版社 1987 年版。

26.［德］英格博格·普珀:《法学思维小学堂》,蔡圣伟译,北京大学出版社 2011 年版。

27.［意］贝卡里亚:《论犯罪与刑罚》,黄风译,中国大百科全书出版社 1993 年版。

28.［日］大塚仁:《刑法概说》(总论),冯军译,中国人民大学出版社 2003 年版。

29.［日］大谷实:《刑法各论讲义》(第 2 版),黎宏译,中国人民大学出版社 2008 年版。

30.［日］大谷实:《刑法总论》,黎宏译,法律出版社 2003 年版。

31.［日］西田典之:《日本刑法总论》,刘明祥、王昭武译,中国人民大学出版社 2007 年版。

32.［美］马克·里拉:《当知识分子遇到政治》,邓晓菁、王笑红译,中信出版社 2014 年版。

33.［日］川端博:《刑法总论二十五讲》,余振华译,台北,元照出版有限公司 1999 年版。

34.［日］穗积陈重:《法律进化论》,黄尊三等译,中国政法大学出版社 1997 年版。

35.［美］昂格尔:《现代社会中的法律》,吴玉章、周汉华译,中国政法大学出版社 1994 年版。

36. [德]乌尔里希·贝克:《风险社会》,何博闻译,译林出版社 2004 年版。

37. [日]西原春夫:《刑法·儒学与亚洲和平》,于改之等译,山东大学出版社 2008 年版。

38. [英]哈特:《法律的概念》,徐家馨、李冠宜译,法律出版社 2006 年版。

39. [德]哈贝马斯:《在事实与规范之间》,童世骏译,生活·读书·新知三联书店 2004 年版。

40. [法]米歇尔·福柯:《规训与惩罚》,刘北成、杨元婴译,生活·读书·新知三联书店 1999 年版。

41. [德]克劳斯·罗克辛:《德国刑法总论》(第 1 卷),王世洲译,法律出版社 2005 年版。

42. [德]克劳斯·罗克辛:《刑事政策与刑法体系》(第 2 版),蔡桂生译,中国人民大学出版社 2011 年版。

43. [德]安赛尔姆·里特尔·冯·费尔巴哈:《德国刑法教科书》(第 14 版),徐久生译,中国方正出版社 2010 年版。

44. [美]埃尔曼:《比较法律文化》,高鸿钧等译,三联书店 1990 年版。

45. [美]哈罗德·伯曼:《美国法律讲话》,陈若桓译,生活·读书·新知三联书店 1988 年版。

46. [美]安德雷·马默主编:《法律与解释》,张卓明、徐宗立译,法律出版社 2006 年版。

47. [美]本杰明·卡多佐:《司法过程的性质》,苏力译,商务印书馆 1998 年版。

48. [德]阿列克西:《法律论证理论》,舒国滢译,中国法制出版社 2002 年版。

49. [英]彼得·狄肯斯:《社会达尔文主义——将进化思想和社会理论联系起来》,涂骏译,吉林人民出版社 2005 年版。

50. [法]涂尔干:《社会分工论》,渠东译,三联书店 2000 年版。

论文类

1. 陈金钊:《目的解释方法及其意义》,载《法律科学(西北政法学报)》2004 年第 5 期。

2. 张燕玲、白帮武:《简论目的解释及其应用》,载《东岳论丛》2005 年第 3 期。

3. 陈兴良:《形式解释论的再宣示》,载《中国法学》2010 年第 4 期。

4. 陈兴良:《形式解释论与实质解释论:事实与理念之展开》,载《法制与社会发展》2011 年第 2 期。

5. 陈兴良:《口袋罪的法教义学分析:以以危险方法危害公共安全罪为例》,载《政治与法律》2013 年第 3 期。

6. 陈兴良:《组织男性从事同性性交易行为之定性研究——对李宁案的分析》,载《国家检察官学院学报》2005 年第 2 期。

7. 陈兴良:《刑法学:向死而生》,载《法律科学(西北政法大学学报)》2010 年第 1 期。

8. 陈兴良:《刑法教义学与刑事政策的关系:从李斯特鸿沟到罗克辛贯通 中国语境下的展开》,载《中外法学》2013 年第 5 期。

9. 王勇:《超越复仇:公众舆论、法院与死刑的司法控制》,载《吉林大学社会科学学报》2015 年第 4 期。

10. 谢焱:《刑事政策考量下的刑法教义学应何去何从——本体论亦或规范论?》,载《中国刑事法杂志》2012 年第 11 期。

11. 卢建平:《刑事政策与刑法关系论纲》,载《法治研究》2011 年第 5 期。

12. 朱苏力:《从药家鑫案看刑罚的殃及效果和罪责自负——纪念〈法学〉复刊 30 周年 · 名家论坛(一)》,载《法学》2011 年第 6 期。

13. 周光权:《刑法解释方法位阶性的质疑》,载《法学研究》2014 年第 5 期。

14. 周光权:《论常识主义刑法观》,载《法制与社会发展》2011 年第 1 期。

15. 苏彩霞:《刑法解释方法的位阶与运用》,载《中国法学》2008 年第 5 期。

16. 周少华:《刑法的目的及其观念分析》,载《华东政法大学学报》2008 年第 2 期。

17. 姜涛:《量刑公正与刑法目的解释》,载《法学家》2012 年第 4 期。

18. 姜涛:《后果考察与刑法目的解释》,载《政法论坛》2014 年第 4 期。

19. 姜涛:《刑法立法阻却事由的理论界定与制度前景》,载《中国法学》

2015 年第 2 期。

20. 赵运锋:《刑法目的解释的作用、边界及规制》,载《北方法学》2011 年第 5 期。

21. 李翔:《论创设性刑法规范解释的不正当性》,载《法学》2012 年第 12 期。

22. [日]平野龙一:《刑法解释中的判例与学说》,黎宏译,载《国家检察官学院学报》2015 年第 1 期。

23. 欧阳本祺:《对非法经营罪兜底性规定的实证分析》,载《法学》2012 年第 7 期。

24. 欧阳本祺:《走出刑法形式解释与实质解释的迷思》,载《环球法律评论》2010 年第 5 期。

25. 刘军宁:《善恶:两种政治观与国家能力》,载《读书》1994 年第 5 期。

26. 郑金火:《信守诽谤罪构成的法律底线——从"王鹏案"说起》,载《法学》2011 年第 5 期。

27. 蒋惠岭:《目的解释法的理论及适用》(上),载《法律适用(国家法官学院学报)》2002 年第 5 期。

28. [德]菲利普·黑克:《利益法学》,傅广宇译,载《比较法研究》2006 年第 6 期。

29. 劳东燕:《刑法中目的解释的方法论反思》,载《政法论坛》2014 年第 3 期。

30. 劳东燕:《刑法解释中的形式论与实质论之争》,载《法学研究》2013 年第 3 期。

31. 劳东燕:《罪刑规范的刑事政策分析——一个规范刑法学意义上的解读》,载《中国法学》2011 年第 1 期。

32. 蔡道通:《特别法条优于普通法条适用——以金融诈骗罪行为类型的意义为分析视角》,载《法学家》2015 年第 5 期。

33. 高仕银:《形式与实质:刑法解释论的进路考察及选择》,载《当代法学》2011 年第 6 期。

34. 付立庆:《刑罚积极主义立场下的刑法适用解释》,载《中国法学》2013 年第 4 期。

35. 张明楷:《刑法理念与刑法解释》,载《法学杂志》2004 年第 4 期。

36. 张明楷:《实质解释论的再提倡》,载《中国法学》2010 年第 4 期。

37. 张明楷:《论〈刑法修正案(九)〉关于恐怖犯罪的规定》,载《现代法学》2016 年第 1 期。

38. 张明楷:《刑法目的论纲》,载《环球法律评论》2008 年第 1 期。

39. 张明楷:《简论“携带凶器抢夺”》,载《法商研究(中南政法学院学报)》2000 年第 4 期。

40. 梁根林:《预备犯普遍处罚原则的困境与突围——〈刑法〉第 22 条的解读与重构》,载《中国法学》2011 年第 2 期。

41. 熊永明:《建言增设新罪现象的反思》,载《法学论坛》2015 年第 3 期。

42. 林维:《刑法司法解释的真实逻辑》,载《南京师大学报(社会科学版)》2013 年第 1 期。

43. 王昭武:《法秩序统一性视野下违法判断的相对性》,载《中外法学》2015 年第 1 期。

44. 王昭武:《扒窃入罪:反思与限定》,载《法律科学(西北政法大学学报)》2014 年第 4 期。

45. 肖中华:《刑法目的解释和体系解释的具体运用》,载《法学评论》2006 年第 5 期。

46. 刘远:《面向司法的刑法学建构探析》,载《法学》2014 年第 10 期。

47. 刘远:《司法刑法学的视域与范式》,载《现代法学》2010 年第 5 期。

48. 刘远:《刑法概念的司法逻辑建构〈刑法〉第 1 条之解读》,载《法学论坛》2011 年第 9 期。

49. 周折:《刑事政策视野中的刑法目的解释》,载《中外法学》2007 年第 4 期。

50. 彭文华:《紧急避险限度的适当性标准》,载《法学》2013 年第 3 期。

51. 张再林:《“交往理性”与仁学》,载《陕西师范大学学报(哲学社会科学版)》1997 年第 3 期。

52. 许玉镇:《试论比例原则在我国法律体系中的定位》,载《法制与社会发展》2003 年第 1 期。

53. 马克昌:《紧急避险比较研究》,载《浙江社会科学》2001 年第 4 期。

54. 李川:《抽象危险犯自身谦抑机制研究——以醉驾案件具体危险犯化认定倾向为视角》,载《政治与法律》2013 年第 12 期。

55. 苏力:《法条主义、民意与难办案件》,载《中外法学》2009 年第 1 期。

56. 刘磊:《释法与造法的界限及方法论探究——我国刑法解释学基本思维方法的检讨》,载《交大法学》2014 年第 3 期。

57. 王政勋:《从图式理论看刑法解释立场　一个实证的考察》,载《中外法学》2009 年第 3 期。

58. 牛克乾:《反思我国刑法解释的范畴及其体系》,载《政治与法律》2004 年第 3 期。

59. 邱本:《论民事生活与民法典》,载《法制与社会发展》2015 年第 4 期。

60. 周啸天:《携带凶器盗窃的刑法解析——对〈刑法修正案(八)〉的解读》,载《法律科学(西北政法大学学报)》2011 年第 4 期。

61. 肖中华:《空白刑法规范的特性及其解释》,载《法学家》2010 年第 3 期。

62. 刘志远:《刑法解释的限度——合理的扩大解释与类推解释的区分》,载《国家检察官学院学报》2002 年第 5 期。

63. 韩啸:《刑法解释的边界》,载《中国刑事法杂志》2012 年第 4 期。

64. 吴毅、陈颀:《“说话”的可能性——对土改“诉苦”的再反思》,载《社会学研究》2012 年第 6 期。

65. 周少华:《刑法之适应性及其法治意义》,载《法学》2009 年第 4 期。

66. 李忠夏:《中国宪法学方法论反思》,载《法学研究》2011 年第 2 期。

67. 苏永生:《刑法合宪性解释的意义重构与关系重建》,载《现代法学》2015 年第 5 期。

68. 张心向:《死刑案件裁判中非刑法规范因素考量》,载《中外法学》2012 年第 5 期。

69. 蔡琳:《合宪性解释及其解释规则——兼与张翔博士商榷》,载《浙江社会科学》2009 年第 10 期。

70. 张翔:《合宪性解释的两个面向——答蔡琳博士》,载《浙江社会科学》2009 年第 10 期。

71. 王广辉:《论法院合宪性解释的可能与问题》,载《四川大学学报(哲学社会科学版)》2014 年第 5 期。

72. 夏引业:《合宪性解释是宪法司法适用的一条蹊径吗——合宪性解释及其相关概念的梳理与辨析》,载《政治与法律》2015 年第 8 期。

73. 柳建龙:《合宪性解释原则的本相与争论》,载《清华法学》2011 年第

1 期。

74. 王书成:《论合宪性解释方法》,载《法学研究》2012 年第 5 期。

75. 时延安:《刑法规范的合宪性解释》,载《国家检察官学院学报》2015 年第 1 期。

76. 白云涛:《社会达尔文主义的输入及其对近代中国社会的影响》,载《北京师范学院学报(社会科学版)》1990 年第 4 期。

77. 李路曲:《经验理性及其分析方法的演进》,载《政治学研究》2010 年第 6 期。

78. 付玉明:《刑法的规范解释序论——刑法解释的诠释学论说》,载《云南大学学报(法学版)》2011 年第 3 期。

硕博论文

1. 张邓蓉:《论目的解释》,山东大学 2006 年硕士学位论文。

2. 王大伟:《目的解释方法及其适用研究》,中国政法大学 2009 年硕士学位论文。

3. 徐凤武:《论主观目的解释的司法适用及其限制》,南京师范大学 2014 年硕士学位论文。

4. 韩新远:《论刑法的目的解释》,山东大学 2011 年硕士学位论文。

5. 李元媛:《论刑事审判中的目的解释》,苏州大学 2011 年硕士学位论文。

6. 朱星:《论刑法目的的确立》,河北大学 2013 年硕士学位论文。

7. 王祖书:《刑法目的论解释研究》,吉林大学 2015 年博士学位论文。

外文文献

1. Jerome Hall, *General Principles of Criminal Law*, 2nd edition, Indianapolis Bobbes-Merrill, 1960.

2. Abaron Barak, *Purposive Interpretation in Law*, Princeton University Press, 2005.

3. Jerome Frank, *Are Judges Human*? Part One: The Effect on Legal Thinking of the Assumption That Judges Behave like Human Beings, University of Pennsylvania Law Review and American Law Register, Vol. 80(1993).

4. Philip P. Frickey, *Interpretative —regime Change*. Loyola of Los

Angeles Law review, Vol. 38(2003).

5. 前田雅英『刑法各論講義』(東京大学出版会,2007年)。

6. 松生建「危険犯における危険概念」刑法杂志33卷2号(1992年)。

7. 田宫祐「刑法解释の方法と限界」内藤謙[ほか]編『平野龍一先生古稀祝賀論文集上巻』(有斐閣,1990年)。

8. 阿部纯二「刑法の解释」中山研一編『现代刑法讲座・第一巻』(成文堂,1977年)。

9. 井田良「刑事立法の活性化とそのゆくえ」刑法杂志33卷2号(1992年)。

10. 中山研一「リスク社会と法」法哲学年報2009年号(2010年)。

11. 中山研一『佐伯・小野博士の"日本法理"の研究』(成文堂,2011年)。

12. 町野朔『刑法総論講義案Ⅰ』(信山社,1995年)。

13. 京藤哲久「法秩序の統一性と違法判断の相対性」内藤謙[ほか]編『平野龍一先生古稀祝賀論文集』(上巻)(有斐閣,1990年)。

14. 平野龍一『刑法の機能的考察』(有斐閣,1984年)。

15. 平野龍一『刑法総論Ⅱ』(有斐閣,1975年)。

后　记

本书是在同名博士学位论文《刑法目的解释研究》的基础上修改而成，本想进行大范围的修改，无奈力所不逮，加之惰性使然，只好就当中部分篇章拓展并就全文错讹之处校对。如今即将付梓出版，求学之心路历程不由浮现脑海，个中感触作者自明。与读书相比，写作显然更令人身心疲惫。这或许是许多作者在经历或长或短的煎熬后的共识性感受。即便如此，人们仍然要格式化地去努力书写自己对于所热爱的专业的点滴顿悟，哪怕是稚嫩的偶得。除了短暂的歇息，更多的是忐忑，全都因为草就一篇不成熟的论文。怎能不令人心生不安！唯恐辜负良师益友们的谆谆教诲与循循善诱。

学业的完成和论文的写作，从来都不是个体单枪匹马的闯荡，它是一项凝聚师友、家人的集体事业。学术路上的引领人和扶持人值得每一个作者发自内心地感恩、感激、感谢！

由衷地感谢北京大学法学院陈兴良教授。众所周知，陈老师是饮誉海内外的刑法学领军人物。犹记得 2004 年初学刑法时，偶遇陈老师大作《本体刑法学》，当时心灵为之震撼，直观的冲击是原来刑法学论著还可以这样写。陈老师的著作文风优美，读起来朗朗上口。翻阅当年书中的旁白，还可以看到我稚嫩的笔迹“追求刑法法理”。本书即将出版之际，我心怀忐忑地向陈老师求序，陈老师不嫌文稿粗劣，慷慨作序，陈老师提携年轻学者之情怀，是年轻学者们赓续刑法学术的不竭动力！

感谢恩师蔡道通教授不弃劣徒愚钝，我才得以继续研修的机会。蔡老师学术视野开阔，关爱学生有加，颇有谦谦君子之风。入学之时，蔡老师就曾反复教诲为学、为人之道。至今，我仍然在不特定的场合、面对不特定的对象贩卖恩师的学术思想——“刑法是和平时期国家对普通公民的战争”，以此来警醒国家刑罚权肆意发动。刑法解释是刑法学中老而弥新的学术命题,历来争讼不断,而目的解释更是众说纷纭。选择这样的题目对于功力不到火候的自己来说,难度可想而知。每当写作陷入困境之时,蔡老师总会耳提面命、不厌其烦地为学生传经送宝。面对学生生活上的拮据,蔡老师举力为学生提供各种缓解经济压力的机会,临近毕业之际,蔡老师还为学生前途生计考虑。尽管我最后的选择辜负了师之期望,但师之恩惠,劣徒铭刻于心,坚若磐石。

刑法教研室的刘远教授,情系学术、淡泊名利。至今仍记得刘老师为学生授课至深夜的情形,师之勤勉,为学生楷模。刘老师的授课言谈中既有恢宏的哲学思辨,又不时地提醒学生有心观察与体验社会,本书写作中的许多想法也受益于刘老师的论著与课堂的点拨。为人谦和的秦策教授,语气总是那么平和,文采斐然,令学生如沐春风。睿智幽默的王敏教授,对学术问题的评论,常常一针见血,给人启迪。才貌兼备的姜涛教授,笔耕不辍,持续高产,激励着学生不能有丝毫懈怠。精力充沛、才气十足的陈洪兵教授,每次见面时的"学术问候语"("最近发了什么文章?")是鞭策学生持续前行的动力。对学术精益求精的王彦强教授,规范分析功力之深厚,逻辑之严谨,令人钦佩。

在南师大这个学术气氛浓厚的法学殿堂里,能够聆听到公丕祥教授、李浩教授等法学大家的亲自授课,实属有幸。龚廷泰教授、眭鸿明教授、李建明教授、刘敏教授、陈爱武教授、秦国荣教授、杨登峰教授、贺日开教授、季金华教授等授课内容精彩纷呈。法学院的吕及老师、李本美老师、朱志义老师,总是不辞辛苦地为学生琐碎的学业事务忙个不停,令人感动。

感谢长期以来关心我学术成长的南昌大学法学院利子平教授、胡祥福教授、熊永明教授。利老师学术底蕴深厚,却为人谦和。备感荣幸的是,利老师既是我本科毕业论文的指导老师,也是我的硕士研究生指导老师,倾其所能为我铺就求学之路,套用今天流行的话,利老师可谓我的"全程导师"。胡老师和熊老师均是我硕士研究生的授业恩师,两位老师摒弃门户之见,待我视如己出。胡老师思想深邃,是刑法理论与实践完美结合的践行者,从不厌烦我的不期造访,以至于我成为他办公室中"入室率"最高的学生。熊老师为人坦诚,理论造诣深厚,对于学术前沿问题具有高度的敏锐感,诸多不成熟的想法经过熊老师的点拨,给人豁然开朗之感。曾在南昌大学法学院工作,现就职于南京航空航天大学的马荣春教授总是不忘记对学生的鼓励和帮助。江西警察学院法律系的邓国良教授、朱炜教授等在我人生低谷时给予我改善生活和延续理想的平台,亦感念迄今。

与南师大13级法学专业的博士研究生黎平、季卫华、骆天纬、张杨、姜远志、李强、王青、徐丽枝、邓琼、杨月萍、孙天、宋宇文等同学共同的求学岁月,为生活增添了色彩。刑法学专业的同门王彦强、贾健、宣刚、陈楠、刘涛、黄何、洪锡雷等,博闻广识,与他(她)们的相互鼓舞与恳谈,受益颇多。时在日本留学攻读刑法学博士学位的王银河不辞劳苦地为我翻译并整理了相关外文资料,对此,深表谢忱。

本书的部分篇章及此后相关的思考曾以单篇论文发表在学术刊物上,在"不发表就出局"的年代里,若无编辑老师们的宽容与耐心,我恐怕也没有动力能够持续地爬格子时至今日,因为看稿子、改稿子比写稿子更痛苦、更煎熬。对此,我一直感恩于心。

更不敢忘却家人对我无私的奉献。妻子胡晓燕女士聪慧灵气,在我一贫如洗得只有理想时,她却摆脱各种阻拦执意给我筑造了一个完整的家。面对居无定所寄人篱下的惨淡生活,她却安慰我"我们有家,只是少了一所建筑物而已"。每念于此,心中总有无限愧疚。每当我不成熟的文字被印成铅字时,妻子都会在高兴之余为我指出语法上的问题,提示我写文章要"说人话"。岳母10余年来为操持家庭任劳任怨且毫无苛责,平淡的支持弥足珍贵。已近七旬的父母,电话里总是劝子安心,那些千篇一律地重复着"我们很好,你放心"的话语,更是让我陷入深深的自责。大宝和二宝的乖巧,为我的写作腾出了充裕的时间。没有他(她)们默默的付出,我难以想象本书将何时得以完成。谢谢你们了!

感谢南昌大学法学院院长杨峰教授和南昌大学立法研究中心暨肖萍教授的鼎力支持和出版资助,杨院长为学科发展扶持青年学者不遗余力,2016年回母校求职时,杨院长亲自带我到人事处报道,彼时场景,至今想起来都心生暖意。肖萍老师对于我学术上的请求,总是竭尽全力地予以支持!法律出版社作为出版行业中的优秀平台,为书稿提供了面世的机会。法治与经济分社的老师以其敬业的精神为本书的出版付出辛勤劳动,在此一并致谢!

石聚航

谨识于南昌西郊寓所

2022年2月24日